Carolyn S. Duff
Barbara Cohen

Wenn Frauen zusammen arbeiten

Carolyn S. Duff
Barbara Cohen

Wenn Frauen zusammen arbeiten

Solidarität und Konkurrenz im Beruf

Aus dem Amerikanischen
von Susanne Aeckerle

Wolfgang Krüger Verlag

Die amerikanische Originalausgabe erschien 1993
unter dem Titel *When Women Work Together*
im Verlag Conary Press, Berkeley, Kalifornien

Gesamtherstellung: Wagner GmbH, Nördlingen
Printed in Germany 1995
ISBN 3-8105-0432-7

Für unsere Mütter

Ruth M. Searing
und
C. Marion Cohen

für ihre Liebe und Unterstützung

Inhalt

Alltagsprobleme und Bewältigungsstrategien

Die Zukunft gehört uns

Danksagung

Wir danken allen, die uns bei der Entstehung dieses Buches geholfen haben.
Meine besondere Anerkennung und Dankbarkeit gilt meiner Partnerin Betty Brown, die während meiner Arbeit an diesem Buch unser Unternehmen, BCA Resources, weiterführte. Betty verkörpert all das, was in diesem Buch über gegenseitige Unterstützung von Frauen und kooperative Zusammenarbeit für gemeinsame Ziele gesagt wird.
Unser Dank und unsere aufrichtige Anerkennung geht ebenfalls an Gail Maloney für die vielen Stunden, die sie an ihrem Computer mit der Auswertung der 513 Fragebögen verbrachte; an Ashley Ryan für ihre unschätzbaren Ratschläge und einfühlsame Lektoratsarbeit; an Christine Ferguson für ihre Ermutigungen und herausfordernde Kritik; an Judy Peterson für ihre Geduld und Sorgfalt im Umgang mit der Magie von 5.1; an alle Frauen, die uns ihre Zeit, ihre Geschichten und ihre Erkenntnisse als Grundlagen für dieses Buch zur Verfügung stellten; und an Mary Jane Ryan, die das Risiko einging, mich durch den Entstehungsprozeß zu führen.
Wir alle möchten Valerie Mauksch danken, die das erste Women Works Seminar im Poudre Valley Hospital ermöglichte sowie den Teilnehmerinnen, die uns davon überzeugten, daß Frauen zum Zuhören bereit sind. Dank an unsere Familien für ihr Vertrauen und ihre Liebe. Und schließlich Dank an Marty Hook Gormally, die an uns glaubte und uns von Anfang an unterstützte.

Carolyn S. Duff
Fort Collins, Colorado

Einleitung

Frauen haben heute das Stadium einer »kritischen Masse« erreicht, die die Arbeitswelt grundlegend verändern wird. Immer mehr Frauen treten ins Erwerbsleben ein und lassen sich dort nicht wieder verdrängen. Sie sind nicht nur in fast alle Berufssparten und bis an die Spitze bestehender Firmen und Konzerne vorgedrungen, sondern gründen auch zunehmend eigene Unternehmen. Die »Small Business Administration«, ein Finanzierungsinstitut für die mittelständische Wirtschaft in den USA, zählt etwa fünf Millionen Firmen im Besitz von Frauen und sagt voraus, daß sich in naher Zukunft bis zu 40 Prozent aller Kleinunternehmen in Frauenhand befinden werden.

Das bedeutet, daß Frauen inzwischen ebenso häufig mit Frauen wie mit Männern zusammenarbeiten, wenn nicht gar häufiger. Diese Zusammenarbeit verläuft jedoch nicht ohne starke Gefühlsbeteiligung, egal, wo und in welchen Berufen die Frauen tätig sind. Cynthia, leitende Angestellte einer großen Computerfirma, kann auf eine siebenundzwanzigjährige Erfahrung in der Zusammenarbeit mit und der Führung von Frauen zurückblicken und faßt sie wie folgt zusammen: Es gibt zwei Arten von Frauen – die einen, die gut miteinander auskommen, und die anderen, die ständig für Unfrieden und Konflikte sorgen. Kommt Ihnen das bekannt vor?

»Die verträglichen«, sagt sie, »sind offen, ehrlich, hilfsbereit und fürsorglich. Sie strahlen Kompetenz, Selbstbewußtsein und Vertrauen aus. Die schwierigen Frauen, die für Spannungen sorgen und den Gruppenprozeß stören, sind im allgemeinen verschlossen und aggressiv und neigen zum Intrigieren. Sie reagieren empfindlich auf Kritik, betrachten andere Frauen als Rivalinnen und betreiben das eigene Vorwärtskommen auf Kosten anderer.«

Nachdem ich fünf Jahre lang Frauen in der Zusammenarbeit miteinander geschult habe, bin ich zu der Überzeugung gekommen, daß diese Aufspaltung unnötig ist. Wie können lernen, unsere Zusammenarbeit zum gegenseitigen Nutzen positiv und produktiv zu gestalten. Es war Frauen schon immer wichtig, w i e die Zusammenarbeit aussieht; doch in den wirtschaftlich schwierigen 90er Jahren, in denen Stellenabbau und Kostendämpfung im Vordergrund stehen, wird ein angenehmes, kooperatives Arbeitsklima, in dem Frauen sowohl produktiv als auch befriedigend zusammenarbeiten können, zu einem noch wichtigeren Bestandteil des immateriellen Arbeitslohns.

Daher ist es an der Zeit, daß Frauen, die mit Frauen zusammenarbeiten, sich selbst und ihre Beziehungen zueinander gründlich unter die Lupe nehmen. Dabei dürfen wir nicht nur unsere positiven Seiten in den Vordergrund stellen, sondern müssen uns offen und ehrlich mit den Konflikten auseinandersetzen, die unsere individuellen und gemeinsamen Möglichkeiten in der Vergangenheit gefährdet haben.

Neuere Untersuchungen belegen, daß Frauen aufgrund ihres Gespürs für andere Menschen und der Fähigkeit zur kooperativen Zusammenarbeit in der Arbeitswelt große Vorteile besitzen. Doch diese Stärke kann gleichzeitig auch zum Problem werden. In der Vergangenheit wurden wir von Beziehungskonflikten, Konkurrenzdenken und der eigenen Überempfindlichkeit geplagt. Aber wir können die alten Muster durchbrechen und uns und anderen neue Freiräume und Möglichkeiten schaffen. Nur wenn wir lernen, unser Bestes zu geben, können wir die gegenseitige Unterstützung aufbauen, die wir brauchen, um das Erreichte zu wahren und die Zukunft in unserem Sinne zu gestalten.

Ich glaube an diese Zukunft und bin entschlossen, nach

Kräften zu ihrer Verwirklichung beizutragen. Aus diesem Grund haben wir »Women Works« gegründet, ein Schulungszentrum für positive Arbeitsbeziehungen zwischen Frauen. Die Idee zu »Women Works« entstand im Frühjahr 1987 bei einer Tasse Kaffee. Betty Brown und ich führen seit 1983 Kurse in Handelskorrespondenz, Betriebsorganisation und Wirtschaftsenglisch durch. Bei einer Konferenz berufstätiger Frauen, zu der wir als Referentinnen geladen waren, lernten wir die Psychotherapeutin Barbara Cohen kennen. Wir entdeckten, daß unsere Büros nur wenige Straßen voneinander entfernt lagen und beschlossen, uns nach der Konferenz wiederzutreffen und besser kennenzulernen.

Noch bevor wir den zweiten Cappuccino getrunken hatten, stellten wir fest, daß wir ein gemeinsames Interesse an der Zusammenarbeit von Frauen hatten. Barbara hatte in ihrer Praxis bereits vielen Frauen geholfen, arbeitsbedingte Konflikte mit anderen Frauen zu bewältigen. Der Vortrag, den Betty und ich über die geschäftliche Zusammenarbeit von Frauen halten sollten, hatte uns veranlaßt, unsere eigenen Erfahrungen aufzuarbeiten und andere Frauen zu bitten, uns ihre Erkenntnisse mitzuteilen. Wir hatten alle drei genaue Vorstellungen, wie eine positive Zusammenarbeit zwischen Frauen aussehen könnte, doch keine von uns hatte bisher von einer Organisation oder ähnlichem gehört, die Frauen mit den entsprechenden Informationen versorgte. Bevor wir an jenem Morgen das Café verließen, beschlossen wir, unsere Erfahrungen und Vorstellungen zu bündeln und einen Workshop zu entwickeln, der sich speziell mit dieser Thematik befaßte.

1987 nahmen insgesamt einhundertdreißig Frauen an unseren Workshops teil. Seither haben wir über fünftausend Frauen aus allen Berufsbereichen geschult. Die Teilnehmerinnen haben uns nach Beendigung der Workshops oft gefragt, ob es nicht ein Buch zu diesem Thema gäbe, das sie ihren Kolleginnen, Freundinnen und Chefinnen zu lesen geben könnten. Schließlich erklärte ich mich bereit, dieses Buch zu schreiben, unterstützt durch Barbaras Erfahrungen auf psychotherapeutischem Gebiet und Bettys Erkenntnisse als begehrte Schulungsleiterin einiger der größten Wirtschaftskonzerne unseres Landes. Wir haben dieses Buch so angelegt, daß es Frauen auf allen Ebenen und in allen beruflichen Zusammenhängen anspricht und ihnen hilft, ihre Zusammenarbeit positiv und produktiv zu gestalten.

Dazu haben wir über fünfhundert Frauen gebeten, uns anhand eines Fragebogens mitzuteilen, was ihnen an der Zusammenarbeit mit Frauen gefällt und mißfällt. Diese Frauen sind auf allen Ebenen großer Konzerne tätig, in einer Vielzahl mittelständischer und kleiner Unternehmen, Regierungsstellen und sonstigen Berufsbereichen. Zusätzlich haben wir ausführliche Interviews mit über einhundert Frauen durchgeführt, die uns von ihren Schwierigkeiten und Freuden in der Zusammenarbeit mit Frauen berichteten. Ihre Erlebnisse und Erfahrungen bilden das Gerüst des Buches. Einige dieser Frauen waren mit der Nennung ihres Namens einverstanden. Andere baten darum, ihre Namen und die ihrer Arbeitgeber unerwähnt zu lassen oder zu verändern. Doch alle angeführten Beispiele beruhen auf den Erlebnissen von Frauen in wirklichen Arbeitsplatzsituationen.

Bei unserer Umfrage ergaben sich erstaunlich viele Übereinstimmungen. Egal, ob Bankbeamtin oder Unternehmerin, Sekretärin oder Generaldirektorin, alle waren der gleichen Meinung – daß weibliches Einfühlungsvermögen in andere Menschen und Situationen Frauen vereint und ihre Stärke darstellt, während Überpersonalisierung, mangelnde Selbstsicherheit und Konkurrenzprobleme ihre Einigkeit bedrohen und ein schlechtes Arbeitsklima schaffen.

Frauen, die bereit sind, über die Zusammenarbeit mit Frauen zu sprechen, sind auch bereit zuzuhören. In einer solchen Atmosphäre ist es möglich, persönliche Angelegenheiten und Vorgehensweisen zu vergleichen und die damit

verbundenen Stärken und Schwächen zu erkennen. Haben wir diese Zusammenhänge erst einmal erkannt, können wir einander helfen, ein befriedigendes Gleichgewicht zwischen unseren Beziehungsbedürfnissen als Frauen und den Anforderungen eines Arbeitsplatzes zu schaffen.
Kathy Heaton, Herausgeberin der Zeitschrift *OMNI*, beschreibt ihre Vorstellung von zukünftigen Frauengenerationen: »Ich träume nicht davon, daß sich die Frau von morgen wie ein Mann benimmt«, sagt sie, »sondern daß sie die Zukunft mit ihrem eigenen Intellekt, ihren eigenen Wertmaßstäben und Vorstellungen beeinflußt.« Wir können diese Zukunft bewußt mitgestalten. Gemeinsam können wir neu definieren, was es heißt, wenn Frauen mit anderen Frauen zusammenarbeiten. Es ist unsere gemeinsame Verantwortung, dafür das Beste zu geben. Dieses Buch ist unser Beitrag.

Die vier Wohlfühlbereiche

1
Finden Sie Ihre Wohlfühlbereiche

Denise, eine erfolgreiche Geschäftsfrau Mitte Vierzig, kommt bereits vor 8 Uhr ins Büro, um eine für 9 Uhr angesetzte Konferenz ihres Mitarbeiterstabes vorzubereiten. Um 8 Uhr 45 überprüft sie ihr Make-up und zieht die Lippen nach. Um 8 Uhr 50 geht sie erneut ihre Notizen durch, macht letzte Anmerkungen, um ihr Büro keine Minute zu früh verlassen zu müssen und Punkt 9 Uhr im Konferenzraum zu erscheinen. Auf diese Weise vermeidet sie das Geplauder über Hauskäufe oder Kinderbetreuung, das jedesmal unweigerlich aufkommt, wenn die Frauen ihrer Projektgruppe eine freie Minute haben. Als sie den Raum betritt, verstummt sofort jedes Gespräch, und Denise nimmt ihren Platz ein.

Denise hat vor zwei Monaten die Leitung einer Projektgruppe übernommen, die Werbebroschüren für Vertragskunden aus Industrie und Handel erstellt. Sie eröffnet die Konferenz mit einer Reihe kritischer Anmerkungen an einzelne Mitarbeiterinnen. »Althea, was Sie da geschrieben haben, entspricht nicht den Richtlinien des Gesamtkonzepts, das ich Ihnen letzte Woche dargelegt habe. Lesen Sie sich das Memo, das ich dazu verteilt habe, nochmals durch und redigieren Sie Ihren Text entsprechend meiner Anweisungen. Marian, Ihr Artikel ist zu oberflächlich. Wenn Sie selbständig arbeiten, sind Sie für die Gesamtrecherche verantwortlich. Ich dachte, Sie hätten aus Ihrer Erfahrung mit dem Instituts-Artikel gelernt. Julie, ich übernehme den Beitrag über die Firmengeschichte. Geben Sie mir bitte Ihre Notizen dazu. Sie können sich dann auf das Spendenprogramm der Firma und die von ihr unterstützten Gemeinde-

organisationen konzentrieren. Sie sind im Verzug, Julie, und wir haben einen Abgabetermin einzuhalten.«
Dann verteilt Denise ein Blatt mit dem endgültigen Zeitplan für das Projekt. Um exakt 9 Uhr 30 weist sie ihre Mitarbeiterinnen erneut an, ihr die überarbeiteten Texte unverzüglich vorzulegen, schließt ihre Mappe und verläßt den Raum.
Später am selben Tag lehnt sie die Einladung, Altheas Geburtstag in einem nahegelegenen Restaurant zu feiern, mit der Begründung ab, sie müsse sich ganz auf das neue Projekt konzentrieren. Als am Nachmittag eine frühere Sekretärin mit ihrem vier Wochen alten Sohn vorbeikommt, schließt Denise ihre Tür, nachdem sie der Gruppe, die bewundernd um das Baby herumsteht, einen mißfallenden Blick zugeworfen hat. Bei Büroschluß nimmt sie die Treppe, um den Frauen auszuweichen, die plaudernd vor dem Fahrstuhl stehen.
Im weiteren Verlauf des Projekts berief Denise immer wieder Konferenzen ein, die mehr dazu dienten, ihren eigenen Zeitplan zu koordinieren, als die Gruppe über den Stand der Dinge zu informieren. Denise hatte eine klare Vorstellung vom Gesamtkonzept, hielt es aber nicht für nötig, ihre Mitarbeiterinnen davon in Kenntnis zu setzen oder um ihre Meinungen zu bitten. Wenn sie mit einzelnen Mitarbeiterinnen sprach, maß sie deren Arbeit nur an ihrem eigenen hohen Standard und benutzte die Gelegenheit, Schwächen zu kritisieren und immer wieder die Notwendigkeit eines qualitativ hochwertigen Produkts zu betonen. Sie hatte das Gefühl, das Projekt völlig unter Kontrolle zu haben und sich keine Ablenkung leisten zu können, wenn sie die Termine einhalten wollte.
Sechs Wochen nach der ersten Konferenz rief Ann, die Chefredakteurin, Denise zu sich ins Büro. Durch die Glaswände konnten die anderen Frauen beobachten, wie Ann, eine erfahrene und beliebte Chefin, sich vorbeugte und Denise direkt ansprach. Der von Denise mitgebrachte Papier-

stapel blieb unbemerkt, während Ann ernsthaft auf sie einredete. Als Ann eine halbe Stunde später zum Ende kam, antwortete Denise nicht. Einige Minuten blieb sie regungslos auf ihrem Stuhl sitzen, dann sammelte sie langsam ihre Papiere ein und klopfte sie sorgsam zurecht, bevor sie das Büro verließ. Ihre Wimperntusche war tränenverschmiert. Niemand sprach Denise an, während sie an den anderen Frauen vorbei zu ihrem Büro am Ende des Flurs ging.

Ann hatte mit Denise nicht über das Projekt oder ihre Arbeit als Projektleiterin gesprochen, sondern über ihren Führungsstil. Die anderen Frauen aus ihrer Projektgruppe hatten sich beschwert und geklagt, »mit dieser Frau könnten sie einfach nicht arbeiten.« Denises herrische, abweisende Art hatte die Frauen ihrer Arbeitsgruppe befremdet und abgestoßen. Infolgedessen war die Produktivität und die Arbeitsmoral in ungewöhnlicher Weise gesunken. Ann beschloß einzugreifen, bevor sie ein paar vielversprechende junge Texterinnen verlor oder eine talentierte und erfahrene Projektleiterin gehen lassen mußte.

Denise hatte als Hauptfach Englisch und Journalismus studiert, bevor sie auf Marketing umgestiegen war. Nach dem Examen bekam sie 1973 einen Posten als Marketingdirektorin eines Ingenieurbüros, wo sie und die Sekretärin/Empfangsdame die einzigen Frauen unter siebenundzwanzig Männern waren. Wie andere berufstätige Frauen in den 70er Jahren hatte auch Denise Bücher über moderne Unternehmensstrukturen gelesen und die Spielregeln gelernt. Sie plante jeden ihrer Schritte sorgfältig, wobei sie stets die Firmenpolitik im Auge behielt, und erntete Anerkennung für ihre gewinnorientierte Arbeitsweise. Als sie die Stelle in Anns Firma übernahm, war sie plötzlich mit einem rein weiblichen Team konfrontiert und nicht auf die Unterschiede zwischen den Männern, mit denen zu arbeiten sie gelernt hatte, und den Frauen ihres neuen Mitarbeiterstabes vorbereitet.

Ann erkannte Denises Dilemma und bot ihr Hilfe an. Sie machte ihr klar, daß die jüngeren Frauen in Denises Team diesen »männlichen« Stil von einer Frau nicht gewöhnt seien und dagegen rebellierten.

Was wir erreicht haben

Denises Schwierigkeiten spiegeln die dramatischen Veränderungen wider, die während der letzten zwei Jahrzehnte in der Arbeitswelt stattgefunden haben. Vor fünfundzwanzig Jahren, als Frauen in immer größerer Anzahl auf den Arbeitsmarkt drängten, glaubten viele, sie müßten sich möglichst männlich verhalten, um zu beweisen, daß sie ebenso gut waren wie die Männer. Sie lasen Bücher über den männlichen Führungsstil und versuchten, ihre weiblichen Eigenschaften vor dem Firmentor zu lassen. Sie übten selbstbewußtes, herrisches Auftreten, wollten sich durch nichts vom Gewinnstreben abhalten lassen, spielten das männliche Spiel der Organisationspolitik (falls sie die Spielmarken in die Hand bekamen) und ließen alle Welt wissen, daß nichts sie von ihren Karrierezielen abbringen würde.
Und sie hatten Erfolg! Obwohl selbst die Besten und Talentiertesten unter ihnen nach wie vor durch ein »Glasdach« am Aufstieg ins Top-Management gehindert werden, haben Frauen bewiesen, daß es ihnen nicht an Begabung, Können und Entschlossenheit fehlt. Scit 1983 hat sich beispielsweise die Anzahl der im mittleren Management tätigen Frauen in den USA von 3,5 auf 6,1 Millionen erhöht. Für 1992 erwarteten die Autoren von *Megatrends: Frauen*, daß Firmen und Betriebe in weiblichem Besitz mehr Arbeitnehmer beschäftigten, als die sogenannten »Fortune 500«, die fünfhundert größten Unternehmen der USA.
Felice Schwartz, die Gründerin von »Catalyst«, einer Con-

sultingfirma, die Unternehmen über Karrierewege von Frauen berät, beschäftigt sich seit dreißig Jahren mit diesem Thema. In ihrem 1992 erschienenen Buch *Frauenkarrieren: Ein Gewinn für Unternehmen* gibt sie ihrer Überzeugung Ausdruck, daß Frauen längst zweifelsfrei bewiesen hätten, daß sie »genau so gut« wie Männer sind. Schwartz' »Kardinalfehler«, der in den späten 80er Jahren die Debatte über den »Mommy Track« auslöste*, war ihr Beharren auf der Unterschiedlichkeit von Mann und Frau. Schwartz argumentierte, es sei von ausschlaggebender Wichtigkeit für die Zukunft der Arbeitswelt, daß wir diesen Unterschied erkennen und respektieren: Frauen sind genau so gut, aber dennoch anders als Männer. Sowohl für Frauen als auch für Männer ist die Anerkennung dieser Unterschiedlichkeit entscheidend für eine erfolgreiche Arbeitsbeziehung.

In der Vergangenheit gerieten Frauen oft in eine Zwickmühle, wenn ihrer Andersartigkeit nicht Rechnung getragen wurde. Verhielten sie sich wie Männer, fühlten sich die männlichen Kollegen häufig durch ihre Direktheit und ihr Konkurrenzverhalten bedroht, wohingegen viele Kolleginnen ihr Verhalten abstoßend und die Zusammenarbeit schwierig fanden. Verhielten sie sich andererseits »typisch weiblich« – zögerlich im Eingehen auf machtpolitische Spiele und bestrebt, beziehungsorientierte Werte in eine objektive, konkurrenzorientierte »männliche« Arbeitswelt einzubringen –, betrachteten Männer ihr »feminines« Verhalten als Anzeichen von Schwäche, während die Anhängerinnen des männlichen Stils sich unbehaglich fühlten. Frauen konnten es also gewissermaßen niemandem recht machen. Keine wußte so genau, wie sie sich geben sollte und welches Verhalten andere, ebenso verunsicherte Frauen von ihr erwarteten.

* Das langsamere »Mammi-Gleis«, auf das berufstätige Frauen mit Kindern abgeschoben werden, während kinderlose Karrierefrauen auf dem »Expreßgleis« an ihnen vorbeirauschen, A.d.Ü.

Heute hat sich die Situation geändert. Frauen haben ihre Kompetenz unter Beweis gestellt und dabei an Selbstsicherheit gewonnen. Sie sind in fast alle Berufszweige vorgedrungen und in vielen Firmen in zunehmender Zahl bis in die Chefetagen zu finden. Sie haben nicht länger das Gefühl, sich wie Männer verhalten zu müssen, um erfolgreich zu sein. SozialwissenschaftlerInnen, unter ihnen Sally Helgesen und Judy B. Rosener entdeckten und benannten den »weiblichen Arbeitsstil«. Dieser Stil hat nicht nur Frauen in Führungspositionen zum Erfolg verholfen, sondern eignet sich auch als Modell für alle zukunftsorientierten Unternehmen.

Vertreterinnen des weiblichen Stils schätzen persönliche Beziehungen zu ihren MitarbeiterInnen und KollegInnen. Macht und Einfluß dieser Frauen basiert auf einem »Netz« von Beziehungen, statt auf einer hierarchischen Stufenleiter. Sie zeigen Anteilnahme und motivieren andere durch Ermutigung und Anerkennung persönlichen Wachstums. Sie stellen Kooperation über Konkurrenz und sind bereit, Informationen weiterzugeben und Macht zu teilen, statt eifersüchtig über den eigenen Status zu wachen.

Erst seit kurzem befinden sich solche Frauen in größerer Anzahl in leitenden Stellungen in Industrie und Handel und können als Rollenvorbilder dienen. Frauen der älteren Generation standen solche Vorbilder nicht zur Verfügung. Daraus resultieren gelegentlich Konflikte zwischen jüngeren und älteren Frauen am Arbeitsplatz.

Trudi Ferguson, Vorsitzende einer südkalifornischen Management-Beratungsfirma, hat eine Untersuchung mit fünfzig erfolgreichen Rechtsanwältinnen, Ärztinnen, Künstlerinnen, Geschäftsfrauen und Frauen aus der Unterhaltungsbranche durchgeführt. Dabei stellte sie fest, daß die Älteren unter ihnen sich an männlichen Rollenvorbildern orientierten und ihren Erfolg vor allem an ihren Fähigkeiten, ihrer Kompetenz und Unabhängigkeit festmachten. Jüngere

Frauen hingegen gaben an, ihr Erfolg basiere darauf, daß sie gut mit Menschen auskämen, empfindsam und verständnisvoll seien. Diese jüngeren Frauen, die ihren Platz in der Arbeitswelt mit größerer Selbstsicherheit einnehmen, fühlen sich durchaus wohl dabei, im Berufsleben weiblichen Werten Ausdruck zu geben und das gleiche von anderen Frauen zu erwarten. Nach Meinung der Autoren von *Megatrends: Frauen* haben die meisten Frauen den am militärischen Vorbild orientierten Führungsstil nie erlernt und würden ausgelacht werden, wenn sie auch nur Anstalten dazu machten. Frauen hatten daher keine andere Wahl, als ihren eigenen Stil zu entwickeln. Da dieser ganz im Trend der Zeit lag, stellt er nun das vorherrschende Führungsmodell dar.

Denise dagegen hatte sich einen männlichen Stil angeeignet. Distanziert, unabhängig und produktorientiert zu arbeiten, hatte sich in der Zusammenarbeit mit Männern als äußerst effektiv erwiesen. Doch nun mußte sie lernen, ein Gleichgewicht zwischen ihren männlichen Stärken und den Erwartungen ihres neuen Frauenteams zu finden, das sich mit einem weiblichen Stil wohler fühlte.

Ihren Stil anzupassen, kann Denises Effektivität nur steigern. Wie Judy Rosener in der Zusammenfassung ihrer für das Internationale Frauenforum durchgeführten Untersuchung schreibt: »Obwohl die meisten Männer und Frauen von sich behaupten, sowohl weibliche als auch männliche Eigenschaften zu haben, berichten Frauen, die sich als überwiegend ›feminin‹ oder ›geschlechtsneutral‹ bezeichnen, über eine größere Anhängerschaft unter ihren weiblichen Untergebenen als Frauen, die sich als ›maskulin‹ beschreiben.« Die Frauen in Denises Team empfanden ihren Stil mit Sicherheit als maskulin und lehnten ihre Führung ab, weil sie keinen Bezug zu ihr herstellen konnten.

Natürlich sollten weder Denise noch andere Frauen sich einen Stil angewöhnen, der ihnen nicht entspricht, nur weil er plötzlich populär geworden ist. Wir sind alle eigenständige Menschen und verfügen als solche über unterschiedliche Persönlichkeiten, Kenntnisse und Fähigkeiten. Aber wir müssen uns bewußt sein, daß wir nicht nur unseren Stil mit an den Arbeitsplatz bringen, sondern damit verbunden auch Erwartungen an uns und aneinander, die uns bereits als kleine Mädchen beigebracht wurden. Hinter ihrer Behauptung, berufstätige Frauen seien anders als Männer, meint Felice Schwartz, steht die komplexe Wechselwirkung von Biologie, Sozialisation, Tradition und Einstellung. Diese Wechselwirkung verschiedenster Faktoren vermittelt uns die Werte, die bei einem weiblichen Arbeitsstil zum Tragen kommen – und schafft gleichzeitig die Schwierigkeiten, von denen Frauen in der Zusammenarbeit berichten.

Konflikte entstehen, weil Frauen Verhaltenserwartungen an andere Frauen haben, die sie Männern gegenüber nicht haben. Einfacher ausgedrückt: Wir gestehen Männern ohne weiteres eine Andersartigkeit zu, doch wenn Frauen anders sind, fühlen wir uns unwohl. Die Wissenschaftler Candice West und Don Zimmermann benutzten den Begriff »doing gender«, um zu erklären, was geschieht, wenn Frauen oder Männer ihr Verhalten anpassen, um den Erwartungen des Geschlechts zu entsprechen, mit dem sie in Interaktion treten. In *The Mismeasure of Women* faßt Carol Tavris die Schlußfolgerung der beiden Wissenschaftler folgendermaßen zusammen: »›Doing gender‹ stellt eine Art ›stillschweigendes Entgegenkommen‹ dar, das wir an den Tag legen, wenn wir mit dem einen oder anderen Geschlecht interagieren. Wir reagieren unbewußt ›geschlechtsabhängig‹ und passen unser Verhalten und unsere Wahrnehmung dem Geschlecht der Person an, mit der wir arbeiten, spielen oder uns unterhalten.«

Wenn wir am Arbeitsplatz mit Männern zusammenarbeiten, passen wir unser Verhalten und unsere Auffassungen den Erwartungen der Männer an, weil wir mehr oder weniger

unbewußt davon ausgehen, daß Männer sich nicht so verhalten wie wir. Durch Anpassung versuchen wir, mit der Andersartigkeit fertig zu werden.
Verhält sich jedoch eine Frau nicht erwartungsgemäß, fühlen wir uns unbehaglich und versuchen unter Umständen, ihr das erwartete Verhalten aufzuzwingen oder sie für ihre Anpassungsverweigerung zu bestrafen. Wenn darüber hinaus unsere Erwartungen an weibliches Beziehungsverhalten auch noch mit Arbeitsanforderungen in Konflikt geraten, reagieren wir bei dem Versuch, unsere Ansprüche durchzusetzen, möglicherweise übertrieben und unangemessen.
»Ob Frauen zwanzig, dreißig oder fünfzig Jahre alt sind, ob sie einen normalen Schulabschluß oder ein Hochschulexamen haben«, meint Barbara Cohen, » – sie erwarten alle das gleiche von der Zusammenarbeit mit Frauen. Ungeachtet unserer eigenen Auffassung von weiblichen Werten erwarten wir insgeheim von anderen Frauen, daß sie diese verkörpern. Tun sie das nicht, sind wir verwirrt und fühlen uns betrogen. Aus meiner Erfahrung mit Hunderten von Frauen seit meiner Praxiseröffnung 1978 kann ich Ihnen bestätigen, wie wichtig es für Einsatzbereitschaft und berufliche Zufriedenheit ist, daß zumindest einige dieser Erwartungen erfüllt werden.«
Wie sehen diese Erwartungen aus und woher stammen sie? Grob zusammengefaßt, besteht der weibliche Stil darin, großen Wert auf Beziehungen zu legen, Übereinstimmung und Kooperation Konflikten und Konkurrenzverhalten vorzuziehen, Fürsorglichkeit zu zeigen und das Vorwärtskommen und Wachstum anderer zu fördern. Als Denise dem Produkt Vorrang gab und sich distanziert und kritisch verhielt, statt unterstützend oder fürsorglich vorzugehen, verstieß sie gegen die Erwartung ihres Teams, wie Frauen miteinander umzugehen haben. Und wenn Ann nicht eingeschritten wäre, hätte Denise vermutlich den guten Willen und die gute Arbeit ihres Teams für immer verloren.

Welche Wohlfühlbereiche haben Sie?

Die Erwartungen an das Verhalten von Frauen am Arbeitsplatz nennen wir »Wohlfühlbereiche«. Das sind Kategorien, mit denen sich umschreiben läßt, welche Atmosphäre wir im Arbeitszusammenhang bevorzugen. Um effektiv mit anderen Frauen zusammenzuarbeiten, ist es ungemein wichtig für Sie, Ihre eigenen Wohlfühlbereiche zu kennen und zu wissen, inwieweit sie sich mit denen Ihrer Kolleginnen decken. Differenzen im Wohlfühlbereich sind oftmals die Ursache für Konflikte in der Zusammenarbeit. Bitte nehmen Sie sich daher ein paar Minuten Zeit, um die folgende Liste durchzugehen. Notieren Sie, wie oft Sie den Aussagen zustimmen, sie ablehnen oder ihnen neutral gegenüberstehen.

Bestandsaufnahme der Wohlfühlbereiche	**ja**	**weder noch**	**nein**
1. Ich betrachte meine Firma oder meine Arbeitsgruppe als Familie.			
2. Sich während des Tages für Privatgespräche Zeit zu nehmen, schafft meiner Ansicht nach ein positives Klima und sorgt für einen freundschaftlichen Umgang unter den Kolleginnen.			
3. Ich glaube, daß ich die Verpflichtung habe, mich für meine Firma einzusetzen, selbst wenn ich Probleme sehe, die meinen Job bedrohen könnten.			
4. Das Bemühen um gute Beziehungen zu Mitarbeiterinnen und Kolleginnen ist meiner Ansicht nach sinnvoller, als die Leistungen durch den Einsatz von Macht und Autorität steigern zu wollen.			

Bestandsaufnahme der Wohlfühlbereiche	**ja**	**weder noch**	**nein**
5. Ich mag es, wenn Kollegen Interesse an meinem Privatleben zeigen und sich danach erkundigen.			
6. Ich fühle mich wohl dabei, eine Kollegin zu umarmen oder von ihr umarmt zu werden, um Anteilnahme oder Verständnis auszudrücken.			
7. Am wohlsten fühle ich mich, wenn meine Mitarbeiterinnen und Kolleginnen auch meine Freundinnen sind.			
8. Es ist wichtig für mich, daß meine Arbeitskolleginnen meine Bedeutung anerkennen und unterstützen.			
9. Ich nehme mir Zeit, ein Problem von allen Seiten zu betrachten, bevor ich handele.			
10. Ich glaube, daß meine Arbeitserfahrung und mein Können mir Anerkennung und Belohnung einbringen sollten.			
11. Ich möchte umfassend vorbereitet sein, bevor ich mich um eine Beförderung oder eine neue Stelle bewerbe.			
12. Ich halte es für sinnvoll, Zeit darauf zu verwenden, unterschiedliche Meinungen einzuholen, bevor ich eine endgültige Entscheidung treffe.			
13. Organisationen und Unternehmen, die Status und Macht in den Vordergrund stellen, bringen meiner Meinung nach ihre Angestellten gegeneinander auf und schaffen ein ungesundes, unangenehmes Arbeitsklima.			

Bestandsaufnahme der Wohlfühlbereiche	**ja**	**weder noch**	**nein**
14. Ich fühle mich wohl dabei, Macht und Informationen mit anderen zu teilen.			
15. Ich glaube, daß Arbeitsgruppen und Teams mehr erreichen, wenn sie sich die Zeit nehmen, die zum gewünschten Ziel führenden Prozesse zu definieren und zu begreifen.			
16. Ich fühle mich wohler dabei, mit anderen zusammenzuarbeiten, als mit ihnen zu konkurrieren.			
Ergebnis:			

Falls Sie die Aussagen öfter mit ›ja‹ als mit ›nein‹ oder ›weder noch‹ beantwortet haben, stimmen Sie mit den 513 Frauen überein, die an unserer Umfrage teilgenommen haben. Diese Frauen machten deutlich, wie wichtig ihnen das unter Frauen mögliche Verständnis ist. Sie schätzen die Tatsache, daß Frauen mit anderen Frauen über sich selbst reden und sie »an ihren Gefühlen teilhaben lassen« können. Es gefällt ihnen, daß Frauen Freundschaft und Mitgefühl zeigen können, daß sie einander unterstützen und »sich Zeit zum Zuhören nehmen«. Sie schätzen Mitarbeiterinnen, die sich »besonders anstrengen«, »hart arbeiten« und sich »in ihrem Bereich auskennen«. Wichtig ist ihnen ebenfalls, daß Frauen »kooperieren«, »teilen«, »helfen« und sich als »gute Mitspielerinnen« erweisen.
Wir haben das, was diese Frauen an anderen Frauen in einer positiven Arbeitsatmosphäre schätzen, zusammengefaßt und in vier Wohlfühlbereiche aufgeteilt. Wenn Sie sich die Liste noch einmal ansehen, erkennen Sie, in welcher Weise sich Ihre Präferenzen in diese vier Kategorien einfügen. Die Aus-

sagen 1–4 befassen sich mit der Beziehung oder *Verbundenheit* zu den Menschen am Arbeitsplatz. Die nächsten vier Aussagen, 5–8, beziehen sich auf *Zuwendung* und *Anteilnahme*. Thema der Aussagen 9–12 ist *Kompetenz* und die Wichtigkeit, gute Leistungen zu erbringen und vernünftige, durchdachte Entscheidungen zu treffen. Bei den Punkten 13–16 geht es darum, *Kooperation* und *Einbeziehung* über Konkurrenz und Machttaktiken zu stellen.

In unseren Workshops dienen die Wohlfühlbereiche als praktisches Modell, um über die Elemente des weiblichen Arbeitsstils zu sprechen und herauszufinden, wodurch Konflikte unter Frauen entstehen. Die einzelnen Wohlfühlbereiche schließen sich nicht unbedingt gegenseitig aus und folgen gewiß keinem wissenschaftlichen Prinzip, doch sie helfen uns, Kernfragen anzusprechen, die Einfluß auf die Arbeitsbeziehungen zwischen Frauen haben.

Kurz gesagt, eine Mißachtung der Wohlfühlbereiche, die für viele Frauen eine wichtige Voraussetzung für befriedigendes Arbeiten und gute Leistungen sind, führt zu Problemen am Arbeitsplatz. Unsere Umfrage-Ergebnisse deuten darauf hin, daß Frauen, denen die Verbundenheit mit anderen Frauen am Herzen liegt, sich unwohl fühlen, wenn sie von einem Beziehungsnetz abgeschnitten werden, und besonders darunter leiden, wenn es zum Verrat einer Beziehung kommt. Eine gleichgültige Frau, die sich nicht um die Selbstachtungsbedürfnisse ihrer Mitarbeiterinnen oder Untergebenen kümmert, kann eine äußerst negative Arbeitsatmosphäre schaffen. Dies gilt auch für Frauen, die sich weigern, die Kompetenz anderer Frauen anzuerkennen oder Verantwortung für ihre eigene zu übernehmen. Frauen, die eine kooperative Umgebung schätzen, in der andere sie an Informationen teilhaben und ihnen Unterstützung zukommen lassen, fühlen sich unwohl in Situationen, in denen sich Frauen nur um sich selber kümmern.

Ausgewogenheit ist das Schlüsselwort

In einem Satz zusammengefaßt könnte man sagen: Ein Respektieren der Wohlfühlbereiche führt zu erfolgreichen Arbeitsbeziehungen mit anderen Frauen. Denise könnte zum Beispiel davon profitieren, wenn sie die Wohlfühlbereiche anerkennen würde. Sie könnte sich vor den Konferenzen ein paar Minuten Zeit nehmen, um die Frauen ihres Teams besser kennenzulernen und auch ihnen mehr von sich mitzuteilen. Statt sich direkt und kritisch zu verhalten, könnte sie Zuwendung geben, indem sie Fortschritte anerkennt und Vorschläge zum persönlichen Vorwärtskommen macht. Sie könnte den Frauen zeigen, daß sie ihre Kompetenz respektiert, sie um ihre Vorschläge und Ideen bitten und über ihre eigenen berichten. Auf diese Weise wäre es Denise möglich, mit ihren Mitarbeiterinnen eine kooperative Gemeinschaft zu bilden, ein echtes Team, statt sich wie eine autoritäre Herrscherin aufzuführen.

Die meisten von uns sind jedoch nicht wie Denise. Die größte Herausforderung für Frauen, die sich mit dem weiblichen Stil wohlfühlen, liegt nicht darin, »fraulicher« zu werden, sondern in dem Versuch, die Bedürfnisse aus den Wohlfühlbereichen mit den Anforderungen des Arbeitsplatzes in Übereinstimmung zu bringen.

Übermäßiges Zuwendungsbedürfnis legt zu viel Betonung auf das Persönliche und kann die Aufmerksamkeit von relevanteren beruflichen Dingen ablenken. Eine Überbetonung der Bindung an Einzelne oder Cliquen kann unser Vordringen in neue Bereiche hemmen und ernsthaft gefährden. Bei einer Versetzung in eine andere Abteilung oder einer Beförderung können Bindungsfragen die für den Erfolg in der neuen Position erforderliche Unterstützung anderer Frauen verhindern. Unüberprüfte Anteilnahme und Zuwendung können zu Protektionismus führen, der verhindert, daß Frauen die zur Entwicklung ihrer eigenen Stärken und Fähigkeiten nötigen Erfahrungen machen. Und die persönlichen Verpflichtungen, die sich aus manchen Zuwendungen ergeben, können zum Betrug führen, wenn Beziehungserwartungen mit beruflichen Prioritäten in Konflikt geraten.

Ein Mißbrauch des Kompetenzbereichs kann zur Folge haben, daß uns das Bedürfnis nach umfassender Vorbereitung daran hindert, neue Verantwortung zu übernehmen. Andererseits können Frauen mit der Zurschaustellung von außergewöhnlicher Kompetenz auf andere Frauen, die das als Überlegenheitsdemonstration und Abgrenzung verstehen, bedrohlich wirken.

Wenn wir schließlich darauf bestehen, Kooperation als einzige Form der Zusammenarbeit anzuerkennen, machen wir es anderen Frauen oft schwer, offen und selbstbewußt um Möglichkeiten zu konkurrieren, die ihre eigene Karriere fördern und die Position aller Frauen stärken können.

Einseitige Überbetonung der Wohlfühlbereiche schafft für Frauen also ebenso große Probleme wie die völlige Ignoranz ihrer Existenz. Die Lösung für eine positive Zusammenarbeit von Frauen ist das richtige Verhältnis: nicht zu viel und nicht zu wenig.

Wir können dieses Gleichgewicht in uns selbst herstellen und müssen uns darum bemühen, Ausgewogenheit zwischen den Erwartungen anderer Frauen und unserer beruflichen Verpflichtung zu finden. Dazu müssen wir zunächst erkennen, wie wir zu den einzelnen Wohlfühlbereichen stehen, und dann betrachten, was geschehen kann, wenn wir die Bedürfnisse aus diesen Bereichen über unsere beruflichen Verpflichtungen stellen. Haben wir schließlich unsere Verantwortung füreinander akzeptiert, können wir unsere Probleme aus dem Weg räumen und gemeinsam die Möglichkeiten wahrnehmen, die der weibliche Stil für eine positive Zukunft zu bieten hat.

2
Bindungsbedürfnisse

Frauen definieren sich vor allem über Beziehungen zu anderen. Sie stehen im Mittelpunkt des weiblichen Systems, schreibt Anne Wilson Schaef in ihrem Buch *Weibliche Wirklichkeit*. Daher gaben wohl auch die meisten Teilnehmerinnen unserer Umfrage an, »gute Beziehungen« am Arbeitsplatz trügen wesentlich zu ihrer beruflichen Zufriedenheit bei. Auch in vielen anderen Untersuchungen, die der Frage nachgingen, welche Faktoren zur weiblichen Berufszufriedenheit beitragen, rangieren »gute Beziehungen zu Mitarbeitern« unter den ersten fünf. (Im Gegensatz dazu tauchen bei Befragungen von Männern Beziehungen selten unter den ersten zehn Faktoren auf. Gemeinsame Faktoren bei Männern und Frauen sind Gehalt, Sozialleistungen, Herausforderungen und »die Chance, voranzukommen«.) Diese Tatsache hat eine enorme Bedeutung für die Zusammenarbeit von Frauen, doch erst in den letzten zehn Jahren hat man begonnen, ihr Beachtung zu schenken.

Ein wesentlicher Teil der bahnbrechenden Arbeit auf diesem Gebiet wurde von Carol Gilligan mit ihrer wichtigen Untersuchung über die Entwicklung und das Konzept weiblicher Moral geleistet. In ihrem Buch *Die andere Stimme* vergleicht sie die männliche Geschlechtsidentität, die auf Ablösung basiert, mit der weiblichen Identität, die sich durch Bindung definiert und durch Trennung bedroht fühlt. Sie zitiert Untersuchungen von Lawrence Kohlberg und Janet Lever, die beide herausfanden, daß Mädchen ihre Spiele lieber abbrechen, wenn es zum Streit kommt, als gegenseitige Verletzungen oder den Verlust einer Beziehung zu riskieren. Mädchen, erklärt Gilligan, würden die Fortsetzung des

Spieles der Fortsetzung der Beziehung unterordnen, statt wie die Jungen ein System zur Lösung ihrer Streitigkeiten zu entwickeln. Gilligan beobachtete weiter, daß Frauen das Leben als ein Netzwerk von Verbindungen, ein Geflecht von Beziehungen begreifen, das durch einen ständigen Kommunikationsprozeß aufrecht erhalten wird.

Das Netzwerk-Konzept ist ein wichtiges Element zum Verständnis des weiblichen Arbeitsstils der 90er Jahre geworden. Sally Helgesen bemerkt in *Frauen führen anders*, einer Studie über vier erfolgreiche Geschäftsfrauen, daß die von ihr befragten Frauen ihre Unternehmen eher als Netzwerke miteinander verbundener Beziehungen organisierten, denn als Hierarchien, in denen die Angestellten auf unterschiedlichen Sprossen der Erfolgsleiter stehen. Genau wie unsere Umfrageteilnehmerinnen, schätzen auch diese Frauen ihre enge persönliche Verbundenheit mit den anderen Frauen und Männern ihrer Teams.

Katherine McLeod, emeritierte Soziologieprofessorin und praktizierende Sozialberaterin, hatte das weibliche Beziehungsbedürfnis schon erkannt, lange bevor die Vielzahl neuer Untersuchungsergebnisse in Buchform auf den Markt kam. »Frauen«, bestätigt sie aus ihrer langjährigen Erfahrung, »sind stets auf Beziehungen aus. Beziehungen haben immer Vorrang. Arbeit wird durch das Bedürfnis nach Beziehung ergänzt. Kann keine Verbundenheit hergestellt werden, leidet die Arbeit.«

Zwei Drittel der von uns befragten Frauen wurde gebeten, spontan positive Faktoren aufzulisten, die sie der Verbundenheit und dem gegenseitigen Verständnis von Frauen zuordnen würden. Sie nannten »Einfühlungsvermögen«, die Fähigkeit, »aufeinander einzugehen« und sich »mit anderen identifizieren« zu können. Weitere genannte Faktoren waren »miteinander reden«, »sich austauschen«, »sowohl Gefühle als auch Fakten mitteilen«, »Persönliches am Arbeitsplatz einbringen«. Negativ bewerteten sie dagegen, wenn Kolleginnen, Mitarbeiterinnen und Vorgesetzte sich »kalt«, »distanziert« oder »überlegen« gaben. Das heißt, sie fühlen sich nicht wohl mit Frauen, zu denen sie keine Verbindung herstellen können.

Sprich mit mir

Wie auch unsere Umfrage zeigt, entsteht die Verbundenheit zwischen Frauen durch Kommunikation. Robin Tolmach Lakoff schreibt in ihrem Buch *Talking Power: The Politics of Language*, daß Frauen ständig kommunizieren müssen, um sich ein Gefühl des Vertrauens zu bewahren. Wir reden, um Persönliches mitzuteilen, auf das sich andere Frauen unserer Meinung nach beziehen, das sie »verstehen« können. Wir reden, um die Distanz zwischen uns zu überwinden. Wir reden, um herauszufinden, inwieweit wir uns gleichen.

Die Kommunikationsforscherin Deborah Tannen stellt in ihrem Buch *Du kannst mich einfach nicht verstehen* fest, daß für die meisten Frauen die Sprache der Konversation vor allem eine Beziehungssprache ist; eine Möglichkeit, Bindungen herzustellen und Gemeinschaft zu schaffen. Im Gegensatz dazu sind für Männer Gespräche in erster Linie ein Mittel, ihre Unabhängigkeit zu bewahren und einen Status in der hierarchischen Sozialordnung auszuhandeln. Daher benutzen Männer Sprache eher dazu festzulegen, wer was macht, wer mit wem konkurrieren kann und wer Status oder Macht besitzt.

Statt eine Hackordnung festzulegen, schaffen Gespräche unter Frauen Bindungen und halten sie zusammen. Wenn wir miteinander reden, suchen wir nach Gemeinsamkeiten. Die Gespräche können sich um Berufliches drehen und dazu dienen, die zum Aufbau und Erhalt einer kooperativen, verbindenden Atmosphäre nötige Kommunikation zu unterstützen. Aber es kann dabei ebenso um unser Privatleben gehen – unsere Familien, unsere Gefühle, unsere »Menschlichkeit«.

Wenn Frauen am Arbeitsplatz miteinander über »Persönliches« reden, wird dadurch eine wichtige Funktion erfüllt, die sie oftmals zu einem geschlosseneren Team oder einer effektiveren Arbeitsgruppe zusammenschweißt. So nimmt sich zum Beispiel eine Gruppe Ernährungswissenschaftlerinnen vor ihren wöchentlichen Arbeitssitzungen immer fünf Minuten Zeit, um das jeweils »Neueste« aus dem Privatleben auszutauschen. Sie erzählen von ihren Kindern, von der fabelhaften neuen Physiotherapeutin, die sie aufgetan haben, selbst von Fortschritten in einem Scheidungsprozeß. Diese Privatgespräche schaffen Zusammenhalt in der Gruppe und sorgen für eine angenehme Basis der Zusammenarbeit.

Wo immer Frauen aufeinandertreffen, benutzen sie Gespräche, um Verbindung herzustellen. Bei einem Arbeitsessen konnte ich das vor kurzem gut beobachten. Ich saß mit acht Frauen an einem Tisch, und innerhalb einer Stunde wußte ich, welche der Frauen Kinder hatte, welcher ihre Arbeit gefiel, welche sich mehr Zeit für botanische Studien wünschte und welche von ihrer Geburtstagsfeier enttäuscht war. Natürlich hatten wir auch über die Zukunft der Seminararbeit und den Einsatz interaktiver Videos bei Schulungsprogrammen diskutiert. Doch die Gespräche über unser Privatleben hatte uns einander näher gebracht und »wirklicher« erscheinen lassen.

Mein Mann Bill wiederum kann von einer einwöchigen Solarenergie-Konferenz zurückkommen und keine Ahnung haben, ob seine Kollegen verheiratet sind, Kinder haben oder ihr Leben erfüllend ist. Er weiß, wer in welchem Bereich tätig ist, wer wohin zum Gleitschirmfliegen fährt und wie das Angeln in Italien war. Mit anderen Worten, er weiß etwas von den Aktivitäten, die das Leben seiner Kollegen ausfüllen, aber nichts von ihren Gefühlen, die für die meisten Frauen das Leben erst wirklich machen.

Kontaktscheu

Unsere Umfrage-Ergebnisse zeigen genau wie die anderen Untersuchungen, daß kontaktbereite Frauen eine größere Chance haben, positive Beziehungen zu anderen Frauen aufzubauen als jene, die sich distanziert und verschlossen geben. Durch ihre mangelnde Gesprächsbereitschaft verweigerte Denise, die Leiterin des Publikationsteams, ihren Mitarbeiterinnen, eine Verbindung zu ihr herzustellen, woraufhin sich die Frauen unzufrieden fühlten und in ihrer Produktivität nachließen.

Die Dinge wären anders verlaufen, hätte Denise eine andere Richtung eingeschlagen. Doch sie wich den Kontakten bewußt aus. Sie wollte vor den Sitzungen keinen Schwatz halten, weil sie es für Zeitverschwendung hielt. Sie schloß sich den anderen Frauen nicht an, um wenigstens für fünf Minuten das Baby zu bewundern, weil das ihren Zeitplan durcheinander gebracht hätte und sie der Meinung war, derart Familiäres habe am Arbeitsplatz nichts zu suchen. Sie fühlte sich unwohl dabei, an Geburtstagsfeiern oder anderen Zusammenkünften teilzunehmen, wo sich die Gespräche um das Privatleben drehen würden. Privates hatte für Denise im Berufsleben keinen Platz. Hier kam es für sie nur darauf an, wie gut sie die ihr gestellten Aufgaben meisterte.

Darüber hinaus mag Denises herausgehobene Position Barrieren zwischen ihr und den nach Verbundenheit strebenden Frauen des Teams geschaffen haben. Denises Stil provozierte Kritik, nicht an ihrer Kompetenz, sondern an ihrer Fähigkeit, den Ansprüchen an sie als Frau zu genügen. Frauen haben normalerweise keine Schwierigkeiten, Verbindung zu anderen Frauen herzustellen, selbst zu Frauen in Managementpositionen, wenn sie sich auf deren »weibliche« Qualitäten beziehen können.

Die feministische Therapeutin Katherine McLeod meint dazu: »Wenn Frauen auf eine neue Vorgesetzte oder Chefin treffen, versuchen sie als erstes einzuschätzen, wie kontaktbereit sie ist, ob sie Persönliches über sich preisgeben wird, ob sie ihren Ansprüchen als Frau genügt.« Wenn die Frauen feststellen, daß sie sich auf die neue Chefin als Frau beziehen können, werden sie ihr Unterstützung anbieten, und die Bahn ist frei. Klappt die Verbindung nicht, werden sie sich vermutlich gegen ihre Autorität auflehnen, was zu Leistungsabfall führt, bis sie auf persönlicher Ebene eine andere Kontakt- und Bezugsmöglichkeit zu ihr gefunden haben.

Wir bewerten die Weiblichkeit einer anderen Frau, indem wir bei ihr nach Zeichen emotionaler Aufnahmebereitschaft suchen. Wir wollen sichergehen, daß sie das Verhalten und die Gefühle anderer ebenso berührt wie uns. In Denises Fall entstand der Bezugspunkt, als die anderen Frauen sahen, daß sie auf Anns Kritik mit Tränen reagierte – zwar schnell unterdrückt, aber immerhin. Zu dieser Reaktion konnten die Frauen ihres Team einen Bezug herstellen. Plötzlich wurde Denise für sie wirklich, sie wurde »menschlich«. Frauen weinen; und durch ihre Tränen bewies Denise, daß auch sie eine von ihnen ist. Denises Weiblichkeit war der Anknüpfungspunkt für die Frauen ihres Teams, und dank ihrer Identifikationsfähigkeit mit anderen Menschen erkannten sie, daß auch Denise, trotz ihrer harten Schale, verletzlich ist.

Obwohl es mehr als Denises Tränen brauchte, bis die Frauen ihres Teams sich mit ihr völlig wohlfühlten, besaßen sie nun einen Bezugspunkt, der ihnen Denise als Frau

»wirklicher« erscheinen ließ. Als sie später versuchte, einen persönlicheren Austausch herzustellen, hatten die Frauen bereits einen Ansatzpunkt.

Gerüchte vermeiden

Neben Ablehnung und Angriffen auf ihre Weiblichkeit werden kontaktscheue Frauen schnell zur Zielscheibe von Gerüchten. Da sie sich anderen Frauen entziehen und nichts über sich preisgeben, setzen sie sich Spekulationen aus. Unser Bedürfnis, etwas Persönliches über eine andere Frau zu erfahren, was sie für uns wirklich erscheinen läßt, verleitet uns dazu, mit erfundenen Geschichten die Lücke zu füllen, die sie offen läßt.

Aus diesem Grund hatten auch die Frauen in Denises Team angefangen, darüber zu spekulieren, warum sie ihre vorherige Stellung aufgegeben hatte. Die Spekulationen wurden zu Gerüchten – und Gerüchte, die oft genug wiederholt werden, klingen schließlich nach Wahrheit. Als Ann erkannte, wie ernst die Probleme zwischen Denise und ihrer Gruppe geworden waren, lief die Gerüchteküche bereits auf Hochtouren: Denise sei entlassen worden, weil sie die Kunden mit ihrer herrischen Art verprellte; sie habe die Arbeit ihrer Untergebenen als ihre eigene ausgegeben und sei dafür bei ihrem Chef angeschwärzt worden; sie habe einen Großkunden verloren, als ihre Affäre mit dem Auftraggeber endete. Ein Gerücht besagte sogar, sie habe das Sorgerecht für ihre Tochter abgegeben, um sich ganz ihrer Karriere zu widmen!

Zum Glück hatte Denise eine sensible Chefin, die sie ermutigte, ihrem Team gegenüber offener zu sein. Mit Anns Hilfe lernte Denise, ihr Verhalten zu ändern, so daß die Gerüchte durch Fakten ersetzt wurden, sie aber trotzdem die ihr so wichtige Privatsphäre nicht völlig preisgeben mußte.

Denise wurde offener und knüpfte Kontakte zu ihrem nach wie vor nur aus Frauen bestehenden Texterinnenteam. Sie lockerte ihr striktes Privatgesprächsverbot und kam fünf Minuten vor den Sitzungen in den Konferenzraum. Obwohl sie immer noch ungern etwas über sich preisgab, beteiligte sie sich an den Unterhaltungen mit Bemerkungen zu neuen Restaurants oder zu Büchern, die sie gelesen hatte. Auf diese Weise war sie in der Lage, mit den Frauen über ihr Privatleben zu sprechen, ohne sich unwohl oder bloßgestellt zu fühlen.

Zuerst ein wenig linkisch, dann aber mit echtem Interesse am vielfältigen Leben ihrer Mitarbeiterinnen, nahm Denise an Geburtstagsfeiern oder dem gelegentlichen gemeinsamen Kneipenbesuch nach der Arbeit teil. Als sie den Auftrag für den Jahresbericht eines großen Unternehmens an Land zog, lud Denise selbst zu einer Feier ein, an der die ganze Gruppe teilnahm. Je mehr sich die Beziehungen verbesserten, desto leichter fiel es Denise, Kritik und Vorschläge anzubringen, denn sie wußte mehr über die Persönlichkeiten und die Motivationen ihrer Mitarbeiterinnen. Da sie mit Denise immer besser auskamen, war es auch den Frauen wichtig geworden, ihre hohen Ansprüche zu erfüllen. Sie fühlten sich mit ihr verbunden, und Denise konnte auf die Stärke ihrer Persönlichkeit vertrauen, statt ihre Stellung oder Autorität ausspielen zu müssen, um die Produktivität zu steigern und Unterstützung zu erhalten.

Frauen wie Denise, die die Unabhängigkeit der Verbundenheit mit anderen Frauen vorziehen, werden immer wieder auf Feindseligkeit stoßen. Patty, eine von Natur aus verschlossene und ein wenig schüchterne Forschungsassistentin, glaubte, vor Gerüchten und »anderen Problemen« geschützt zu sein, wenn sie sich nicht mit den anderen Frauen aus ihrem Institut einließ. Um den Kontakt mit den Kolleginnen möglichst zu vermeiden, ging sie jeden Tag in der Mittagspause nach Hause und verließ das Institut bei

Dienstschluß pünktlich um 17 Uhr. Sie lehnte die Einladung ab, sich der Gruppe freitags zum Pizzaessen anzuschließen und gab keinerlei Informationen über ihr Privatleben preis.

In ihrer Abwesenheit brodelte die Gerüchteküche. Ein Gerücht besagte, daß Patty mit ihrer Dissertation durchgefallen sei und jede freie Minute damit verbringe, eine Anklage gegen ihren Doktorvater vorzubereiten, einen Wissenschaftler, dessen Forschungen die anderen Frauen unterstützten. Pattys Unabhängigkeit und Verschlossenheit irritierte die Kolleginnen, die sie für »hochnäsig« und »überheblich« hielten. Bei Arbeitssitzungen des Instituts und in Projektberichten blieben ihre Beiträge unerwähnt oder wurden von den Kolleginnen heruntergespielt, obwohl Patty gut und zuverlässig arbeitete.

Wir lernten Patty und ihre Kollegin Marla bei einem unserer Seminare kennen. Marla hatte Pattys Kontaktprobleme erkannt und darauf bestanden, daß sie an unserem Workshop teilnahm. Zusätzlich hoffte Marla, ein paar Ideen zu bekommen, wie sich die Spannungen im Institut abbauen ließen. Während einer Pause sprachen wir mit den beiden Frauen und erklärten ihnen, daß Pattys Abneigung, sich auf ihre Arbeitskolleginnen einzulassen, den mit Verbundenheit assoziierten Wohlfühlbereich der Frauen verletzt habe. Barbara schlug vor, Patty solle versuchen, ihren Kolleginnen ein wenig entgegenzukommen. Was nicht hieße, daß Patty nun jeden Freitag mit zum Pizzaessen gehen müsse, aber vielleicht doch ein oder zwei Mal im Monat. Barbara empfahl ihr auch, sich anzuhören, was die anderen Frauen über ihr Leben erzählten, und, wenn der richtige Zeitpunkt gekommen sei, auch selbst etwas über ihre Aktivitäten und Interessen beizusteuern.

Barbara traf Patty fünf Monate später wieder. Patty hatte den Vorschlag, gelegentlich mit zum Essen zu gehen, angenommen, und eines Tages war das Gespräch auf Hunde gekommen. Wie sich herausstellte, wußte Patty eine Menge über Hunderassen und ihre Charaktereigenschaften. Fasziniert erfuhren die anderen Frauen, daß Patty Dobermänner als Wachhunde trainierte. Als sie erwähnte, daß sie nach Hause müsse, um die Hunde rauszulassen, verstanden die Frauen endlich, warum sie mittags und nach der Arbeit sofort verschwand. Wenn seitdem das Thema Hunde aufkommt, kann Patty sich am Gespräch beteiligen, ohne sich unwohl zu fühlen. Die Spannungen haben nachgelassen, und damit auch das Gefühl der Frauen, Patty für ihre »Abwesenheit« und Distanziertheit bestrafen zu müssen.

Wie Patty wollen auch andere Frauen ihre Arbeitszeit oder ihre kostbare Freizeit nicht damit verbringen, Kontakte zu Kolleginnen zu knüpfen. Doch viele dieser Frauen erkennen, daß Verbundenheit eine freundlichere und guten Arbeitsbeziehungen förderliche Atmosphäre schafft und nehmen die Mühe bewußt in Kauf.

Anna, eine Grundschullehrerin, ist nicht sonderlich begeistert von den gesellschaftlichen Aktivitäten, die ihre Kolleginnen als Gegengewicht zu ihrem anstrengenden Lehrberuf planen. Sie fühlt sich den anderen Lehrerinnen durch ihr Interesse an den Schülern verbunden. Doch ihr ist klar, daß eine gemeinsame Geburtags- oder Jubiläumsfeier dazu beiträgt, die Kolleginnen auch auf persönlicher Ebene zusammenzubringen. Sie glaubt, daß die Schüler letztlich von den guten Beziehungen der Lehrkräfte untereinander profitieren, und das ist ihr wichtig. »Ich könnte mir nicht vorstellen, solche Zusammenkünfte selbst zu organisieren«, räumt sie ein, »aber ich rechne es den Frauen hoch an, daß sie sich die Zeit nehmen, uns zusammenzubringen. Es kommt uns allen mit Sicherheit zugute.«

Verbundenheit herstellen

Wenn Ihre Arbeitssituation keine ausreichende Verbundenheit zuläßt, können Sie selbst etwas daran ändern. Sandy, eine ehemalige Lehrerin, war in die Marketingabteilung einer großen Computerfirma übergewechselt. 1987 stellte sie fest, daß sie in ihrem neuen Beruf zwar erfolgreich war, aber unzufrieden und angeödet von dem Gefühl, »eine Rolle zu spielen, der irgend etwas fehlte«. Die Firma war ganz auf dem männlichen Prinzip von Status, Macht und Produktorientierung aufgebaut und ließ wenig Raum für persönliche Verbindungen. Die Frauen, mit denen sie zusammenarbeitete, waren gebildet, gut bezahlt und wurden für ihre exzellente Arbeit geschätzt. Die Gruppe bestand aus Ingenieurinnen, Technikredakteurinnen und Projektmanagerinnen, deren Gespräche am Arbeitsplatz sich ausschließlich um Marketingfragen drehten. Nach außen funktionierte dieser Ansatz, doch das allgemeine Gefühl der Distanziertheit war einer angenehmen Arbeitsatmosphäre nicht eben förderlich. Die Frauen wollten mehr voneinander wissen, suchten nach einer engeren oder tieferen Verbundenheit als dem Austausch darüber, wer zu welcher neuen Produktwerbung beitrug.

Daher regte Sandy eines Tages an, sich nach der Arbeit zum Essen in einem Restaurant zu treffen. Am ersten Abend kamen acht Frauen. Sie unterhielten sich über ihr Privatleben und wurden, wie Sandy sagte, »füreinander existent«. Zu wissen, welche von ihnen ebenfalls eine Tochter im Teenageralter mit einem etwas seltsamen Kleidergeschmack hatte, oder daß eine Ingenieurin vorher auf die Schauspielschule gegangen war und in einem Sommertheater Ophelia gespielt hatte, stellte eine neue Verbundenheit her. Die Möglichkeit, nun montags Joan fragen zu können, wie ihr Kajak-Wochenende gewesen war oder kurz bei Jenelles Schreibtisch stehenzubleiben, um sich zu erkundigen, wie es ihrer Mutter nach der Operation ging, trug für Sandy und ihre Kolleginnen entscheidend dazu bei, sich am Arbeitsplatz wohler zu fühlen. Ihr starkes Arbeitsengagement blieb nach wie vor bestehen, doch das monatliche Essen veränderte ihre Beziehungen zueinander und ihre Zufriedenheit im Beruf auf positive Weise. Höchstwahrscheinlich verstärkte es auch ihre Leistungsfähigkeit. Die Gruppe blieb bestehen und traf sich weiterhin regelmäßig, obwohl einige Frauen wegzogen, andere hinzukamen und Beförderungen ihre Interaktionen am Arbeitsplatz veränderten.

Diese weibliche Reaktion auf eine männliche Betriebsstruktur ist ein interessantes Beispiel dafür, wie Frauen es schaffen können, die eigenen Bedürfnisse auch unter solchen Bedingungen zu erfüllen. In diesem Fall spielten die Frauen ihre Rolle innerhalb der traditionell männlichen Struktur, schufen sich aber zum Ausgleich eine auf persönlichen Gesprächen basierende, parallel laufende Arbeitsgemeinschaft, in der sie sich verbunden waren. Falls auch Sie sich von einer sehr rigiden männlichen Arbeitsumgebung frustriert fühlen, könnten Sie versuchen, mit Ihren Kolleginnen eine weibliche Arbeitsgemeinschaft zu bilden.

Wenn Klatsch zur Waffe wird

Verbundenheit mit Frauen am Arbeitsplatz bildet die Basis positiver Arbeitsbeziehungen. Wird aber das Bedürfnis nach Verbundenheit übertrieben, kann es zu einem der destruktivsten Faktoren für die Zusammenarbeit von Frauen werden.

Privatgespräche, die in »Klatsch« ausarten, können in Arbeitszusammenhängen zu großer Uneinigkeit führen. Und doch ist das eine ganz natürliche Tendenz. Carol Tavris weist in ihrem Buch *The Mismeasure of Women* darauf hin, daß für die meisten Frauen Intimität und Nähe mit Kommunikation verbunden sind – sowohl das »in die Tiefe führende« Gespräch über Gefühle und Probleme als auch »oberflächliches Geplauder« über Alltägliches. Frauen, meint Tavris, sprächen gern über persönliche Dinge wie Emotionen und Beziehungen; sie seien bereit, oft sogar begierig, Schwächen und Ängste einzugestehen.

Und mit wem reden wir? Mit Frauen, denn Frauen hören zu. Wir sympathisieren miteinander und bestärken uns gegenseitig, können das Gehörte auf unser eigenes Leben beziehen. Wir bieten Trost an, wenn andere ihn brauchen, und werden getröstet, wenn wir in Schwierigkeiten sind. Doch wir vergessen oft, daß alles, was wir sagen, auch gegen uns verwandt werden kann. Frauen, die Gespräche benutzen, um Vertrauen herzustellen, gehen oft wenig vertrauenswürdig mit dem Gehörten um.

Das Problem wird dadurch verschärft, daß viele von uns nur wenig Zeit haben, außerhalb des Berufs mit Frauen zu reden. Die Frauen, mit denen wir die meiste Zeit verbringen, die da sind, wenn wir uns ärgern oder freuen, sind diejenigen, mit denen wir täglich acht, wenn nicht zwölf Stunden im Beruf zusammenarbeiten. Wenn aber eine andere Frau das ihr Anvertraute gegen uns verwendet, um uns bloßzustellen, sei es in unserer Abwesenheit oder offen vor anderen, dann wird ein in gutem Glauben geführtes Gespräch zum Bumerang. Privatgespräche können äußerst negative Auswirkungen haben, wenn eine Frau die ihr anvertrauten Intimitäten dazu benutzt, eine Kollegin auszustechen oder ihr etwas »heimzuzahlen«. Klatsch wird negativ, wenn wir nicht mehr einfach nur über jemanden reden, sondern s c h l e c h t über jemanden reden, wie Deborah Tannen es ausdrückt.

Klatsch auf diese Weise einzusetzen, ist für Frauen sehr verführerisch, denn sie haben gelernt, nicht direkt und offen zu konfrontieren. In ihrem Buch *Opposite Sides of the Bed: A*

Lively Guide to the Differences between Women and Men zitiert Cris Evatt eine von Donald Sharpsteen, einem Psychologen der Universität Denver, durchgeführte Untersuchung über das Klatschverhalten von 350 Männern und Frauen. Sharpsteen stellte fest, daß Vergeltung eines der Hauptmotive für weiblichen Klatsch ist. Statt eine Kollegin, die sie geärgert hat, direkt anzusprechen, ziehen Frauen lieber über sie her und tratschen. Wird eine Kollegin, der wir uns anvertraut haben, ärgerlich und wütend auf uns, kann allzugroße Offenheit im Privatbereich zur Munition für einen heimtückischen Angriff gegen uns werden.

Als die Architektin Sibyl ihrer Kollegin Joyce erzählte, wie sehr ihr die Verurteilung ihres Ex-Mannes wegen Spielschulden zusetze, lieferte Sibyl sich damit Joyces rachsüchtigem Klatsch aus. Für Joyce ergab sich die Gelegenheit, als Sibyl ihr vorwarf, den Abgabetermin für eine Bauausschreibung zu gefährden, weil sie sich mit ihren Berechnungen zu lange Zeit ließe. Joyce war wütend, weil Sibyl nicht berücksichtigte, daß eine Reihe von Entwurfsveränderungen ihre Berechnungen verzögert hatten. Statt Sibyl direkt auf den ihrer Meinung nach ungerechtfertigten Vorwurf anzusprechen, rächte sich Joyce, indem sie überall herumerzählte, daß Sibyls Ex-Mann im Gefängnis saß und Sibyl darüber »offenbar fix und fertig« war. Diese Angaben hatten nichts mit der Arbeit zu tun, aber sie bewirkten, daß Sibyl sich äußerst unwohl fühlte und ihre Position als Leiterin der Entwurfsgruppe zumindest für eine Weile in Frage gestellt war.

Am meisten verletzt Klatsch allerdings, wenn Frauen das ihnen Anvertraute absichtlich dazu benutzen, um eine Feindin oder Konkurrentin aus dem Feld zu schlagen. Marie brach Yvonnes Vertrauen, als sie deren Zukunftsträume weitererzählte, um so Yvonnes Bewerbung um eine bessere Position in der Firma für Laborausrüstungen zu torpedieren, in der sie beide arbeiteten. Yvonne hatte Marie erzählt, daß sie davon träume, eines Tages nach Idaho zu ziehen und einen Wassertestservice einzurichten, den sie kleinen, umweltbewußten Firmen anbieten wolle. Sie hatte ihr auch erzählt, daß sie mit ihrer häuslichen Situation unzufrieden sei, sich aber bemühe, die Dinge ins Lot zu bringen. Als ihre Firma sich vergrößerte und die Stelle eines Marketingmanagers ausgeschrieben wurde, bewarben sich beide um den Posten. Marie hielt es jedoch für »ihre Pflicht der Firma gegenüber«, die Geschäftsleitung über Yvonnes »mangelndes Engagement« und ihre »unstabile Ehe« zu informieren. Obwohl Yvonne beim Bewerbungsgespräch beteuerte, wie wichtig ihr die Stellung sei und daß ihre Pläne für Idaho »nur ferne Zukunftsträume« darstellten, entschied man, daß die Firma es sich nicht leisten könne, sie in die neue Stellung einzuweisen und dann nach ein oder zwei Jahren zu verlieren. Marie bekam den Posten.

Es ist schwierig, die Gespräche mit anderen Frauen ständig unter Kontrolle zu halten. Wir wollen gern offen sein, wollen unsere Gefühle und Erlebnisse mitteilen, und doch dürfen wir nichts preisgeben, was uns in einer späteren Situation schaden könnte. Wir können uns schützen und Frauen keine Gelegenheit geben, das ihnen im Vertrauen Erzählte gegen uns zu verwenden, indem wir unsere Gespräche auf positive Erfahrungen und neutrale Erlebnisse beschränken. Frauen haben die Neigung, Trost für ihre Ängste, Mißerfolge und Schwächen zu suchen; wir sollten uns jedoch bemühen, die Schulter zum Ausweinen außerhalb des Arbeitsplatzes zu finden.

Es kann sehr anstrengend sein, jedes Wort auf die Goldwaage zu legen. Unser Image zu schützen, statt einfach zu reden wie uns der Schnabel gewachsen ist, kommt vielen, die Vertrauen und Verbundenheit mit anderen schätzen, falsch vor. Doch wir müssen uns bewußt sein, daß nicht jede unserer Mitteilungen so behandelt wird, wie wir es uns wünschen. Je weniger wir anderen Gelegenheit geben, Privatge-

spräche zu mißbrauchen, desto besser werden wir uns und die Frauen, mit denen wir zusammenarbeiten, vor destruktiven Konsequenzen schützen.
Ich möchte dieses Kapitel über Privatgespräche mit einer weiteren Warnung abschließen: Seien Sie in feindseligen Situationen besonders vorsichtig mit privaten Enthüllungen. Die gute Absicht, durch Gespräche eine freundlichere Atmosphäre zu schaffen, kann schnell ins Auge gehen und die Situation verschärfen, statt das Problem zu beheben.

Zuviel des Guten

Privatgespräche in angemessenem Rahmen können zwischen Frauen Verbundenheit herstellen, doch hat sich diese einmal etabliert, besteht dann nicht auch die Möglichkeit, daß Beziehungen außer Kontrolle geraten?
Erinnern Sie sich noch an Cliquen? Sie waren schon in der Schule die reinste Pest und konnten einem das Leben zur Hölle machen. Wenn sich Cliquen bilden, kann übertriebene Gruppenloyalität uns davon abhalten, neue und lohnendere Ziele anzustreben.
Clique. Das Wort läßt viele Frauen erschaudern. Der abwertende Beiklang ruft Erinnerungen an Ausschluß, Engstirnigkeit und kollektive Gemeinheit wach. Cliquen sind eine Gefahr für positive Arbeitsbeziehungen zwischen Frauen.
Überraschenderweise nannten bei unserer Umfrage nur dreißig von über fünfhundert Frauen »Cliquen« als ein Problem für die Zusammenarbeit von Frauen. Vielleicht sind wir uns der Gefahr bewußt geworden, die von Cliquen ausgehen. Vielleicht weigern wir uns, Cliquen zu bilden. Vielleicht gehörten die Frauen, die an unseren Umfragen teilnahmen, aber auch Cliquen an und genossen die »Soli-

darität« und die Verbundenheit, die diese suggerierten, statt das Phänomen von außen zu betrachten.

Im Gegensatz dazu erzählten uns die Frauen, die wir ausführlicher befragten, daß Cliquen am Arbeitsplatz nach wie vor ein Problem sind. Sie mögen heute anders genannt werden, zum Beispiel »In-Groups« oder »Wir gegen sie«, aber solche Bezeichnungen ändern nichts an dem Problem. Cliquen sind kleine, exklusive Gruppen innerhalb einer größeren Gruppe oder Organisation. Ihre Betonung der Gleichheit, Geschlossenheit und Stabilität rechtfertigt (in ihren Augen) den Ausschluß von Frauen, die »nicht dazupassen«.

Cliquen bilden sich, weil Frauen Verbundenheit suchen. »Eine Clique«, erklärt Barbara, »bietet Verbundenheit im Extrem.« Innerhalb einer Clique fühlen sich die Dazugehörigen eingebunden und exklusiv. Aber Cliquen können enormen Schaden anrichten.

Frans Zusammenstoß mit einer Clique am Arbeitsplatz hat sie von ihren Erfolgen und der Anerkennung abgelenkt, auf die sie eigentlich mit Recht stolz sein könnte. Die Clique besteht aus besonders karriereorientierten Frauen, die im Marketingbereich eines internationalen Pharmakonzerns tätig sind. Diese Frauen haben sich gemeinsam hochgearbeitet, obwohl sie aus unterschiedlichen Bereichen kommen, von der Biologie über die Wirtschaft bis hin zur Technik. Sie kennen einander gut und verteidigen ihre schwer erworbene Macht und ihre Position mit allen Mitteln. Fran wiederum ist von außen in die Abteilung gekommen, da sie vorher als Vertreterin für eines der Nebenprodukte des Konzerns tätig war. Sie war auf ihrem Gebiet so tüchtig und machte mit ihren Fähigkeiten und Leistungen solchen Eindruck auf die Geschäftsleitung, daß man sie schließlich für die Marketingabteilung einstellte.

Fran gibt zu, daß man sie für aggressiv und sehr direkt halten könnte. Doch sie war davon ausgegangen, daß die

Frauen dort ebenfalls Profis seien und ihr Job für sie an erster Stelle stehe. Sie hatte angenommen, die Kolleginnen würden ihre Einstellung respektieren, alles daranzusetzen, die bestmöglichen Ergebnisse zu erzielen.

Oberflächlich betrachtet funktioniert die Marketinggruppe, erzählte sie mir, aber das Geklüngel der anderen Frauen hat für sie die Zusammenarbeit zu einer »traurigen, unglücklichen, ungesunden Erfahrung gemacht. Sie schließen mich auf jede nur mögliche Weise aus. Sie geben keine Informationen an mich weiter, was mich bei Konferenzen ins Hintertreffen bringt, da ich nicht weiß, was los ist. Sie tun sehr höflich, kritisieren aber untereinander meine Ideen, obwohl sie meine Vorschläge dann letztlich oft aufnehmen und sie als ihre eigenen ausgeben.

Ich habe mir jede erdenkliche Mühe gegeben, Freundschaft zu schließen und aufgenommen zu werden«, beteuerte sie. »Ich leihe ihnen mein Auto, wenn ihres kaputt ist. Einer der Frauen habe ich sogar ein Kostüm geliehen, als sie zu einer Präsentation nach Boston mußte. Ich mache ihnen öffentlich Komplimente. Alles zwecklos. Sie lassen mich nicht rein.«

An dieser Stelle mußte Fran, die es beruflich so weit gebracht hatte und ein ausgezeichnetes Gehalt bezog, mit den Tränen kämpfen. »Es ist eben so«, sagte sie, »daß sie mich einfach nicht leiden können. Ich bin entsetzt, daß das für mich eine Rolle spielt, und verletzt, weil es so ist. Vor kurzem habe ich drei dieser Frauen nacheinander gebeten, Produktmuster für mich abzuholen und auf meinen Schreibtisch zu legen, weil ich einen Auswärtstermin hatte. Eine Kleinigkeit, für niemanden in irgendeiner Weise belastend. Alle drei hatten eine Ausrede und lehnten ab. Ich weiß nicht mehr, was ich machen soll, und bin, ehrlich gesagt, drauf und dran zu kündigen.«

Fran hat die Probleme nach wie vor nicht lösen können. Sie überlegt sich ernsthaft, ihre Vertretertätigkeit wieder aufzunehmen oder vielleicht an einer Universität zu unterrichten, wo »ich mich nicht mit Cliquen rumschlagen muß und meine Zeit mit Leuten verbringen kann, die mich mögen«. Falls sie das tut, wird ihre Firma eine hochbegabte Frau verlieren. Irgendwann werden die Frauen in der Clique sich vielleicht beruflich weiterentwickeln wollen und die Gruppendynamik verändern. Doch bis dahin ist es gut möglich, daß die Clique innerhalb des Unternehmens durch ihr Abgrenzungsverhalten und ihre Klüngelei in Verruf gerät. Andere Frauen im Konzern, denen eine Stellung in dieser Abteilung angeboten wird, könnten Wind vom Ruf der Clique bekommen und sich anderswo bewerben.

Cliquenverhalten hilft Frauen nicht und kann sie ausschließen und zerstören. Wir dürfen nicht zulassen, daß Cliquen in einflußreicher Position, ja, in jeder Position, begabte und zielbewußte Frauen an ihrem Aufstieg hindern.

Cliquen wie die, mit der Fran zu tun hatte, können den Anschluß an eine neue Gruppe, ein neues Team zu einem schwierigen und demoralisierenden Erlebnis machen. Lassen Sie uns nun betrachten, was geschehen kann, wenn eine Clique die Reihen schließt, um eine neue Vorgesetzte oder Chefin abzulehnen, weil sie eine »Außenseiterin« ist.

Audrey arbeitete als Krankenschwester in einem großen Krankenhaus in Neuengland. Sie war intelligent, kompetent und hatte eine besondere Begabung für die Analyse von Organisationsstrukturen und Managementpraktiken. Doch nun stand sie vor einer wichtigen Entscheidung: wollte sie weiterhin als einfache Krankenschwester arbeiten oder in den Verwaltungsbereich aufsteigen. Vor kurzem war sie einem Team von Operationsschwestern zugeteilt worden, das mit diversen Entscheidungen und Anordnungen der Gruppenleiterin unzufrieden war. Die Zusammenarbeit der Gruppe funktionierte nur schlecht, und die Krankenhausverwaltung hatte erkannt, daß ein Wechsel nötig war, um die Abteilung wieder optimal leistungsfähig zu machen. Diese

Schwesterngruppe arbeitete bereits seit über fünf Jahren zusammen und hatte, trotz ihrer Beschwerden über die Art und die mangelnde Entscheidungsfähigkeit ihrer Leiterin, keine Initiative gezeigt, die Probleme intern zu lösen. Gemeinsam hatten sie sich bei der Verwaltung über Ellen, ihre Gruppenleiterin beschwert. Sie stellten sich als geschlossene Einheit dar.

Audrey wußte das alles. Als ihr angeboten wurde, Ellen als Gruppenleiterin abzulösen, fiel ihr die Entscheidung nicht leicht. Obwohl die Schwestern sich über Ellen beschwert hatten, war sie doch eine der ihren gewesen. Sie würden eine Außenseiterin in ihrem Territorium nicht willkommen heißen. Audreys Gespür für das weibliche Verbundenheitsbedürfnis ließ sie das Angebot beinahe ablehnen. Doch sie suchte die Herausforderung, wollte vorwärtskommen und nahm die Stelle schließlich an, obwohl sie wußte, daß »mich alle dafür hassen werden«.

Audrey lag mit ihrer Einschätzung völlig richtig. Die anderen Schwestern glaubten, sie hätte Ellen den Job weggenommen. Sie betrachteten Audrey als Eindringling, der ihre Gruppe, ihre Arbeitsweise, ihre geschlossene Gesellschaft angreifen wollte. Und sie fühlten sich schuldig, vermutete Audrey, weil sie sich bei der Verwaltung beschwert hatten. Der Gedanke, eine der ihren verraten zu haben, gefiel ihnen gar nicht.

Audrey mußte sich also nicht nur mit den organisatorischen Anforderungen ihrer neuen Stellung auseinandersetzen, sondern zusätzlich mit der Feindseligkeit einer Gruppe von Frauen, die keinen Hehl daraus machten, daß sie ihre Anwesenheit ablehnten, und ihr mit einer Aufsässigkeit begegneten, die fast an Meuterei grenzte. Sie sabotierten Besprechungen, kamen zu spät oder gingen vor Schluß. Sie weigerten sich, mit Audrey in der Kantine zu essen, um sie auf allgemeinerer Ebene kennenzulernen. Sie lehnten jede Aufforderung ab, sich an der Organisation der Abläufe und Arbeitsweisen ihrer Abteilung zu beteiligen.

Audrey ließ nicht locker und setzte sich ständig mit der Clique auseinander. Sie gab zu verstehen, daß sie mit einigen der fähigsten Schwestern des Krankenhauses zusammenarbeitete. Sie setzte sich für ihre Abteilung ein, um mehr Hilfspersonal zu bekommen. Sie ermutigte die Schwestern, jederzeit mit Vorschlägen zu ihr zu kommen, wie man den Dienst an den Kranken verbessern könnte – oder einfach nur, um sich besser kennenzulernen. Sie übte nie Kritik an Ellens Organisationsmethoden und lobte einzelne Frauen offen für Ideen, die sie einbrachten. Audrey griff die Clique nicht als Ganzes an, sondern behandelte die Frauen als Einzelpersonen. Sie brachte ihnen Respekt entgegen, wofür auch sie nach und nach respektiert wurde. Die Clique wurde offener und entwickelte sich schließlich zu einem neuen Team mit Audrey als anerkannter und geschätzter Leiterin.
Wie Audrey können auch wir Cliquen entgegentreten und für eine offenere, integrative Arbeitsatmosphäre sorgen. Und bei den immer häufiger entstehenden Unternehmen in Frauenhand sollten wir von vornherein darauf achten, Cliquenbildung zu vermeiden. Verbundenheit verliert an Wert und Qualität, wenn Frauen Mauern errichten. Wir müssen die Bedeutung von Verbundenheit anerkennen und sie allen zugänglich machen.

Bindung als Hemmschuh

Aus Gründen der Verbundenheit treffen Frauen manchmal Entscheidungen, die die Aufrechterhaltung einer Arbeitsbeziehung über den beruflichen Aufstieg oder die Möglichkeit einer Beförderung stellen. Frauen betrachten Gleichheit als Grundlage von Verbundenheit. Auch mir wurde erst im nachhinein klar, daß eine gute Freundin sich beinahe gegen

eine neue berufliche Perspektive entschieden hätte, weil dies die Gleichheit zwischen uns zerstört und unsere Beziehung verändert hätte.
Meine Freundin Lynn und ich unterrichteten Englisch an einer High School in Santa Clara, Kalifornien. Wir verstärkten unsere Gleichheit noch dadurch, daß wir gemeinsam in Opposition zu den Fachberatern gingen, die sich um die Probleme unserer Schüler kümmerten. Lynn und ich waren nicht damit einverstanden, daß die Berater auf Beschwerden der Schüler offenbar selbstherrlich deren Fächerwahl und Unterrichtsplan veränderten, ohne mit den Lehrern Rücksprache zu halten und dem Problem an die Wurzel zu gehen. Während der Mittagspause saßen wir gern mit anderen Lehrkräften zusammen und erzählten uns gegenseitig Horrorgeschichten über Berater, die »es nie bis ins Lehramt geschafft hatten und sich deswegen als Berater ausbilden ließen«. Natürlich wußten wir alle, daß die Fachberater eine gründliche Ausbildung genossen hatten und ihre Arbeit sehr ernst nahmen, aber die »Wir gegen sie«-Haltung verstärkte irgendwie unsere Verbundenheit.
Lynn hatte im Stillen die Entscheidung getroffen, ihre schwierige Ehe zu beenden. Sie wußte, daß sie danach selbst für ihren Unterhalt und ihre Altersversorgung aufkommen mußte. Der einfachste Weg sich abzusichern war eine Beraterausbildung, mit der sie dann in die Verwaltung aufsteigen konnte. Obwohl sie insgeheim begonnen hatte, Abendkurse zu besuchen, war es ihr unangenehm, zugeben zu müssen, »eine von denen« werden zu wollen. Sie erzählte mir später, sie habe ihren Entschluß, die Kurse zu besuchen und ihre Lehrtätigkeit für eine Beraterstelle aufzugeben, immer wieder hinausgezögert, als ihr klar wurde, wie sehr sich unsere Beziehung dadurch verändern würde.
Zum Glück traf Lynn dann doch diese völlig richtige Entscheidung und vertraute darauf, daß sich unsere Beziehung der Veränderung anpassen würde. Natürlich überraschte

mich ihre Ankündigung. Ich muß zugeben, daß ich mich verletzt fühlte, weil sie nicht früher mit mir gesprochen hatte, und verlassen, weil sie auf die andere Seite übergewechselt war. Sie war aus unserem Gleichheitsbündnis ausgebrochen! In den ersten paar Monaten nach ihrer Rückkehr aus den Sommerferien, nun als Beraterin, fühlten wir uns beide unbehaglich. Die alte Leichtigkeit war verschwunden. Aber wir fanden eine neue Grundlage für eine positive Verbundenheit: Ich lernte von Lynn, was eine Beraterin in ihrer Arbeit mit den Schülern zu berücksichtigen hat, und sie blieb durch mich mit der Lehrerperspektive in Verbindung.

Lynn und ich mußten damit fertig werden, daß unsere Verbundenheit auf die Probe gestellt wurde. Was geschieht, wenn eine Frau die Bindung zu ihren Kolleginnen durchtrennt und zur Leiterin oder Chefin ihrer früheren Gruppe aufsteigt? Frauen, die gemeinsam in einem neuen Unternehmen anfangen oder in einem Institut oder Büro zusammen arbeiten, fühlen sich oft durch die Gleichrangigkeit ihrer Position miteinander verbunden. Werden sie damit konfrontiert, diese Verbundenheit zu durchbrechen, lehnen manche Frauen ab; andere steigen auf, sind aber verunsichert; und ein gewisser Prozentsatz hält die Verbundenheit zu den anderen Frauen aufrecht, jedoch unter veränderten Vorzeichen.

1992 fragte ich eine Gruppe von Frauen, die an einer Satellitenkonferenz der American Management Association über Frauen in Führungspositionen teilnahmen, wie viele von ihnen eine Beförderung, die sie über ihre Kolleginnen gestellt hätte, abgelehnt oder erst nach Zögern angenommen hatten. Mindestens die Hälfte der Frauen hob die Hand. »Es schien irgendwie nicht korrekt«, meinten sie. »Ich dachte, ich würde damit nicht fertig werden.« Diejenigen, die abgelehnt hatten, gaben einen gewissen Groll zu, der sich negativ auf die Beziehungen mit den Kolleginnen ausgewirkt hatte.

Drei Frauen sagten, sie hätten sich lieber nach anderen Stellen umgesehen, als die Vorgesetzte ihrer bisherigen Kolleginnen zu werden. Diejenigen, die der Beförderung zugestimmt hatten, berichteten von einem sehr schwierigen Übergang. Sie mußten viel Zeit und Mühe aufbringen, ihre bisherigen Kolleginnen davon zu überzeugen, daß die Verbundenheit durch offene Kommunikation, Informationsaustausch, gegenseitige Unterstützung und nach wie vor bestehendes Interesse aneinander aufrecht erhalten blieb.

Amy, eine neunundzwanzigjährige Sachbearbeiterin, arbeitet mit anderen Frauen in gleicher Stellung zusammen. Würde sie befördert, wäre sie die Vorgesetzte dieser Frauen, zu denen sie jetzt eine freundliche, auf Verbundenheit basierende Arbeitsbeziehung hat. Amy gab mir gegenüber zu, daß sie sich nicht um eine Beförderung bemüht hat, weil sie es sich, wie sie sagt »nicht vorstellen kann, Frauen zu leiten, die mir gleichgestellt waren. Etwas würde in Schieflage geraten, wäre irgendwie nicht richtig.«

Amy hat nicht die Flexibilität, zu einer Zweigstelle ihrer Firma in einem anderen Bundesstaat überzuwechseln, und sie möchte die Firma nicht verlassen, weil ihr der Job zu gut gefällt. Wie die Frauen auf der AMA-Konferenz und andere, die wir befragt haben, widerstrebt es Amy, die Gleichheit zu zerstören, die ihre Verbundenheit mit den Kolleginnen im Büro verstärkt.

Den Status quo aufrecht zu erhalten, um die Verbundenheit zu bewahren, ist keine tragbare Alternative für Frauen. Wir dürfen nicht zulassen, daß unsere Affinität für Gleichheit uns und andere Frauen blockiert. Viele Frauen haben den Schritt von der Kollegin zur Vorgesetzten erfolgreich bewältigt, und diese Frauen sollten wir uns als Vorbild nehmen.

Die schon im letzten Kapitel erwähnte Gruppe von Marketing-Frauen beispielsweise bietet einen guten Rückhalt für

Frauen, die sowohl Verbundenheit schätzen, als auch individuelle Berufsziele anstreben. Diese Frauen diskutieren offen über ihr Interesse an Beförderungen und bitten einander um Informationen und Unterstützung, die ihnen hilft, weiter zu kommen. Da sie der Gruppe ihre Ambitionen mitteilen und andere Frauen auffordern, sich an ihren Plänen zu beteiligen, ist es ihnen gelungen, die Ausgangsbasis für Verbundenheit vom Gleichheitsanspruch auf gemeinsame Interessen und Vorteile zu verlagern.

Als Angela beispielsweise zur Abteilungsleiterin befördert wurde, fühlten sich die anderen Frauen, die ihr geholfen hatten, die Unterlagen zusammenzustellen und sich auf das Bewerbungsgespräch vorzubereiten, in ihren Erfolg mit einbezogen. Angela wiederum hielt die Verbundenheit mit ihnen aufrecht, indem sie Entscheidungen mit ihnen durchsprach, sie über neue Fortbildungsmöglichkeiten, Organisationsstrategien und Zukunftspläne der Firma informierte. Sie blieb ihren früheren Kolleginnen auch auf persönlicher Ebene verbunden, erkundigte sich nach den Kindern oder dem japanischen Kochkurs.

»Wenn Frauen mit Frauen zusammenarbeiten«, fügt Barbara als eine letzte Warnung vor übermäßiger Verbundenheit hinzu, »besteht immer die Gefahr, daß Beziehungsfragen über Arbeitsinhalte gestellt werden. Das betrifft meist Frauen, deren emotionale Bedürfnisse zu Hause nicht erfüllt werden. Wenn Frauen am Arbeitsplatz bereit sind, sich voll und ganz auf Beziehungen einzulassen, ist das, als würde man ein schwarzes Loch im Kosmos stopfen wollen. Das Bemühen um die Schaffung und Aufrechterhaltung von Beziehungen kann alles andere überdecken, worunter dann natürlich Arbeit und Produktivität zu leiden haben. Wie gesagt handelt es sich dabei meist um Frauen, die im Privatleben keine Verbundenheit herstellen können. Frauen brauchen Beziehungen, weil sie sich sonst verloren und entwurzelt fühlen. Lebt eine Frau ohne häuslichen Beziehungskontext, wird ihr Bedürfnis nach Verbundenheit am Arbeitsplatz noch stärker.«

Wenn es zu einer solchen Abhängigkeit kommt, erfordert jede Geste, jede Bemerkung, die die Beziehung zu bedrohen scheint, die sofortige Aufmerksamkeit der Betroffenen. Sie kann nicht weiterarbeiten, bis sie diese Bedrohung ausgeräumt hat und sich wieder wohlfühlt. Sie zieht andere in ihre persönliche Seifenoper hinein und zwingt auch sie, in oft sträflicher Weise ihre Arbeit zu vernachlässigen.

Ein Büro, das Tests für ein großes High-Tech-Unternehmen durchführt, muß sich im Augenblick mit dieser Situation auseinandersetzen. Teri nahm an einem unserer Workshops teil, um »Anregungen dafür zu finden, um diesen Beziehungs-Hickhack aufzubrechen und wieder normal zu arbeiten«. Zu Teris Arbeitsgruppe gehört auch Erma, eine ältere Frau, die immer eine »beste Freundin« hat, ihre Gunst aber auf verschiedene Frauen zu verteilen scheint. Erma hat sich mit ihrer Tochter verkracht und beschwert sich oft bei Teri, ihrer um zwanzig Jahre jüngeren Vorgesetzten, daß diese ihr nicht genügend Respekt und Aufmerksamkeit entgegenbringe. Ermas »beste Freundinnen« mischen sich ebenfalls in Teris »Erziehung« ein und sind beleidigt, wenn Teri ihre Kommentare beiseite zu wischen versucht. Jeder Tag beginnt damit, berichtet Teri, sich für einen »Schwatz« in der Kaffeepause zu verabreden und zu überlegen, wo man die Mittagspause verbringen soll. Wer wen fragt und wer zum Mitgehen aufgefordert wird, scheint wichtiger zu sein als die Arbeit selbst. Die Bemühungen, angekratzte Beziehungen zu reparieren und andere festzuklopfen, ziehen sich oft bis in die Nachmittagsstunden hinein.

Teri ist für die Arbeitsqualität der Gruppe verantwortlich. Werden Fehler übersehen oder falsche Angaben gemacht, muß Teri ihre Mitarbeiterinnen darauf hinweisen. Ihre »Kritik« wird sofort Teil des Beziehungs-Hickhacks. Teri hat das Gefühl, die Kontrolle verloren zu haben. Falls sich die Ar-

beitsqualität der Gruppe nicht verbessert, könnte ihre Firma einen wichtigen Testauftrag verlieren.
»Wenn Beziehungen Vorrang vor Arbeitsinhalten bekommen«, erklärte mir Barbara, als ich ihr von Teris Situation berichtete, »muß den Beteiligten zunächst klar gemacht werden, was geschehen ist. Dann müssen sie akzeptieren, daß im Berufsleben die Arbeit stets Vorrang hat. Sie müssen bereit sein, sich mit ihrer häuslichen Situation auseinanderzusetzen und die Verantwortung dafür zu übernehmen, ihre emotionalen Bedürfnisse und die beruflichen Anforderungen ins Gleichgewicht zu bringen.«
Barbara empfiehlt, hierfür eine Psychologin oder Teamberaterin hinzuzuziehen, die sich mit der Problematik weiblicher Zusammenarbeit auskennt. »Frauen in solchen Situationen müssen ihre emotionalen Energien umlenken und alternative Beziehungen außerhalb des Arbeitsplatzes finden. Die meisten Frauen sind bereit, diese Mühe auf sich zu nehmen, weil ihnen die Arbeitskolleginnen und ihre Stellung am Herzen liegen.«

Verbundenheit mit der Firma

Als ich begann, mich mit der Thematik weiblicher Zusammenarbeit zu beschäftigen, wurde mir schnell klar, wie wichtig gute Gefühle zwischen Frauen für den Aufbau positiver Arbeitsbeziehungen sind. Übersehen hatte ich dabei zunächst, daß viele Frauen sich auch dem Unternehmen, in dem sie tätig sind, verbunden fühlen, als wären sie eine Bindung mit einem lebendigen, anteilnehmenden Wesen eingegangen, von dem sie dafür Zuwendung erwarten. »Oh ja«, klärte Barbara mich auf, »Frauen machen nicht bei Menschen halt, wenn sie nach Verbundenheit suchen. Sie übertragen ihr Bedürfnis nach Bindung auf den Arbeitsplatz.

Männer sind eher bereit, auf Distanz zu bleiben – sie verstehen die Firma als eine Maschine, in die man Arbeit hineinsteckt und Geld oder Macht herauszieht. Frauen betrachten das Unternehmen oder die Abteilung, für die sie arbeiten, als mitfühlendes, beinahe menschliches Wesen. Sie empfinden Verbundenheit mit diesem Wesen und erwarten im Gegenzug Zuwendung und Rücksichtnahme.«

Mary Catherine Bateson, Tochter von Margaret Mead, weist darauf hin, wie sehr sich die weibliche Identifikation mit einer Institution von der männlichen unterscheidet. In ihrer Autobiographie *Composing a Life* erinnert sich Bateson daran, wie sie auf einen Machtkampf am Amherst College reagierte. »Es gab eine seltsam verzerrte Spiegelung meiner Sichtweise und der einer Handvoll ranghoher Männer am College, die jeweils durch Identifikation mit der Institution hervorgerufen wurde. Ich neigte dazu, meine Interessen mit denen des Colleges gleichzusetzen; sie setzten die College-Interessen mit ihren eigenen gleich. In Ehen kommt es oft zu der gleichen komplementären Verzerrung. Frauen haben gelernt, sich selbst zugunsten der Ehe zu verleugnen. Männer lernen, daß die Ehe zu ihrer Unterstützung existiert.«

Wie Bateson anführt, verleugnen Frauen sich oft zugunsten ihrer Firma und fühlen sich betrogen und ausgenutzt, wenn diese sie nicht mit Respekt und Dankbarkeit behandelt.

Bei ihrer unter dem Titel *Success and Betrayal: The Crisis of Women in Corporate America* veröffentlichten Untersuchung stießen Sarah Hardesty und Nehama Jacobs auf eine Reihe von Mythen, mit deren Hilfe Frauen verwirrt und betrogen werden. Ein Mythos verspricht beispielsweise, die Firma sei wie eine große Familie und böte Sicherheit und Stabilität. Frauen glauben das, obwohl, wie Paula Bernstein in *Family Ties, Corporate Bond* schreibt, »die Firma uns nicht zurücklieben kann. Sie geht keine lebenslange Bindung mit uns ein, wie es eine Familie tut – oder tun sollte.« Hardesty und Jacobs meinen dazu: »Die Wurzel vieler möglicher Verletzungen des weiblichen Selbstwertgefühls liegt in einer frühen, unbewußten Neigung, der Firma selbst – dem leblosen Firmengebilde – menschliche Gestalt zuzuschreiben, sie entweder als stolzen Vater oder fordernden Liebhaber zu betrachten und dafür im Gegenzug das angemessene emotionale Feedback zu erwarten.«

Im Mythos des »treuen Gefolgsmanns« sehen Hardesty und Jacobs eine Erklärung dafür, warum weibliches Verbundenheitsgefühl gegenüber der Firma Frauen oft veranlaßt, den Arbeitsplatz auch dann nicht zu wechseln, wenn das Unternehmen ihrer Karriere längst nicht mehr förderlich ist. Diese Frauen fühlen sich verantwortlich, weil die Firma in sie investiert hat, und sie meinen, ihr dafür Loyalität zu schulden. Und wenn sie das Gefühl haben, die Firma nutze ihre Loyalität aus, reagieren sie wie auf einen persönlichen Betrug – mit Widerstand und Sabotageversuchen an dem Unternehmen, das sie verletzt hat.

Vor einiger Zeit lernte ich eine Frau kennen, deren Verbundenheitsgefühl gegenüber ihrer Firma sie in einem fast leeren Bürocontainer auf einem Gelände für Fertighäuser festhielt. Das halbleere Gelände und die unbesetzten Schreibtische ließen darauf schließen, daß das Geschäft nicht eben blendend lief. Ruth saß am Empfangstisch. Sie bot mir eine Tasse Kaffee an und erzählte mir ein wenig über die Firma. Als ich wissen wollte, wie denn die Marktlage für Fertighäuser sei, gab sie offen zu: »Nicht besonders gut. Wir versuchen, noch so viele wie möglich loszuwerden und müssen wohl innerhalb der nächsten sechs Monate schließen.« Ich fragte sie, warum sie nicht gehen würde. Sie antwortete ohne Zögern: »Ich kann nicht gehen. Ich bin schon elf Jahre da, und sie brauchen mich.«

Bei anderer Gelegenheit traf ich auf eine Gruppe von Frauen, die sich zu sehr mit ihren Trägerorganisationen identifiziert hatten und meinten, die Verbände wären ihnen etwas schuldig, bevor sie sich von ihnen lösen und weiterentwickeln könnten. Women Works war gebeten worden, ein Seminar zu gestalten, das eine Gruppe von Tagesstätten-Leiterinnen für notwendig gewordene Veränderungen schulen sollte. Die Seminarteilnehmerinnen kamen aus zwei Organisationen, die vor kurzem fusioniert hatten – die eine war von der anderen aufgekauft worden. Die Leiterinnen, die sich bis dahin als Konkurrentinnen betrachtet hatten, arbeiteten jetzt für die gleiche Organisation. Es war ihnen nicht nur unangenehm, mit ihren früheren Konkurrentinnen zusammenzuarbeiten, sie fühlten sich auch von dem jeweiligen Verband betrogen, dem sie die Treue gehalten hatten. Niemand hatte sie in die Fusionierungsentscheidung miteinbezogen; niemand schien es zu kümmern, wie sie die Veränderung empfanden.

Die Frauen aus den Tagesstätten hatten sich ihren Trägerorganisationen verbunden gefühlt. Sie meinten, betrogen worden zu sein, weil man ihre Gefühle nicht in Betracht gezogen hatte. Individuell und gemeinsam leisteten sie den Veränderungen gegenüber Widerstand und verzögerten den Prozeß der Angleichung. Ihnen war zugesagt worden, daß niemand entlassen werden würde; schließlich hatte der neue Träger die Einrichtungen ja nur aufgekauft. Die Tagesstätten mußten weiter geleitet werden, und sie waren die besten Leiterinnen, die es dafür gab. Aber so sahen die Frauen das nicht. Sie hatten das Gefühl, man hätte sie fragen sollen, bevor Veränderungen vorgenommen wurden. Sie beschwerten sich untereinander, bestärkten sich gegenseitig in dem Glauben, ihre vorherigen Organisationen hätten sich um sie kümmern sollen, das aber nicht getan. Sie fühlten sich von den Entscheidungsträgern im Vorstand betrogen und unterstützten sich gegenseitig darin, Widerstand zu leisten, statt die neue Situation zu akzeptieren. Die wenigen Frauen, die in der neuen, größeren Organisation Aufstiegschancen sahen, wurden für ihren Optimismus von den anderen als »Verräterinnen« beschimpft.

In der Therapie mit Frauen in ähnlichen Situationen hatte Barbara ihre Patientinnen angeleitet, sich klar zu machen, daß die Beziehung, die ihrer Meinung nach zwischen ihnen und dem Unternehmen bestand, in Wirklichkeit gar nicht bestehen konnte. Einer Frau half sie zum Beispiel zu akzeptieren, daß der Stellenabbau im Buchhaltungsbereich ihrer Firma nach der Einführung eines computergestützten Systems nicht gegen sie persönlich gerichtet war. Als ihre Klientin die geschäftliche Realität akzeptiert hatte, konnte Barbara ihr helfen, Pläne für die nächsten Schritte zu machen.

Um diese Gruppe von Frauen jedoch zu bewegen, die getroffene Entscheidung als unpersönlich zu akzeptieren und ihnen klar zu machen, daß eine Anpassung an die Gegebenheiten in ihrem eigenen Interesse lag, bedurfte es größerer Anstrengungen. Die Frauen hinderten sich gegenseitig daran, sich in die neue Situation einzufinden und positiv zum Übergang beizutragen.

Unter Barbaras Anleitung lernten sie zu akzeptieren, daß die Leiter ihrer Verbände eine gewinnorientierte, rein auf geschäftlichen Überlegungen basierende Entscheidung getroffen hatten. Vielleicht hätte man die Entscheidung transparenter machen können, doch Fakten sind nun mal Fakten. Die Frauen erkannten auch, wie sehr sie durch den kollektiven Widerstand ihre Aufstiegschancen in der neuen Organisation blockierten. Sie haben sich für einen Heilungsprozeß entschieden, statt ihre Wunden offen zu lassen. Der Übergang wird nicht leicht sein, doch jetzt, wo sie sich nicht mehr persönlich hintergangen fühlen, wird es mit Sicherheit besser laufen.

Ich frage mich allerdings, was mit Frauen geschehen wird, die selber Firmenbesitzerinnen sind. Wie wird sich unser Verlangen nach Verbundenheit mit unseren Unternehmen auswirken, wenn wir vor der Entscheidung stehen, diese Unternehmen zu schließen, weil sie nicht genug Gewinn abwerfen und keine Zukunftsaussichten haben? Meine Partnerinnen und ich besitzen zwei Firmen. Wir haben viel von unserer Zeit und unserer Kraft in diese Unternehmen investiert. Laufen wir aus persönlicher Verbundenheit Gefahr, geschäftliche Fakten verzerrt wahrzunehmen? Ich hoffe, wir können unserem Geschäftssinn vertrauen und akzeptieren, daß trotz allem persönlichen Engagement unsere Unternehmen keine lebendigen, fühlenden Wesen sind.

Wir schulden es uns selbst, unser Bestes zu geben. Doch wir schulden unseren Unternehmen nicht unser Leben. Unsere Firmen sind Maschinen, keine Kinder. Unser Betrieb, auch wenn er uns gehört, liebt uns nicht. Er ist nicht menschlich. Er bittet uns nicht, uns für seine Existenz aufzuopfern.

Wenn es Zeit ist, zu gehen

Ich sehe noch eine andere Herausforderung für berufstätige Frauen und für Unternehmen, die ihre talentierten weiblichen Angestellten schätzen. Wie ich bereits ausgeführt habe, sind für Frauen, die in Teams und Arbeitsgruppen arbeiten, Verbundenheit und Beziehungen lebenswichtig für das Wohlgefühl und die Leistungsfähigkeit. Daher fällt es uns nicht leicht, diese Bindungen aufzugeben und uns voneinander zu trennen, wenn ein Projekt beendet ist oder Umorganisationen unsere Arbeitsgruppe verändern.

Eine Untersuchung der britischen Sozialwissenschaftlerinnen Diane McGuinnes und Corinne Hutt ergab, daß Mädchen im Vorschulalter im Durchschnitt 92,5 Sekunden brauchen, um sich am Schultor von ihrer Mutter zu verabschieden, während Jungen mit 32 Sekunden auskommen. Brauchen wir auch als erwachsene, berufstätige Frauen immer noch länger, um unsere Verbindungen zu lösen? Männern macht es nichts aus, neue Stellungen anzutreten. Ihr Wertesystem beruht weniger auf Beziehungen als auf Funktionalität. Sie akzeptieren das und erwarten es auch von anderen. Frauen wiederum brauchen Zeit, um sich aus Beziehungen zu lösen und neue aufzubauen.

Als Vorgesetzte und Chefinnen müssen wir Frauen Zeit geben und sie in diesen Übergangsphasen unterstützen. Auf einer Konferenz über Frauen im Technologiebereich leiteten meine Partnerin Betty und ich eine Reihe von Workshops über Geschlechtsunterschiede. Dabei wurde unter den Teilnehmerinnen immer wieder die Forderung laut, Institutionen und Firmen, vor allem die »männlich« strukturierten Unternehmen, in denen viele von ihnen tätig waren, sollten ein Klima schaffen, in dem sich weibliche Stärken entfalten können. Vor allem wünschten sie sich mehr Sensibilität gegenüber dem weiblichen Bedürfnis nach Verbundenheit und Beziehung. »Sie können nicht von uns erwarten, ein Team einfach zu verlassen, ohne daß es uns was ausmacht«, sagten sie. »Und sie müssen uns Gelegenheit geben, die Leute erst mal kennenzulernen, bevor wir hundertprozentige Leistungen erbringen können.«

Beziehungen aufzubauen, kostet Zeit. Die Unternehmen müssen uns diese Zeit geben, oder ihnen entgehen die Vorteile, die Beziehungsbindungen für die Arbeitswelt von morgen bereithalten. Von Frauen geführte Betriebe müssen sich ebenfalls darauf einrichten, Verbundenheit entstehen zu lassen. Beziehungsnetzwerke bilden sich nicht von heute auf morgen. Sie erwachsen aus Vertrauen, gegenseitigem Kennenlernen und der Entstehung von Verbundenheit.

Vorschläge für gesunde Arbeitsbeziehungen

- Nehmen Sie sich Zeit, die Frauen kennenzulernen, mit denen Sie zusammenarbeiten. Planen Sie gelegentlich gemeinsame Mittagessen oder abendliche Unternehmungen, bei denen Sie gemütlich miteinander reden und persönliche Kontakte knüpfen können. Bringen Sie den Vorteil, die anderen Frauen zu kennen und von ihnen gekannt zu werden, mit Ihren Bedürfnissen nach Privatsphäre und beruflicher Distanz ins richtige Gleichgewicht.
- Wenn Sie über Persönliches sprechen, achten Sie darauf, nur Positives mitzuteilen. Respektieren Sie die Vertraulichkeit anderer Frauen.
- Bemühen Sie sich, Ihre Arbeitsbeziehungen freundlich und flexibel zu gestalten. Stellen Sie Ihr Bedürfnis nach Verbundenheit nicht über die Notwendigkeit, für sich selbst die besten beruflichen Möglichkeiten und Situationen zu finden. Wenn Sie merken, daß Ihre Stellung weder Ihren Gehaltsansprüchen noch Ihren persönlichen Bedürfnissen entspricht, fragen Sie sich, warum Sie bleiben. Stellt sich heraus, daß Sie nicht gehen wollen, weil die anderen Frauen von Ihnen abhängig sind, Sie sich ihnen gegenüber verpflichtet fühlen oder meinen, sie durch Ihren Weggang im Stich zu lassen, überdenken Sie erneut Ihre Prioritäten. Wenn Sie sich durch solche Verbindungen selbst blockieren, geben Sie damit auch anderen Frauen zu verstehen, daß dies ein akzeptables berufliches Verhalten ist. Erkennen Sie statt dessen an, daß Sie es sich selbst und allen Frauen schuldig sind, die bestmögliche Arbeitssituation zu finden. Gehen Sie davon aus, daß andere Verständnis für Ihre Prioritäten haben und Sie darin unterstützen werden.
- Befreien Sie andere Frauen von der Verpflichtung, in festen Gruppen gefügig bleiben zu müssen. Lassen Sie die

Frauen wissen, daß Sie Ihre Ermutigung und Unterstützung haben, wenn sie sich nach neuen und für sie persönlich befriedigenderen Arbeitsmöglichkeiten umschauen.

- Wenn eine Kollegin befördert wird oder in eine andere Abteilung wechselt, laden Sie sie zum Essen ein oder zeigen Sie ihr auf andere Weise Ihre Solidarität und Ihr Interesse daran, die Verbindung mit ihr aufrecht zu erhalten. Unsere Netzwerke werden an Stärke gewinnen, wenn wir die Bemühungen fortsetzen, unsere Verbindungen auf alle Ebenen des Berufslebens auszuweiten.

3
Zuwendung geben, Anteilnahme zeigen

Was wir zu Hause gelernt haben, bringen wir mit an den Arbeitsplatz – und eine Komponente des Erlernten ist Fürsorglichkeit bzw. Anteilnahme. Kathryn Kastama, Lehrerin in der Erwachsenenbildung in Berkley, Kalifornien, meint dazu: »Die weibliche Fähigkeit, Zuwendung zu geben und Anteilnahme zu zeigen, wirkt sich positiv auf die Arbeit aus. Frauen nehmen Menschen als Ganzes wahr; wir haben ein Gespür für das geistige und körperliche Wohlbefinden anderer Frauen. Meine Studentinnen erkennen meine beruflichen Fähigkeiten an und ich ihre Lernbereitschaft. Sie merken, wenn ich müde aussehe oder abwesend wirke. Sie ermutigen mich, Zeit für mich privat in Anspruch zu nehmen, mich zu entspannen und zu erholen. Ich bringe ihnen denselben Respekt und die gleiche Aufmerksamkeit entgegen. Zuwendung und Anteilnahme werden so zur Grundlage unserer gemeinsamen Arbeit.«

Frauen haben in allen Arbeitssituationen die gleiche Erfahrung wie Kathryn gemacht: Es ist uns wichtig, uns umeinander zu kümmern. Wir brauchen das, um unser Bestes zu geben. Fürsorge und Anteilnahme gehen tiefer als Verbundenheit. Sind andere Frauen uns wichtig, beschäftigen uns ihre Gefühle. Wir erkennen die Wichtigkeit positiver Selbstachtung für berufliche Zufriedenheit und Leistungsfähigkeit an. Wir unterstützen das persönliche Wachstum und sprechen Lob und Anerkennung für gute Arbeitsleistungen aus.

Die meisten Frauen erleben Zuwendung und Anteilnahme in der Zusammenarbeit mit anderen Frauen. Bei unserer Umfrage nannten zwei Drittel der Befragten auf die Frage, warum sie gern mit Frauen zusammenarbeiten: »Frauen haben Verständnis«. Ein Drittel fügte hinzu: »Frauen nehmen Anteil«. Des weiteren erklärten sie, daß Frauen »Besorgnis zeigen«, »mitfühlend«, »einfühlsam« und »empfindsam« sind, »sich Zeit nehmen«, »ermutigend« und »fürsorglich« sind und »Anerkennung geben«.

Das weibliche Fürsorgebedürfnis ist so stark, daß es oft zum ausschlaggebenden Faktor für die Arbeitsfreude wird. Deborah Tannen schrieb dazu in der Zeitschrift *McCall's*: »Das Gefühl, daß die Menschen, mit denen sie zusammenarbeiten, an ihnen persönlich interessiert sind, scheint für viele Frauen Voraussetzung für die berufliche Zufriedenheit zu sein.«

Doch wir möchten nicht nur Zuwendung bekommen, sondern uns am Arbeitsplatz gleichermaßen um andere kümmern. In ihrem Buch über die Entwicklung der weiblichen Moral kommt Carol Gilligan zu dem Schluß, daß sich Frauen »moralisch verpflichtet« fühlen, sich um andere zu kümmern. Und was wir von uns selbst erwarten – Fürsorglichkeit für andere –, erwarten wir auch von anderen Frauen, die unsere Wertvorstellungen teilen.

Vorteile der Fürsorglichkeit

Fürsorge verstärkt unsere Bindung mit anderen Frauen und dient der gegenseitigen Unterstützung, Ermutigung und Anerkennung unseres Selbstwertes. In vernünftigem Maße eingesetzt, kann Fürsorge das Arbeitsklima verbessern und zum allgemeinen Wohlbefinden beitragen. Scheint sich aber niemand um uns zu kümmern oder wird die Fürsorge übertrieben, kann sich das negativ auf die Produktivität und die Zufriedenheit am Arbeitsplatz auswirken.

Wie zeigen Frauen Fürsorglichkeit? Zunächst einmal durch

Zuhören. Wir widmen anderen unsere Zeit und Aufmerksamkeit, damit wir ihre Gefühle und Gedanken verstehen können. Fürsorge bedeutet, sich Zeit zum Zuhören zu nehmen und sich anzuhören, was andere zu sagen haben. Deborah Tannen vergleicht in diesem Zusammenhang den weiblichen und den männlichen Kommunikationsstil. Frauen, sagt sie, hören zu. Männer dozieren. Zuhören bedeutet, darauf zu achten, was der oder die andere sagt und dem Gegenüber in der nachfolgenden Unterhaltung zu zeigen, daß man ihn als Menschen schätzt, indem man auf das Gesagte eingeht. Im Gegensatz dazu beginnt Dozieren mit dem unausgesprochenen Satz: »Du hast deine Redezeit gehabt, jetzt bin ich dran, was über mich zu sagen.«

In *Frauen führen anders* beschreibt Sally Helgesen Charakteristika, die allen Beteiligten ihrer Studie über erfolgreiche weibliche Führungskräfte eigen waren. Alle Frauen waren bereit, ungeplante Unterbrechungen ihrer Arbeit zu akzeptieren und sich Zeit zu nehmen, anderen zuzuhören, auch wenn deren Belange ihre unmittelbaren Aufgaben nur am Rande berührten. Als Gründe gaben sie an: sich um andere zu kümmern, teilnehmen, helfen und Verantwortung übernehmen wollen. Stets ansprechbar zu sein und ein offenes Ohr zu haben, spiegelt laut Helgesen die Bedeutung wider, die diese Frauen der Aufrechterhaltung guter Beziehungen innerhalb ihrer Unternehmen oder Organisationen beimessen.

Zuhören ist die Grundlage für Fürsorge und Anteilnahme für andere. Durch Zuhören lernen wir unsere Kolleginnen und Mitarbeiterinnen besser kennen und haben die Möglichkeit, ihr Selbstwertgefühl zu stärken und ihre Leistungen anzuerkennen. Das ist ein ausschlaggebender Faktor des weiblichen Arbeitsstils. Die Professorin Judy B. Rosener führte eine Untersuchung mit erfolgreichen männlichen und weiblichen Managern durch. Einer der Unterschiede, die Rosener zwischen dem männlichen und weiblichen

Führungsstil feststellte, ist der Wert, den Frauen auf die Bestärkung des Selbstwertgefühls ihrer Mitarbeiterinnen und Untergebenen legen. Rosener beschreibt, wie die Frauen über Möglichkeiten zur Hebung des Selbstwertgefühls ihrer KollegInnen und MitarbeiterInnen diskutierten. »Sie sprachen darüber, in welcher Form sie andere belohnen und loben und ihnen Zeichen der Anerkennung zuteil werden lassen konnten.« Laut Rosener achten Frauen besonders darauf, solches Lob in Gegenwart anderer auszusprechen.

Frauen bieten anderen Frauen die für das Selbstwertgefühl und Selbstvertrauen so wichtige Anteilnahme und Anerkennung. Judith Briles dokumentiert in ihrem Buch *The Confidence Factor*, wie wichtig Anerkennung für das weibliche Selbstvertrauen ist und legt dar, daß es durch Anerkennung guter Arbeit am meisten bestärkt wird.

Dr. Elnora Gilfoyle, Rektorin und akademische Vizepräsidentin der Colorado State University, ist eine Frau, die sich Zeit nimmt, das Selbstwertgefühl ihrer Angestellten durch Anerkennung guter Arbeit zu stärken. Während der jedes Jahr stattfindenden »Woche der Sekretärin« schickt sie ihren Sekretärinnen nicht nur Blumen, sondern schreibt jeder einen persönlich gehaltenen Brief, in dem sie sich für die Arbeit bedankt und bestimmte Projekte, Vorkommnisse oder Ereignisse erwähnt, zu denen die Betroffene positiv beigetragen hat. Bei einem Treffen des internationalen Sekretärinnenbundes waren sich alle einig, daß die Mitarbeiterinnen von Dr. Gilfoyle von allen Anwesenden die schönste Anerkennung bekommen hatten.

Eine andere Gruppe erfolgreicher Karrierefrauen drückt ihre Fürsorge und Anteilnahme weniger formell aus. Diese Frauen arbeiten unter erheblichem Druck in der Finanzabteilung eines großen Unternehmens. Die Mitarbeiterinnen und Kolleginnen bringen ihr Verständnis für diese Situation oder ihren Stolz über eine Beförderung zum Ausdruck, indem sie »kleine Gaben« verteilen, wie sie das nennen. Ein Zettel mit einer Ermutigung auf dem Schreibtisch, ein kleines Geschenk, das über die Trennwand geflogen kommt, ein paar selbstgebackene Kekse in ungewöhnlicher Verpackung zeigen, daß jemand Anteil nimmt und sich kümmert. »Unsere Fähigkeit zur Fürsorge«, sagte uns eine der Managerinnen, »ist der ›große Gleichmacher‹ unter den Frauen. Führungskräfte unterstützen Führungskräfte; Mitarbeiterinnen wissen, wann eine von uns eine Aufmunterung braucht; und wir bedanken uns bei unseren Sekretärinnen für den zusätzlichen Einsatz.«

Unsere Bereitschaft zuzuhören und allen Frauen, ungeachtet ihrer Position und Stellung, Zuwendung und Anteilnahme zukommen zu lassen, bricht rigide, hierarchische Strukturen auf und ersetzt sie durch unterstützende Beziehungsnetzwerke. Eine Projektleiterin erzählte uns die folgende Geschichte als Beispiel dafür, wie durch Fürsorge und Anteilnahme Vertrauen und Offenheit zwischen einer Sekretärin und ihrer Vorgesetzten entstehen konnte. »Brooke kam eines Morgens mit einem häßlichen Bluterguß im Gesicht zur Arbeit. Wir waren sicher, daß ihr Mann sie geschlagen hatte, konnten das aber nicht direkt ansprechen. Statt dessen ließen zwei von uns, die Erfahrung mit schlagenden Männern haben, sie wissen, daß uns ihre Verletzung Sorgen machte. Als ich sie fragte, ob sie wirklich glaube, daß alles in Ordnung sei, erzählte sie mir, was passiert war. Ich hörte ihr zu. Ich versuchte nicht, ihr gute Ratschläge zu geben, sondern berichtete nur, was ich damals getan hatte, als ich an so einen Schläger geraten war. Die Tatsache, daß wir eine gemeinsame Erfahrung hatten, brachte uns einander näher und nivellierte die beruflichen Statusunterschiede.

Weil ich Anteil nahm und eine andere Projektleiterin ebenfalls zuhörte und sich kümmerte, fühlte Brooke sich sicher genug, um über ihr Erlebnis zu sprechen. Nachdem sie wußte, daß sie auf unser Verständnis bauen konnte und weder meine Kollegin noch ich uns in dieser Hinsicht als überlegen betrachteten, bat sie uns um Rat. Unser Mitgefühl, die Bereitschaft, sie zu unterstützen und ihr zuzuhören, führten dazu, daß sie die Hilfe einer örtlichen Organisation in Anspruch nahm und die Beziehung beendete. Unsere Fürsorge unterstützte Brooke in ihrem Privatleben und brachte uns einander auch am Arbeitsplatz näher. Vielleicht ist Brooke deswegen noch bei uns. Sie hat eine stärkere Persönlichkeit entwickelt, und unsere Arbeitsbeziehungen haben sich ebenfalls verstärkt, weil durch diese Anteilnahme und Zuwendung Verbundenheit entstanden ist.«

Wenn sich niemand kümmert

Fürsorge bedeutet Frauen so viel, daß wir uns benutzt und abgelehnt vorkommen können, wenn wir das Gefühl haben, am Arbeitsplatz nicht beachtet zu werden. Clara, eine höhere Verwaltungssekretärin in einem Erwachsenenbildungsprogramm, ist ein gutes Beispiel dafür. Sie war mit ihrem verantwortungsvollen Posten und ihrem Gehalt sehr zufrieden, bis eine neue Frau die Leitung der Organisation übernahm.
Charlotte, die neue Chefin, hatte kein Problem damit, sich ihren Angestellten mit einem offenen »lassen Sie mich Ihnen von mir erzählen« vorzustellen. Aber sie brachte keine Geduld auf, Clara oder den anderen Frauen zuzuhören, wenn sie ihr von ihren Erfahrungen und Gefühlen erzählen oder Vorschläge für neue Kurse und Unterrichtsmethoden machen wollten. Doch viel schlimmer empfand Clara die Art, mit der Charlotte ihr in scheinbar brutaler Gefühllosigkeit beibringen wollte, wie sie ihre Arbeit zu verrichten

habe. Sie kritisierte das Terminsystem, das Clara für die Rotation beliebter Kurse eingerichtet hatte, und bedankte sich nie, wenn Clara eine Aufgabe genau nach ihren Anweisungen ausgeführt hatte. Sie nahm die Berichte mit der Bemerkung entgegen, sie würde sie später prüfen und gab ihr Instruktionen für das nächste Projekt. Durch die Kritik und den Mangel an Anerkennung fühlte sich Clara ständig erniedrigt. Selbst als Charlotte einen von Claras Kursvorschlägen übernahm, durch den mehr Anmeldungen und höhere Einkünfte erzielt wurden, bekam Clara kein Danke oder gar ein Anerkennungsschreiben. »Ich komme mir nur noch ausgenutzt vor«, erklärte sie mir. »Noch nicht mal mehr nützlich.«

Ich lernte Clara nach ihrer alljährlichen Leistungseinschätzung kennen. Charlotte hatte nur ihre Mängel aufgezählt und keine ihrer Fähigkeiten oder guten Leistungen erwähnt. Mit einer durchschnittlichen oder schlechten Beurteilung lief Clara Gefahr, ihren Arbeitsplatz zu verlieren, doch sie verspürte wenig Motivation, ihre Leistungen zu verbessern. »Wozu denn? Ich bekomme ja doch keine Anerkennung«, klagte sie. »Ich habe in der Vergangenheit gute Leistungen erbracht. Ich weiß, daß ich die mir gestellten Aufgaben einwandfrei erledigt und Vorschläge eingebracht habe, durch die sich unser Programm verbessert hat. Aber ich bin total entmutigt. Diese Frau kümmert es doch überhaupt nicht, wer ich bin; sie will nur einen Roboter, der ihre Arbeit macht.« Clara hatte keine Hoffnung, daß sich die Situation bessern würde, und dachte ernstlich daran, die ihr noch fehlenden Prüfungen zum Lehramt nachzuholen, um »so schnell wie möglich da raus zu kommen«.

Sandra hatte ihre Firma bereits verlassen, als wir uns kennenlernten. Sie hatte als Buchhalterin im Zentralbüro einer großen Lebensmittelkette angefangen. Im Laufe der Jahre hatte sie neben ihrer Ganztagsarbeit einen Abschluß als Betriebswirtin gemacht. Als sie kündigte, verdiente sie über

70 000 Dollar im Jahr und war für den gewaltigen Vertriebsapparat des Unternehmens verantwortlich. »Ich bin gegangen«, erzählte sie mir, »weil die sich nur um meine Zahlen gekümmert haben, nicht um mich.« Niemand hatte anerkannt, wie schwer es gewesen sein mußte, ihren Abschluß zu machen und die Beförderungen durchzubringen. Niemand hatte die persönliche Entwicklung anerkannt, die sie zu immer größerer Verantwortung befähigt hatte. »Die Männer, für die ich arbeitete, erklärten mir, sie hätten meine Leistungen durch Beförderungen und Gehaltserhöhungen anerkannt. Sie verstanden nicht, daß ich mehr brauchte als das.«

Als ich vor kurzem mit Sandra sprach, hatte sie eine Stelle bei einer großen Wohltätigkeitsorganisation angenommen. Sie beschreibt ihre jetzige Chefin als »bereit, mich als Person wahrzunehmen. Sie erkennt die Herausforderungen an, denen ich mich stelle und begreift, in welchem Verhältnis die von mir erzielten Ergebnisse zu meinem eigenen Leistungsgefühl stehen. Sie nimmt an mir persönlich Anteil.«

Sandras Geschichte verdeutlicht, wie ein Unternehmen eine wertvolle Angestellte verlor, weil die Mitarbeiter und Vorgesetzten ihr keine Anteilnahme entgegenbrachten. Egal, in welcher Arbeitssituation wir uns befinden, wir können uns gegenseitig unterstützen und uns umeinander kümmern, auch wenn es unseren Chefs oder Abteilungsleitern an Fürsorglichkeit mangelt. Wir können das persönliche Wachstum unserer Mitarbeiterinnen würdigen und ihnen Anerkennung zollen, wenn sie einen neuen Kunden werben oder Vertreter bei einer Konferenz beeindrucken. Und als Vorgesetzte und Abteilungsleiterinnen müssen wir uns die Zeit nehmen, ein ausgewogenes Verhältnis herzustellen zwischen Kritik und den persönlichen Verdiensten einer Angestellten, nicht nur ihren Leistungen. Dadurch schaffen wir eine für uns alle angenehme Arbeitsatmosphäre.

Anteilnahme als leere Geste

Wenn wir glauben, andere Frauen würden Anteil an uns nehmen und dann entdecken, daß ihre Anteilnahme nur eine leere Geste ist, reagieren wir oft mit Wut und Rachegefühlen. Frauen scheinen in dieser Hinsicht besonders verletzlich zu sein, weil sie die Beziehung zu anderen Frauen suchen und Anteilnahme erwarten, während Männer mit Brüskierungen scheinbar besser fertig werden, weil sie eine größere persönliche Distanz wahren. Schon als kleine Jungen lernen sie, um Status zu konkurrieren, nicht um Beziehungen, und sind es daher gewohnt, wenn andere das gleiche Spiel spielen.

Linda und Paige, Neulinge im Geschäftsleben, eröffneten ein Grafikbüro im gleichen Gebäude, in dem Arlene und Nan seit fünf Jahren eine erfolgreiche Werbeagentur betrieben. Sie vermittelten sich gegenseitig Kunden, und Linda und Paige glaubten, sie würden mehr als nur den fünften Stock mit ihren Freundinnen teilen. Arlene und Nan kamen oft bei ihnen vorbei und boten ihren Rat an, empfahlen Druckereien, halfen bei Presseveröffentlichungen. Sie erkundigten sich bei Linda nach ihren Kindern, bemerkten, wie erschöpft Paige wirkte und empfahlen ihr den eigenen Physiotherapeuten.

Die neuen Unternehmerinnen akzeptierten diese fürsorglichen Gesten bis zu ihrem ersten Geschäftsessen mit der Handelskammer. Erfreut, bekannte Gesichter zu sehen, gingen Linda und Paige mit ausgestreckten Händen lächelnd auf Arlene und Nan zu. Doch das erfolgreiche Duo rauschte mit abgewandtem Blick an ihnen vorbei, um ein paar einflußreiche Geschäftsleute zu begrüßen. Linda und Paige standen sprachlos da. Ob Arlene und Nan befürchteten, wichtige Geschäftskontakte zu verlieren, wenn sie auf einen Schwatz bei den Neulingen stehenblieben oder ob sie andere Gründe hatten – Linda und Paige waren jedenfalls schockiert und fühlten sich im Stich gelassen. Sie hatten geglaubt, daß die bisherige Anteilnahme sie miteinander verband. Als die älteren Frauen sie ignorierten, wurden sie wütend.

Wir alle können uns, meist schmerzlich, an Zeiten erinnern, in denen wir meinten, jemand wäre uns zugetan, nur um von ihr in einem Moment im Stich gelassen zu werden, in dem ein bißchen Freundlichkeit unser Selbstvertrauen gestärkt oder uns über eine schwierige Situation hinweggeholfen hätte. Fast 25 Prozent der an unserer Umfrage beteiligten Frauen gab »Betrug« oder »Heuchelei« als eines ihrer Probleme bei der Zusammenarbeit mit Frauen an. »Heute ja, morgen nein« und »launisch wie das Wetter« sagt man Frauen nach und stempelt sie als »heuchlerisch« ab. Und wir vergessen nicht.

Eineinhalb Jahre nach dem Essen der Handelskammer wurde Paige aufgefordert, neue Mitglieder für einen einflußreichen Entwicklungsausschuß zu empfehlen. Arlenes Name stand auf der Kandidatenliste. Da die Mitglieder dieses Ausschusses für gute Beziehungen zwischen den Geschäftsleuten und der Stadtverwaltung sorgen sollten, entschied sich Paige gegen Arlene. Wenn sie sich Paige und Linda gegenüber schon so heuchlerisch verhielt, würde sie dieses Verhalten nicht auch bei anderen anwenden? Weniger rational, aber dafür vielleicht etwas mehr aus dem Gefühl heraus, ließe sich Paiges Entscheidung damit erklären, daß sie die »erhaltene Ohrfeige zurückgeben« wollte.

Fürsorge und Anteilnahme sind der Anlaß dafür, uns anderen zuzuwenden. Wenn sich diese Stärke positiv auswirken soll, müssen wir respektvoll miteinander umgehen und beständig sein. Verhalten wir uns fürsorglich, erwecken wir in anderen Vertrauen. Und ist die Anteilnahme ernst gemeint, festigt dieses Vertrauen die Arbeitsbeziehungen und vereinigt Frauen. Wenn sie aber hohl ist und wir das Vertrauen mißbrauchen, zerstören wir das Band, das Frauen in einer produktiven, für alle gleichermaßen befriedigenden Arbeitsgemeinschaft zusammenhält.

Überfürsorglichkeit

Als Mae West sagte, zuviel des Guten sei wunderbar, dachte sie dabei sicher nicht an die Folgen von Überfürsorglichkeit für Frauen im Beruf. Obwohl sich viele von uns in einer fürsorglichen Atmosphäre wohler fühlen, kann übermäßige Anteilnahme am Arbeitsplatz dazu führen, daß die Produktivität erheblich leidet. »Als Mädchen haben wir am Beispiel unserer Mütter und anderer Frauen gelernt, wie sehr Fürsorglichkeit geschätzt wird«, erklärt Barbara dazu. »Wir können nicht einfach all die ›guten‹ weiblichen Eigenschaften ablegen, wenn wir in die Arbeitswelt eintreten.« Doch dadurch können Probleme entstehen, vor allem, wenn der Impuls, uns um andere zu kümmern, mit Arbeitsprioritäten in Konflikt gerät und in den Vordergrund tritt.
Als Beispiel führt Barbara Pams Geschichte an. Pam war zu ihr gekommen, weil sie Hilfe bei ihren Scheidungsproblemen brauchte. Sie war frustriert, weil ihre Kollegin Loni sie mit ihrer Fürsorglichkeit erstickte. Beide arbeiteten in einem Reisebüro. Pam hatte das Gefühl, Arbeit und Privatleben voneinander trennen zu müssen, doch Loni ließ das nicht zu. Durch ihren Mann hatte sie erfahren, daß Pam kurz vor der Scheidung stand. Loni wollte Pam unbedingt dazu bringen, ihr alles zu erzählen, und bot ihr Unterstützung und Erfahrungen aus dem Scheidungsfall ihrer Schwester an. Pam, eine eher scheue Frau, widersetzte sich und versuchte, sich auf ihre Arbeit zu konzentrieren, weil sie damit von ihren persönlichen Problemen abgelenkt wurde. Auch waren ihr gute Arbeitsleistungen wichtiger denn je geworden, da sie zukünftig für sich selbst sorgen mußte.

Loni begann, kleine Zettel mit aufmunternden Bemerkungen auf Pams Schreibtisch zu legen. Als nächstes schickte sie ihr Karten mit Durchhalteparolen. Und als Pam dann zu Barbara in die Therapie kam, hatte Loni sich bereits erboten, Pams Arbeit für einen Nachmittag zu übernehmen, damit sie »mal rauskam und in diesen düsteren Tagen etwas Sonne genießen« könne. Loni drängte Pam, abends zu ihr zum Essen zu kommen, damit Pam »jemanden zum Reden« hätte. Pam beklagte sich bei Barbara, daß Loni sie mit ihrer Fürsorge erdrücke. Pams Arbeit litt bereits unter der Zeit, die sie dafür aufbringen mußte, Lonis Aufmerksamkeit abzuwehren, und der Streß wurde einfach zuviel für sie.
Barbara erklärte, daß Lonis Motivation, sich um eine andere Frau in einer Krisensituation kümmern zu wollen, durchaus ihr Gutes haben könne, gab aber gleichzeitig zu verstehen, daß Loni ihrer Meinung nach zuviel Arbeitszeit in Anspruch genommen habe, um ihre eigenen Fürsorgebedürfnisse zu befriedigen. Barbara verhalf Pam zu der Einsicht, daß sie, um ihren Streß am Arbeitsplatz abbauen zu können, Loni offen entgegentreten und ihr ehrlich mitteilen müsse, wie sehr sie die Fürsorge zu schätzen wisse, daß sie mit ihrer eigenen Situation aber besser allein fertig werden und während der Arbeitszeit ihre ganze Energie auf die Kunden richten wolle. Loni reagierte auf Pams »Ablehnung« verletzt und verwirrt, weil sie durch ihren Versuch, »Gutes zu tun«, mehr Probleme geschaffen als gelöst hatte. Sie verteidigte sich damit, daß sie »nur habe helfen wollen«. Später berichtete Pam, daß Loni sie zwar nicht mehr »belästige«, die anhaltende Spannung sich aber immer noch negativ auf ihre Konzentration auswirke.
Menschen mit starken Fürsorgebedürfnissen brauchen ein Objekt für ihre Anteilnahme. Pam ließ Loni nicht früh genug wissen, daß sie mit ihrer persönlichen Situation allein fertig werden wollte, wodurch die Fürsorglichkeit außer Kontrolle geriet. Trifft eine Fürsorgebedürftige auf eine

überfürsorgliche Person, kann es zu einer Ko-Abhängigkeit kommen, die beide Beteiligten unter Umständen in ein undurchdringliches Gewirr aus Verpflichtung und Betrug verwickelt. »Fürsorglichkeit wird selten bedingungslos gegeben«, sagt Barbara. »Wenn eine Frau einer anderen Anteilnahme entgegenbringt, erhöhen sich damit ihre Ansprüche an die andere stark. Sie erwartet, daß sich die andere Frau erkenntlich zeigt, und wenn sie ermutigt wird, vervielfachen sich diese Erwartungen. Schließlich sind wir dazu erzogen worden, Fürsorge als etwas Gutes zu betrachten. Und das ist sie auch, wenn sie in vernünftigem Maße eingesetzt wird. Aber wir kommen in Schwierigkeiten, wenn wir Belohnungen für unser ›gutes Verhalten‹ erwarten. Wir gehen davon aus, zur Belohnung eine Vorzugsbehandlung zu bekommen und laufen Gefahr, betrogen zu werden.«

Einige Frauen versuchen nicht nur, sich umeinander zu kümmern, sondern weiten ihre Fürsorge auf den ganzen Betrieb aus und erwarten dafür eine Belohnung. Wir alle kennen Frauen in Krankenhäusern, Büros, Banken, Geschäften und anderen Arbeitsbereichen, die sich für alle verantwortlich fühlen, glauben, sich um alle kümmern zu müssen. Sie kochen Kaffee, arrangieren Geburtstagsfeiern, sammeln Geld für Blumen und machen Überstunden, um Präsentationen vorzubereiten. Sie sind jederzeit bereit, für ihre Kolleginnen einzuspringen, bieten sich an, die Kinder abzuholen oder Leute zum Flugplatz zu bringen, selbst wenn die Firma für solche Fahrdienste sorgt.

Nach außen hin mag das alles einfach menschenfreundlich und hilfsbereit erscheinen. Kolleginnen gewöhnen sich schnell an diese Fürsorge und halten sie bald für selbstverständlich. Aber die Betreffende erwartet eine Belohnung, und wenn sie die gewünschte Versetzung oder Beförderung nicht erhält, ist sie verärgert und fühlt sich betrogen. »Es muß uns klar werden«, faßt Barbara zusammen, »daß wir uns nicht ständig um andere Menschen kümmern müssen.

Wir können Anteil aneinander nehmen und uns gegenseitig Zuwendung geben. Aber wir müssen uns auch im klaren sein, daß übermäßige Fürsorglichkeit nicht unbedingt berufsbezogene Belohnungen einbringt. Diese hängen in erster Linie von unseren Leistungen und den geschäftlichen Notwendigkeiten ab.«

Die Autoren von *Megatrends: Frauen* bekräftigen Barbaras Ansicht. Sie schreiben, daß Fürsorge und Unterstützung von anderen nicht dazu führen dürfe, daß die Objektivität leidet. In manchen Fällen ist einer Mitarbeiterin am besten gedient, wenn man ihr kündigt, sie anschreit, ihr strikte Disziplin abverlangt oder sich ein gewaltiges Wortgefecht mit ihr liefert, auch dies bedeutet echte Anteilnahme.

In *Secrets Between Us: Women and Competition* erzählt Laura Tracy die Geschichte von Mary Catherine, die meinte, eine bessere Chance auf eine Festanstellung an einer großen Universität zu haben, wenn sie bei Verwaltungsaufgaben »aushalf«, statt sich auf ihre Veröffentlichungen und Forschungen zu konzentrieren. Tamara, die gleichzeitig mit ihr angefangen hatte, widmete sich dagegen ganz dem Verfassen und Veröffentlichen eines Buches und weigerte sich, freiwillig Verwaltungsarbeiten zu übernehmen. In punkto Beliebtheit war Mary Catherine haushohe Siegerin. Ihre Bereitschaft, sich übermäßig zu belasten, machte sie bei ihren Kollegen enorm beliebt, während Tamara zwar respektiert wurde, aber als arrogant und super-ehrgeizig galt.

Als die Festanstellung schließlich vergeben wurde, erhielt Tamara den Posten. Mary Catherine hatte gemeint, ein »gutes Mädchen« zu sein, sei wichtiger als ihre beruflichen Ambitionen. Mit ihren Bemühungen, den Kollegen zu helfen, hatte sie sich selbst einen schlechten Dienst erwiesen, meint Tracy und kommt zu dem Schluß, Mary Catherine hätte Grenzen zwischen sich und ihrem Arbeitsplatz ziehen sollen.

»Grenzen zu ziehen«, fügt Barbara hinzu, »ist vielleicht

eine der wichtigsten Lektionen, die Frauen lernen müssen, um in der Arbeitswelt zu überleben.« Barbara definiert Grenzen als »den Raum zwischen uns und anderen Menschen, der es uns erlaubt, ein klares Bild von uns selbst zu behalten«. Wenn wir uns ganz der Fürsorge für andere widmen oder anderen gestatten, für uns zu sorgen, verlieren wir schließlich unsere Objektivität und unsere Fähigkeit, den Anforderungen des Berufslebens gerecht zu werden.

Behinderung durch übertriebene Fürsorge

Die Anteilnahme, die wir in unseren Arbeitsbeziehungen zeigen, kann ein wirksames Mittel sein, um die persönliche Entwicklung unserer Untergebenen oder Kolleginnen zu fördern. Indem wir Anteil nehmen, lassen wir uns auf sie ein. Wir reden sowohl über Gefühle als auch über Arbeitsinhalte und Leistungen. Wir kennen unsere Kolleginnen als Individuen. Wir wissen, was ihnen wichtig ist und was sie motiviert. Warum also sollte es Probleme geben, wenn unsere Fürsorge anderen hilft, sich zu entwickeln und Erfolg zu haben?

Probleme entstehen, wenn eine fürsorgliche Frau sich zu sehr darauf konzentriert, diejenigen zu unterstützen und zu beschützen, die sie fördern möchte. Männer scheinen in der Zusammenarbeit mit Frauen eine Distanziertheit und Unabhängigkeit zu bewahren, die keine Überfürsorglichkeit zuläßt. Frauen hingegen fühlen sich in einer Atmosphäre der persönlichen Verbundenheit wohler und reagieren auf Fürsorglichkeit mit Ungezwungenheit und Anerkennung. Wenn wir unsere Fürsorge nicht maßvoll einsetzen, verweigern wir unseren »Protegés« die Möglichkeit, selbst zu lernen, Fehler zu machen, stark zu werden und ohne uns erfolgreich zu sein.

Ardis, eine dreiundvierzigjährige Werbeleiterin, führt ein Team von Texterinnen und Marketingspezialistinnen und bekennt, eine ihrer Schwächen sei »absolute Überfürsorglichkeit. Meine Mitarbeiterinnen sind mir wichtig«, sagt sie, »besonders die jungen Frauen, die Unterstützung brauchen, um das für den Erfolg nötige Selbstvertrauen zu entwickeln. Ich verbringe viel Zeit damit, ihnen zu helfen, ihre Schwächen zu überwinden. Oft zuviel Zeit. So lange ich sie unterstütze, läuft alles gut. Ich bin da, um einzugreifen, wenn es Not tut, um alle Probleme zu lösen.

Doch es wird schwierig«, gibt Ardis offen zu, »wenn eine dieser Frauen von meiner Fürsorge und Hilfe abhängig wird und im Falle einer Versetzung in eine andere Abteilung nicht mehr ohne mich klar kommt.« Tasha hatte in Ardis Abteilung gearbeitet und konnte bestätigen, daß Ardis Fürsorge, die damals hilfreich und willkommen war, es ihr später schwer gemacht hat, mit der Versetzung in ein neues Produktionsteam fertig zu werden. »Ich wußte ja noch nicht einmal, was ich nicht wußte!« erklärte mir Tasha. »Ich kam völlig ins Schwimmen bei dem Versuch, selbständig zu arbeiten. Als ich meine neue Teamleiterin um Hilfe bat, setzte sie mich auf bestimmte Aufgaben an und gab mir die entsprechenden Richtlinien dazu. Ich arbeitete hart, besorgte mir die nötigen Informationen und stellte Aktionspläne auf. Ich geriet zwar mächtig unter Druck, doch die Erkenntnis, auch ohne fremde Hilfe zurecht zu kommen, gab mir ein gutes Gefühl. Ardis Fürsorge war zwar angenehm, hatte aber verhindert, daß ich Verantwortung für mich selbst übernahm. Fürsorge heißt nicht nur helfen. Fürsorge bedeutet auch, andere selbständig werden zu lassen.«

Ardis führt ihre Fürsorglichkeit auf das Bedürfnis zurück, »alle retten zu wollen, die in Schwierigkeiten sind«. Sie gibt auch zu, daß es ihr Probleme bereitet, andere zu kritisieren oder zu entmutigen. »Sie sieht nur das Beste in den Frauen, denen sie helfen will«, erklärt eine Frau, die mit Ardis zusammengearbeitet hat. »Fehler oder Schwächen scheinen sie nicht zu kümmern. Werden die Frauen dann aber in andere Abteilungen versetzt, bekommen sie Schwierigkeiten mit weniger toleranten Vorgesetzten.« Eine Frau, die in Ardis Abteilung gearbeitet hat und dann versetzt wurde, ist frustriert darüber, von Ardis falsch eingeschätzt worden zu sein. »Mir wurde immer zu verstehen gegeben, daß meine Arbeit in Ordnung sei«, klagt sie. »Jetzt ist das nicht mehr der Fall, und ich habe wertvolle Zeit verloren, in der ich hätte lernen können.«

Ardis ist sich bewußt, daß sie Probleme damit hat, ihre Fürsorglichkeit einzugrenzen. Die Frauen, denen sie zum Erfolg verhelfen will, liegen ihr wirklich am Herzen, und sie möchte deren Möglichkeiten nicht beschneiden. »Ich muß vor allem lernen«, gesteht sie, »andere Fehler machen zu lassen. Ich verwende viel mehr Zeit darauf als andere Abteilungsleiter, eine Frau zu fördern, bevor ich akzeptiere, daß sie ein aussichtsloser Fall ist. Selbst dann fällt es mir noch schwer, sie aufzugeben.«

Ardis hat ebenfalls erkannt, daß ihr Problem teilweise mit ihrer Konfliktscheu und Kritikunfähigkeit zusammenhängt. Durch ihren eigenen Erfolg ist sie in der Lage, talentierten jungen Aufsteigerinnen als Mentorin zur Seite zu stehen. Sie hat sich bereit erklärt, professionelle Hilfe in Anspruch zu nehmen, um zu lernen, ihre Fürsorgebedürfnisse mit der Verantwortung in Übereinstimmung zu bringen, vielversprechende junge Frauen auf ihre Zukunft vorzubereiten.

Leslie Botha ist eine selbstbewußte Frau, die glaubt, ihre Unfähigkeit, ihr Fürsorgebedürfnis einzugrenzen, habe zum Mißerfolg ihrer Zeitschrift *Changing Women* beigetragen. Im Gegensatz zu Ardis, die ihre Fürsorglichkeit auf arbeitsbezogene Situationen beschränkt, hatte Leslie die ihre auch auf das Privatleben ihrer Mitarbeiterinnen ausgeweitet.

»Da wir eine Zeitschrift von Frauen für Frauen waren«, erinnert sich Leslie, »hielt ich es für besonders wichtig, daß wir alles voneinander wußten und füreinander da waren – auch über das rein Geschäftliche hinaus. Ich hielt es für notwendig, daß wir uns trotz aller Terminzwänge Zeit nahmen, über unser Leben zu reden. Wir bildeten eine Art Selbsthilfegruppe, während wir gleichzeitig versuchten, eine landesweit verbreitete Zeitschrift auf den Markt zu bringen, die eine positive Botschaft für Frauen enthielt. Wir redeten vor allem über Familienprobleme und die Beziehungen zu unseren Ehemännern und Lebensgefährten. Mir wurde bald klar, daß ich mich in einer Konfliktsituation befand. Das Privatleben meiner Mitarbeiterinnen lag mir am Herzen, doch die Zeit, die wir mit Reden verbrachten, fehlte uns für die Arbeit, für das Einhalten von Abgabeterminen und somit auch dafür, Geld zu verdienen.

Dann machte eine meiner Mitarbeiterinnen eine schwierige Scheidung durch. Sie mußte darüber reden, um mit ihrer Verletztheit und Wut fertig zu werden. Sie fing an, die Nächte im Büro zu verbringen und auf der Couch zu schlafen. Da sie mir wichtig war und Hilfe brauchte, vernachlässigte ich meine Familie, blieb ebenfalls über Nacht da und hörte ihr zu. Dadurch wurden die Tage nicht einfacher. Sie machte keinen Unterschied zwischen Arbeitszeit und privater Zeit, betrachtete ihre persönlichen Bedürfnisse als vordringlich und sah in mir den Menschen, der sich um sie kümmern würde. Als ich mich zurückziehen und ihr erklären mußte, daß während der Arbeitszeit die Arbeit Priorität habe, fühlte sie sich betrogen und ließ ihre Wut an mir und der Redaktion aus. Durch die viele Zeit, die sie beanspruchte, verpaßten wir verschiedene Abgabetermine, verloren unser eigentliches Ziel immer mehr aus den Augen und mußten schließlich ein sehr vielversprechendes Projekt einstellen.«

Leslie, zur Zeit Nachrichtensprecherin und Moderatorin einer Radio-Talkshow in Estes Park, Colorado, wird die gemachte Erfahrung zu nutzen wissen, wenn sie ins Zeitungswesen zurückkehrt. »Ich habe einiges gelernt«, sagt sie nachdenklich, »und kann die Sache mit zwei Jahren Abstand jetzt anders betrachten. Ich bin eine Frau. Frauen und ihre Geschichten sind mir wichtig, und wenn ich mit *Changing Women* einen Neuanfang mache, werde ich die Arbeitszeit anders einteilen. Unser privater Austausch wird erst nach den Abgabeterminen stattfinden und nachdem wir die Rechnungen bezahlt haben. Ich gedenke, sehr genau darauf zu achten, daß sich meine Anteilnahme an anderen Menschen und die Verantwortung für mein Unternehmen die Waage halten.«

Um sicherzustellen, daß Fürsorglichkeit ein Vorteil des weiblichen Arbeitsstils bleibt, müssen Frauen, wie Leslie ganz richtig bemerkt, ein Gleichgewicht herstellen zwischen der Anteilnahme an anderen und der gewissenhaften Erledigung ihrer Arbeit. Ein ausgewogenes Maß an Fürsorge, gegebener und empfangener, schafft für alle eine bessere, angenehmere Arbeitsatmosphäre.

Männer, die eher gelernt haben, für sich selbst zu kämpfen als sich um andere zu kümmern, werden vermutlich nur langsam erkennen, in welcher Weise Fürsorglichkeit zur Schaffung eines positiven Arbeitsklimas beiträgt. Frauen haben die Möglichkeit, Männern beizubringen, wie sich Anteilnahme mit Leistungsorientierung und Produktivitätssteigerung vereinbaren läßt, ohne die kein Unternehmen überleben kann. Die von uns gezeigte Fürsorglichkeit kann eine kalte, ausschließlich produktorientierte Arbeitsplatzatmosphäre, in der sich Frauen wie Maschinen vorkommen, so verwandeln, daß wir uns als Teil einer anteilnehmenden Gemeinschaft fühlen; insofern sind Fürsorge und Anteilnahme wichtige Faktoren zur Schaffung angenehmer und solidarischer Arbeitsplätze für das 21. Jahrhundert.

Vorschläge für konstruktives Fürsorgeverhalten

- Machen Sie deutlich, daß Sie die Empfindungen und das Selbstwertgefühl anderer Frauen respektieren und anerkennen. Wenn Sie merken, daß eine Kollegin oder Mitarbeiterin am Arbeitsplatz abwesend oder übermäßig emotional wirkt, geben Sie ihr zu verstehen, daß Sie bereit sind, ihr zuzuhören, und bieten Sie Ihre Unterstützung an. Drängen Sie sich aber nicht auf, wenn Sie auf Ihre Fürsorge nicht reagiert. Respektieren Sie die Grenzen, die sie Ihnen setzt.
- Machen Sie sich klar, daß man nicht von Ihnen erwartet, sich am Arbeitsplatz um alle zu kümmern, und daß es nicht die vordringliche Aufgabe der Firma ist, sich um Sie zu kümmern.
- Achten Sie darauf, andere Frauen wissen zu lassen, daß Sie ihr Können und ihre Arbeitsleistung schätzen. Das kann ganz formlos geschehen. Ein paar persönliche Worte oder ein handgeschriebenes Kärtchen genügen. Wenn Tamara einen hervorragenden Jahresbericht vorlegt oder Annette eine beeindruckende Präsentation gestaltet, erkennen Sie die Arbeit nicht nur allgemein an, sondern gehen Sie auch auf einzelne, besonders herausragende Punkte ein.
- Vergessen Sie nicht, daß Fürsorge auch die Bereitschaft mit einschließt, ehrliche, konstruktive Kritik zu üben. Unsere Mitarbeiterinnen brauchen für ihr persönliches und berufliches Weiterkommen manchmal auch Kritik oder sogar Fehlschläge. Wir dürfen es nicht zulassen, daß unser Fürsorgebedürfnis uns von der Verantwortung entbindet, objektive Arbeitsprioritäten zu setzen. Fürsorge darf nicht in Beschützertum ausarten – angemessene Anteilnahme bedeutet, andere Frauen durch unsere Kritik, Informationsweitergabe und Unterstützung in die Lage zu versetzen, erfolgreich zu arbeiten.

4
Mut zur Kompetenz

Berufstätige Frauen leisten gute Arbeit, doch es fällt ihnen oft schwer, diese Tatsache zu akzeptieren. Viele haben mit geringem Selbstvertrauen und »erlernter Hilflosigkeit« zu kämpfen. (Sally Helgesen stellt in *Frauen führen anders* fest, daß eine Frau fünf Jahre länger braucht als ein Mann, sich selbst davon zu überzeugen, daß sie gute Arbeit leistet.) Manche vermeiden jedes Risiko, um sich vor der vernichtenden Möglichkeit möglicher Fehlschläge zu schützen. Und Frauen, denen es an Selbstvertrauen mangelt, neigen laut Barbara dazu, »ihre Zweifel an der eigenen Fähigkeit auf andere Frauen zu übertragen«. Da wir unsere Schwächen so gut kennen, nehmen wir an, daß andere Frauen die gleichen haben müßten.
Doch wenn wir die Tüchtigkeit anderer Frauen anerkennen und fördern und auch unsere eigenen Stärken und Fähigkeiten akzeptieren, schaffen wir einen Wohlfühlbereich für Kompetenz, einen Ort, von dem aus wir unseren Einfluß auf diese Welt ausüben können. Wir brauchen diesen Ort, denn je mehr Zeit wir dort verbringen, desto wohler werden wir uns im Kompetenzbereich fühlen.

Wir sind gut

Ruth, eine junge Physikerin, arbeitete im Solarlabor einer großen amerikanischen Universität. Während ihrer Zeit dort hatte sie es mit vielfach wechselnden Laborbesetzungen zu tun – Wissenschaftlern, Doktoranden und Assistenten beiderlei Geschlechts. Ruth stellte fest, daß sie lieber mit Frauen arbeitete, da diese »sich besser vorbereiteten, am Labor als Ganzes interessiert waren und immer die Besten sein wollten«.

Ruths Erfahrung mit weiblicher Tüchtigkeit bestätigt, was unser Erfolg an Universitäten und im Beruf bereits bewiesen hat. Wir sind gut; wir sind sehr gut. In neunzig Einzelantworten auf unsere Umfrage gaben Frauen Kompetenz als positiven Faktor in der Zusammenarbeit mit anderen Frauen an. Sie sagten, Frauen würden »gute Arbeit leisten«, könnten »alles erreichen«, seien »gewissenhaft«, würden »hart arbeiten«, »sich gut vorbereiten« und seien »zielstrebig«.

Louise McCoy, frühere Fachbereichsleiterin an der Sonoma State University und jetzt erfolgreiche Unternehmerin, spricht für viele, wenn sie sagt: »Von einer Frau, die ich einstelle, erwarte ich mehr als Kompetenz. Ich weiß, wie gut sie sein mußte, um sich in anderen Stellungen zu behaupten. Ich verlasse mich auf Frauen, und ich habe mich bisher noch nie geirrt.«

Louises Einschätzung gibt die Ansicht wieder, daß Frauen in der Tat tüchtiger sein müssen als Männer, um beruflich erfolgreich zu sein. In *The Compendium of American Public Opinion* zitiert Denis A. Gilbert die Resultate der 1985 unter amerikanischen Frauen durchgeführten »Virginia Slims«-Umfrage. Nach dieser Umfrage vertraten 77% der Amerikanerinnen die Ansicht, daß »eine Frau, die in dieser Welt vorankommen will, auf allen Gebieten wesentlich tüchtiger sein muß als ein Mann«. 47 von diesen 77% waren von dieser Ansicht völlig überzeugt.

Wenn wir betrachten, wie sich unsere Kompetenz auf das von uns bereits Erreichte auswirkt, können wir stolz sein. Als die Zeitschrift *Fortune* 1992 eine Gruppe von Generaldirektoren fragte, inwieweit sich in ihren Unternehmen die Situation von Frauen in den letzten fünf Jahren verändert habe, berichteten die Befragten von einem 92prozentigen Zuwachs im mittleren Management und einem 62prozentigen in Führungspositionen. »Wenn Sie sich die Belegschaft eines beliebigen Großunternehmens unter Ausklammerung der obersten zwanzig ansehen«, sagte Lester Korn von Korn/Ferry International, »werden Sie feststellen, daß die nachfolgende Führungsebene zu 50 Prozent aus Frauen besteht.«

Auch durch bessere Ausbildung versuchen Frauen, ihre Kompetenz und beruflichen Möglichkeiten zu verbessern. Heute sind bereits 33 Prozent aller amerikanischen Betriebswirtschaftsstudenten Frauen. 1998 werden voraussichtlich mehr als die Hälfte aller Doktorgrade in den USA an Frauen verliehen. Die Studentenschaft der Universitäten von Harvard, Yale und Stanford setzt sich fast zu gleichen Teilen aus Frauen und Männern zusammen. Zwanzig Prozent aller Ingenieurstudenten sind Frauen, und am M.I.T., dem Massachusetts Institute of Technology, sind 38 Prozent Frauen eingeschrieben.

Wie aus diesen Statistiken zu ersehen ist, sind Frauen tüchtig und kompetent. Wir haben bewiesen, daß wir gute Leistungen erbringen können. Was hält manche von uns dann noch zurück, ihre Leistungsfähigkeit voll zu entfalten? Das Problem für Frauen und für die Zusammenarbeit mit anderen Frauen liegt nicht darin, daß es uns an Können und Begabung mangelt, sondern in unserem Mißtrauen gegenüber unserer Kompetenz. Keine unserer Umfrageteilnehmerinnen behauptete, Frauen leisteten schlechte Arbeit. Viele gaben jedoch an, daß die Frauen, mit denen sie zusammenarbeiten, wenig Selbstvertrauen haben, »unsicher« sind, sich »unzulänglich fühlen« oder »Angst haben, Risiken einzugehen«.

Die Befürchtung, inkompetent zu sein, kann eine Frau verängstigen, ja sogar lähmen, das Bedürfnis nach Anerkennung ihrer Tüchtigkeit, ihr Handeln und ihre Risikobereitschaft dominieren. Aus diesem Grund halten sich viele Frauen in bezug auf das berufliche Weiterkommen zurück. Durch diese Zurückhaltung machen wir es anderen Frauen unmöglich, uns als Vorbild für Zielstrebigkeit und Erfolg anzusehen. Gleichzeitig verweigern wir unseren Teilhabern, Geschäftspartnern und Arbeitgebern den vollen Einsatz unserer Talente und Fähigkeiten.

Erlernte Hilflosigkeit

Eine negative Macht hat uns im Griff, die uns sämtliche Energien raubt und uns das Recht abspricht, schwierige und risikoreiche Situationen erfolgreich zu meistern, schreibt Nicky Marone sinngemäß in ihrem aufschlußreichen und praktischen Ratgeber *Erlernte Hilflosigkeit überwinden*. Marone beschreibt erlernte Hilflosigkeit als einen selbstzerstörerischen Zustand, der viele Frauen daran hindert, Risiken einzugehen und Chancen wahrzunehmen. Erlernte Hilflosigkeit verwickelt die Betroffene in ein kompliziertes Netz aus lähmenden Überzeugungen, Gefühlen und Verhaltensweisen. Das führt zu permanenten Selbstzweifeln, während gleichzeitig Höchstleistungen erbracht werden. Allerdings sorgen überragende Leistungen auf bestimmten Gebieten nicht unbedingt für erhöhtes Selbstwertgefühl oder stärkeres Selbstvertrauen in anderen Lebensbereichen. Kritik kann die Betroffene derart lähmen, daß sie sich sofort unterlegen fühlt (was sie ohnehin ständig tut) und neue Herausforderungen, Risiken oder Veränderungen, die vielleicht mit Verwirrung oder auch nur der Möglichkeit erneuter Kritik verbunden sein könnten, sorgfältig vermeidet. Angst und Selbstzweifel sabotieren jeden Veränderungsversuch, so daß sie schließlich – und darin liegt die Gefahr – blind wird für die Veränderungsmöglichkeiten.

Natürlich müssen sich nicht alle Frauen mit erlernter Hilflosigkeit abplagen. Doch diejenigen, die davon betroffen sind, behindern unter Umständen ihren eigenen Erfolg und können zu Negativbeispielen für die Erfolgsbemühungen anderer Frauen werden. Marone ist überzeugt, daß Frauen sich aus dem Zugriff erlernter Hilflosigkeit befreien können. Wir haben die Möglichkeit, sagt sie, auf Problemlösung ausgerichtetes Verhalten zu entwickeln, das Leistungsziele durch Lernziele ersetzt.

Frauen, die sich lieber an Leistungszielen als an Lernzielen orientieren, begrenzen ihre Aktivitäten auf Bereiche, in denen sie ihre Kompetenz bereits bewiesen haben. Sie sind mehr daran interessiert, gut abzuschneiden als etwas Neues zu lernen. Manche Lehrerinnen unterrichten beispielsweise nur deshalb weiter, weil sie wissen, daß sie das gut können, statt einen höheren Posten in der Schulverwaltung anzustreben und damit Gefahr zu laufen, vielleicht zu versagen. Die Neigung, immer nur das zu tun, was wir bereits gut können, hält zwar den Status quo aufrecht, verhindert jedoch eine Auseinandersetzung mit den Widrigkeiten und Herausforderungen des Lebens. Den Glauben, daß man zur Erlangung besonderer Fähigkeiten bereits besondere Fähigkeiten besitzen muß, hält Marone für ebenso nützlich wie »dehydriertes Wasser«.

Am anderen Ende des Spektrums stehen die Frauen, die sich für Lernziele entschieden haben. Diese Frauen sind lösungsorientiert. Sie bemühen sich um Versetzungen in neue Bereiche ihrer Firmen. Sie erweitern ihre Wissensgrundlage als Schulungsleiterinnen, um neue Gruppenkonzepte einzubeziehen. Sie lernen, wie man die Teamarbeit fördert und an neue Organisationen und Firmen herantritt. Mit anderen Worten, sie suchen ständig nach Möglichkeiten, Neues zu lernen. Und statt Mißerfolge auf ihre angeborene Unfähigkeit zurückzuführen, sagen sie sich: »Wenn das nicht funktioniert, muß ich eben was anderes versuchen.« Die

lösungsorientierte Frau konzentriert sich auf die Zukunft und auf Lösungsmöglichkeiten, anstatt sich über zurückliegende Fehlschläge und Unzulänglichkeiten den Kopf zu zerbrechen.
Als wir unser Schulungszentrum gründeten, war auch ich zunächst eher leistungsorientiert. Ich fühlte mich wohl dabei, das zu wiederholen, was ich konnte, nämlich Seminararbeiten zu beurteilen und zu redigieren und Textgestaltungskurse zu geben. Nachdem meine Partnerin und ich unsere ersten Seminare in Handelskorrespondenz und Wirtschaftsenglisch abgehalten hatten, machte ich mir Vorwürfe und fühlte mich tagelang schlecht, wenn ich nicht von jeder Teilnehmerin am Ende des Seminars eine hohe Beurteilung erhalten hatte. Ich war drauf und dran, an die Universität zurückzukehren und weiter in meinem alten Fach zu unterrichten.
Meine Partnerin Betty hat jedoch eine eher lösungsorientierte Einstellung. Sie betrachtet jede Herausforderung als Möglichkeit, etwas Neues zu lernen. Sie konzentriert sich auf das neu zu erobernde Gebiet, sei es eine innovative Methode, Frauen mit dem Protokollaufbau vertraut zu machen, oder Gruppen anzuleiten, neue Kommuniquéformen zu entwickeln. Wird ein Seminar beim ersten Mal nicht gleich begeistert aufgenommen, versinkt sie nicht in Selbstzweifeln, sondern fragt, was daran auszusetzen war und überlegt mit allen gemeinsam, was verbessert werden kann.
Vor kurzem wurde sie von einem internationalen Konzern gebeten, ein Seminar für Pharmareferenten zu veranstalten. Statt zu zögern, weil sie noch nie mit einer vergleichbaren Gruppe gearbeitet hatte, sah Betty in der ihr gestellten Aufgabe eine Chance, etwas Neues zu lernen. Das Seminar war kein voller Erfolg, und Betty beschloß, den Gründen dafür nachzugehen. Ihre Fähigkeit, ein gutes Programm zu entwickeln und ein erfolgreiches Seminar abzuhalten, stellte sie dabei keine Minute in Frage. Sie suchte nach äußeren

Faktoren, die das Ergebnis beeinflußt haben könnten und stellte fest, daß die Teilnehmerbeschreibung, die sie erhalten hatte, nicht mit der Gruppe übereinstimmte, die zum Seminar gekommen war. Dann las sie sich die an die Teilnehmer verschickte Kursbeschreibung durch. Die dort aufgeführten Programmpunke und Angaben zum Ablauf unterschieden sich wesentlich von ihren eingereichten Vorschlägen. Betty nahm sich vor, in Zukunft genauere Auskünfte über den Teilnehmerkreis einzuholen und darauf zu bestehen, daß ihr die Kursbeschreibungen vorgelegt und mit ihr abgestimmt werden, bevor sie an mögliche Seminarteilnehmer gehen. Durch ihre Weigerung, sich in ihrem Selbstwertgefühl vom Mißerfolg des Seminars beeinflussen zu lassen, steigerte Betty ihre Kompetenz und die Wahrscheinlichkeit künftiger Erfolge.

Betty und ich sind Partnerinnen. Wenn ich in meiner erlernten Hilflosigkeit verharrt hätte, wäre unser Schulungszentrum mit Sicherheit nicht so erfolgreich geworden. Aber ich habe von Betty und von Nicky Marone gelernt, lösungsorientierter zu denken und bin inzwischen schon an zwei erfolgreichen Unternehmen beteiligt. Hätte mir vor drei Jahren jemand vorgeschlagen, dieses Buch zu schreiben, hätte ich wahrscheinlich gefragt: »Wie soll ich das denn machen? Ich habe noch nie ein Buch geschrieben!« (Und dabei gedacht: »Wenn es schief geht, werde ich mich vielleicht wertlos und schlecht fühlen.«) Aber dank meines wachsenden Selbstvertrauens ließ ich mich darauf ein. Egal, ob es dann erscheinen würde oder nicht – ich wußte, ich würde dabei viel über Frauen und Vermittlungsprozesse lernen und dies bei zukünftigen Klientinnen anwenden können.

Wir behindern unsere Partnerinnen und unsere Unternehmen, wenn wir in dem Zustand der erlernten Hilflosigkeit verharren. So wie Betty es bei mir getan hat, können wir andere ermutigen, alte Muster aufzubrechen und die Zukunft zu meistern. Wir sind es uns schuldig. Und die Lösungsorientierung macht sich bezahlt. Kompetenzängste werden im gleichen Maße abnehmen, wie Selbstwertgefühl und Selbstvertrauen zunehmen. Unsere Errungenschaften werden unser Ansporn sein und unsere Ziele keine Grenzen kennen.

Risiken eingehen

Betty und andere lösungsorientierte Frauen zeigen uns, welche Einstellung es braucht, um kompetenzsteigernde Herausforderungen anzunehmen. Lösungsorientierte Frauen neigen zur Risikobereitschaft. Sie können Situationen einschätzen, wissen, wann es Zeit ist, den nächsten Schritt zu tun und sind bereit, Neues zu lernen, statt Altbewährtes wiederzukauen. Risiken einzugehen heißt nicht, unüberlegt Verantwortungen zu übernehmen, für die wir weder ausgebildet noch befähigt sind. Risikobereitschaft bedeutet, unsere Stärken zu kennen und bereit zu sein, über den Wohlfühlbereich der bestätigten Kompetenz hinauszugehen, um neue Herausforderungen und Verantwortungen anzunehmen. Risiken zu kalkulieren, verlangt eine klare Einschätzung der Erfolgsaussichten und ein Handeln in dem Moment, in dem der Vorteil auf unserer Seite ist.

Ein gesundes Maß an Risikobereitschaft ist sowohl für eine erfolgreiche Unternehmensführung als auch für die berufliche Weiterentwicklung wichtig. Ann Morrison, Mitautorin von *Breaking the Glass Ceiling*, hielt auf der ersten Jahreskonferenz berufstätiger Frauen im Oktober 1992 einen Vortrag über Risiken mit dem Titel »Führung in den 90er Jahren«. Sie betonte immer wieder, daß Frauen Risiken eingehen müssen, wenn sie beruflich vorankommen wollen, sei es als Unternehmerinnen oder als Angestellte.

Betty und ich lernten diese Lektionen schon sehr früh. Unsere Tendenz, sich wie viele andere Frauen vor jeglicher Risikoübernahme umfassend vorzubereiten, hätte uns leicht blockieren können, während selbstbewußtere Schulungsleiter uns in der Zwischenzeit zuvorgekommen wären. Als Betty und ich kurz vor der Eröffnung unseres Schulungszentrums standen, fiel uns zufällig ein Artikel in die Hände, der sich mit Frauen befaßte, die es ablehnen, neue Verantwortung zu übernehmen oder neue Berufe zu erlernen, weil sie glauben, es fehle ihnen an der nötigen Bildung oder dem entsprechenden Fachwissen. Männer dagegen ergreifen viel eher die Chance, sich selbst zu beweisen. Sie sagen zu und verschaffen sich während der Einarbeitung in den neuen Job das entsprechende Wissen.

Das traf mich wie ein Schlag! Betty und ich hatten uns gerade für unser drittes Seminar über Handels- und Geschäftskorrespondenz angemeldet, obwohl wir an der Universität jahrelang Textaufbau gelehrt hatten. Wir hatten das Gefühl, alles darüber wissen und jede nur mögliche Prüfung ablegen zu müssen, bevor wir unsere Kenntnisse an zahlende Klientinnen weitergeben konnten. Der Artikel rüttelte uns auf. Wir waren in den alten Trott verfallen, uns übermäßig vorzubereiten, statt endlich den Sprung zu wagen, unsere eigenen Workshops anzubieten. Durch den Artikel bekamen wir den richtigen Anschub. Wir hörten mit den Vorbereitungen auf und stiegen ins Geschäft ein. Innerhalb von drei Monaten hatten wir Verträge für Workshops über Leistungseinschätzung, Protokollaufbau und Briefgestaltung. Unser gesammeltes Wissen gab uns die nötige Kompetenz für den Anfang; alles andere lernten wir aus der Erfahrung.

Einige Frauen erkennen schon früh, daß das Ansammeln theoretischen Wissens nicht der einzige Weg ist, sich auf Risiken vorzubereiten. Praktische Erfahrungen sind ebenso wertvoll, wie sich am Beispiel von Debby erkennen läßt, einer Verfahrenstechnikerin, die von einer Kollegin als vorbildlich und »überaus kompetente Frau mit hoher Risikobereitschaft« beschrieben wurde. Ich fragte Debby, wie sie ihre Risikobereitschaft einschätze. Sie erzählte mir, daß sie von einem gewissen Punkt an keine Aufstiegschancen mehr in ihrer Firma gesehen habe, weil alle Kollegen in höheren Positionen Diplomingenieure waren und sie nicht. Doch dann habe sie die Kenntnisse eingeschätzt, die für einen Posten auf der nächst höheren Ebene erforderlich waren, und festgestellt, daß man dazu nicht unbedingt Ingenieur sein mußte. »Vielleicht wußte ich nicht soviel wie ein Ingenieur«, meinte sie, »aber ich wußte, wo ich anfangen muß und wieviel ich lernen kann.«

Debby bewarb sich um die Stelle. Heute ist sie die einzige Führungskraft ohne Ingenieurdiplom in der Einkaufsabteilung ihrer Firma. Bei ihrer nächsten Beförderung wird sie sich jedoch nicht mehr um einen Posten im technischen Bereich bewerben. »Ich kenne meine Stärken und meine Grenzen«, erklärte sie mir. »Ich bin keine Ingenieurin, und ich will auch nicht das entsprechende Studium nachholen. Ich bin allerdings hervorragend darin, eine Abteilung mit Ingenieuren zu leiten. Darin liegt meine Stärke. Wenn sich eine bessere Möglichkeit für meine organisatorischen Fähigkeiten ergibt, werde ich sie ergreifen.«

Debby fügt hinzu, daß Frauen sich nicht an eine bestimmte Position gekettet fühlen müssen, nur weil ihnen ein Diplom oder ein Abschluß fehlt. Wir müssen unser Können akzeptieren und an unsere Fähigkeit glauben, uns gegebenenfalls neue Kenntnisse aneignen zu können. In unserem Gespräch fügte sie hinzu: »Wie sollen wir wissen, wozu wir fähig sind, wenn wir keine Risiken eingehen?«

Solche Möglichkeiten bieten sich uns nicht immer von allein. Debby mußte sich an ihre Vorgesetzten wenden und darum bitten, für eine Beförderung in Betracht gezogen zu werden. Da sie keine Ingenieurin ist, hatte man bei dieser Position gar nicht an sie gedacht.

Sich durchzusetzen, kann für Frauen schwierig sein. Oft

warten wir darauf, daß uns jemand bemerkt und aufgrund unserer Kompetenz und Leistung zur Beförderung vorschlägt. Wir möchten gern an Fairness im Berufsleben glauben und unsere Chance bei neuen Aufgaben. Doch so funktioniert die Arbeitswelt nicht.

In *Success and Betrayal* verweisen Hardesty und Jacobs auf den »Mythos der Leistungsgesellschaft«, der Schuld daran sei, daß sich viele äußerst kompetente Frauen von ihren Arbeitgebern betrogen fühlen, weil sie nicht wahrgenommen und befördert wurden. »Die Suche nach dem heiligen Gral individueller Anerkennung und Unersetzlichkeit führt ganz selbstverständlich zu der Annahme, daß man durch gute Leistungen zum Ziel kommt«, schreiben sie. »Der Mythos, daß Anerkennung mit Beförderung belohnt wird, ist einer der wirksamsten und vorherrschendsten unter Frauen auf allen Ebenen der Unternehmenshierarchie. Viele Frauen verinnerlichten den Glauben an eine funktionierende Leistungsgesellschaft bereits in der Schule, wo Begabung und harte Arbeit stets belohnt wurden, und klammern sich trotz aller gegenteiligen Beweise nach wie vor daran fest.« Männer, erklären Hardesty und Jacobs, lehnen diesen Glauben schon früh ab und verlegen sich statt dessen erfolgreich auf die Kunst, unter Einsatz aller Mittel zu gewinnen. Doch »in der mythischen Leistungsgesellschaft, die Frauen im Kopf mit sich herumtragen, arbeiten sie weiter hart, um auserwählt zu werden. Und dann warten sie. Und warten.«

Es ist an der Zeit, unsere Kompetenz sichtbar zu machen. Wie Hugh McColl jun., Generaldirektor der Nations Bank, der Zeitschrift *Fortune* sagte: »Frauen müssen mehr Druck machen. Sie meinen, es würde nach fairen Regeln gespielt, was Männer niemals glauben und was meist auch nicht der Fall ist. Also müssen sich Frauen bei ihren Chefs die zum Aufstieg nötigen Informationen holen. Dann müssen sie dafür sorgen, die entsprechenden Möglichkeiten auch zu bekommen, und bei jedem Schritt Feedback fordern.«

Durch Kompetenz allein werden wir also nicht bemerkt. Wir müssen uns selbst energisch um Aufstiegsmöglichkeiten kümmern und uns sichtbar machen, wenn sie sich von allein bieten. Mary Herbert redet mit ihren Kolleginnen immer wieder über deren Aufstiegschancen: »Sie müssen zur Geschäftsleitung gehen und denen sagen: ›Zu dem und dem bin ich meiner Meinung nach fähig; aus den und den Gründen; lassen Sie es mich versuchen.‹«
Alle Frauen sollten sich Mary Herberts Rat zu Herzen nehmen. Wir müssen für uns selbst eintreten, weil es sonst niemand tut. Wir müssen unsere Stärken kennen, die Möglichkeiten abklären und bereit sein, Risiken einzugehen für das, was wir erreichen wollen.

Risikobereitschaft und Mißerfolge

Wenn wir Risiken eingehen, müssen wir auch mit dem Scheitern rechnen. Mißerfolge sind immer möglich – und wir müssen lernen, sie zu akzeptieren. Scheitern ist der Beweis dafür, daß wir es versucht haben und daß wir lernen. Doch diese Sichtweise fällt Frauen oft schwer.
Männer, hörte ich einmal jemanden sagen, heften sich ihre Mißerfolge wie Orden an die Brust und demonstrieren damit ihre Risikobereitschaft. Frauen verbergen ihre Mißerfolge lieber – und manchmal auch sich selbst – wenn sie gescheitert sind. Manche fühlen sich danach so elend, daß ihre Selbstachtung und ihr Selbstwertgefühl auf den Nullpunkt absinken.
Nicole, eine Finanzberaterin aus New York, verlor nach dem Börsenkrach von 1987 ihre Stellung, weil ihre Firma die meisten Angestellten entlassen mußte. Doch sie nahm den Fehlschlag persönlich und zog sich in das Haus ihrer Eltern zurück. Dort fühlte sie sich sicher vor unbequemen

Fragen nach ihrer Arbeit und ihrer bis dato so vielversprechenden Karriere. Obwohl sie an der High School eine der besten Schülerinnen gewesen ist, wird sie – fünf Jahre nach dem Verlust ihres Jobs – nicht am 10jährigen Klassentreffen teilnehmen, weil sie meint, ihre Klassenkameradinnen im Stich gelassen zu haben. »Frauen brauchen Erfolgsgeschichten«, behauptet Nicole, »und keine Beweise dafür, daß wir versagen können.«

Manche Frauen trauen sich, wie Nicole, nicht mehr unter die Leute, wenn sie gescheitert sind. Und vor allem nicht unter Frauen, die unser Scheitern als Bestätigung ihrer schlimmsten Ängste betrachten könnten. Denn diese Frauen fürchten, davon angesteckt zu werden und sehen ihr Selbstwertgefühl in Gefahr. Durch diese Tabuisierung verlieren wir wertvolle Informationen über Fehlschläge und die daraus möglicherweise entstehenden Erfolge. Ein besseres Verständnis unserer Reaktionen auf Mißerfolge kann uns helfen, dieses Unbehagen auszuräumen und zu überwinden.

In ihrem Buch *Secrets Between Us: Women and Competition* meint Laura Tracy zu diesem Thema: »Den Beruf ernst zu nehmen, bedeutet, Fehlschläge genau so ernst zu nehmen wie Erfolge. Doch Frauen setzen Fehlschläge im Beruf mit Mißerfolgen im Privatleben gleich, wo Kritik gewöhnlich mit emotionaler Bestrafung wie Liebesentzug oder sogar Verlassenwerden verbunden ist. Im Gegensatz zu Männern spielen Frauen im Beruf oft ein emotionales Nullspiel – ein Verlust gibt uns das Gefühl, alles verloren zu haben.« Die Erkenntnis, daß wir dieses Spiel nicht mitspielen müssen, kann uns zu der Einstellung verhelfen, die wir brauchen, um weiterzukommen und zu lernen.

Als Darlene und Josie ihre Stellungen an der Universität aufgaben, um ein Blumengeschäft zu eröffnen, ging zunächst alles gut. Doch 1989 wurde die wirtschaftliche Lage äußerst kritisch, und sie konnten das Geschäft nicht weiterführen, ohne sich in große Schulden zu stürzen. Als Darlene ein Jahr später zu mir kam, um sich bei einem Bewerbungsschreiben helfen zu lassen, erzählte sie mir, Frauen von der Universität und großen Unternehmen, die sie für ihre Freundinnen gehalten hatten, seien von ihnen abgerückt, als hätten Josie und sie eine ansteckende Krankheit.

»Noch nie habe ich mich so allein gefühlt«, berichtete Darlene. »Ich mußte ja nicht nur mit dem geschäftlichen Mißerfolg fertig werden, den ich verstehen konnte, sondern auch mit der Ablehnung anderer Frauen, die ich überhaupt nicht verstand. Frauen sollten einander unterstützen, wenn sie Risiken eingehen und scheitern, sonst geht sämtliche Risikobereitschaft verloren. Wir können so viel voneinander lernen. Rückzug und Ablehnung sind nicht die Antwort. Wir müssen da sein und einander helfen.«

Darlene hat recht – wir können füreinander da sein. Anita nutzte den Bankrott ihres Computerzubehörhandels als Erfahrung, an der sie und andere Frauen wachsen können. Als das Geschäft, das sie und ihr Mann gemeinsam geführt hatten, in Konkurs ging, war sie zunächst sehr deprimiert und wollte die Stadt verlassen. Sie gab sich selbst und ihrer mangelnden Kompetenz als Geschäftsführerin die Schuld an dem Desaster. Doch ihr Mann forderte sie immer wieder auf, den Fehlschlag als Erfolg zu werten. Er erinnerte sie daran, wie lehrreich die Sache gewesen sei, wieviel sie umgesetzt hatten – Zubehör für über eine Million Dollar – und war davon überzeugt, daß sie sich erholen würden.

Anita überdachte ihre Reaktion und kam zu dem Schluß, daß andere Frauen vielleicht ähnlich reagieren würden. Diese Frauen brauchten ihre Hilfe. Anita wurde Beraterin für Frauen, die Risiken eingegangen waren und mit möglichen Fehlschlägen rechnen mußten. Sie redete offen über ihre Erfahrung und was sie daraus gelernt hatte, bildete ein Netzwerk gegenseitiger Unterstützung, das nicht nur ihr, sondern auch den anderen Frauen half.

Heute hat Anita eine sichere Stellung in der internationalen Verkaufsabteilung eines Großkonzerns. Wenn sie von Frauen erfährt, die mit Projekten oder Aufgaben gescheitert sind, spricht sie mit ihnen vor allem über das, was sie daraus gelernt haben und als nächstes tun wollen. »Frauen wissen, was Scheitern für eine andere Frau bedeutet. Wir können nicht zulassen, daß sich diese Frauen isolieren, und wir dürfen uns auch nicht von ihnen distanzieren. Wir müssen uns gegenseitig unterstützen und das Gelernte weitergeben. Wenn wir wissen, daß uns Frauen auch nach einem gescheiterten Versuch unterstützen, werden wir es öfter versuchen. Und je mehr Versuche wir wagen, desto größer werden die Erfolgsaussichten.«

Ann Azari, Bürgermeisterin von Fort Collins, Colorado, zeigt noch einen anderen Weg auf, wie Frauen einander helfen und unterstützen können. Barbara hatte sich um eine Stelle in einem Bildungsausschuß beworben, doch sie wurde abgelehnt. »Normalerweise«, sagt Barbara, »hätte ich das Gefühl gehabt, versagt zu haben. Meine Selbstachtung hätte gelitten, und ich hätte mir geschworen, mich nie wieder für einen solchen Posten zu bewerben. Aber Ann ließ es nicht dazu kommen, sondern erklärte mir, warum ich nicht angenommen worden war. Ich sei tüchtig und kompetent, sagte sie, aber andere Bewerber hätten mehr Erfahrung mit Steuervorschriften und anderen Spezialthemen, mit denen sich der Ausschuß befassen müsse. Sie stempelte mich nicht als Versagerin ab und ermutigte mich, es wieder zu versuchen.«

Wenn wir harte Zeiten durchmachen, brauchen wir mehr Frauen wie Ann, die uns helfen, uns von Fehlschlägen zu erholen und stärker und selbstbewußter daraus hervorzugehen. Stellen Frauen, mit denen wir zu tun haben, ihre Kompetenz in Frage, ist es an uns, ihnen die nötige Ermutigung und Unterstützung zu geben.

Kompetenz und Entscheidungsfindung

Eine Möglichkeit, die Kompetenz von Frauen zu fördern, ist ein besseres Verständnis für die von manchen als typisch weiblich bezeichnete Art der Entscheidungsfindung. Aus der Art und Weise, wie eine Frau Entscheidungen trifft, glauben wir, auf ihre Kompetenz rückschließen zu können. Gibt sie sich in ihren Entschlüssen entschieden und bestimmt, gehen wir davon aus, eine kompetente Frau vor uns zu haben. Bittet sie alle möglichen Leute um Stellungnahme und zögert ihre eigene Entscheidung immer noch hinaus, ziehen wir den Schluß, daß sie an ihrer Urteilskraft und Kompetenz zweifelt. Das liegt daran, daß wir uns in punkto Entscheidungsfindung und Entschlußkraft noch immer am männlichen Vorbild orientieren, nach der Devise: »wer zögert, hat schon verloren«. Aus dieser Perspektive betrachtet, treffen kompetente Menschen schnelle, unabhängige Entscheidungen und tragen sie bestimmt und selbstsicher vor, während weniger Kompetente sich für ihre Entscheidungen viel Zeit lassen und die Meinung anderer brauchen.

Wenn wir sehen, daß eine Frau sich mit der Entscheidungsfindung Zeit läßt und sich zunächst mit einigen Leuten bespricht, bringt das manche von uns zur Verzweiflung. Wir meinen, wenn sie sich nicht auf männliche Art entscheiden kann, muß es ihr an Kompetenz fehlen. Also setzen wir sie unter Druck, sich zu entscheiden und sich nicht um die Konsequenzen zu scheren. Dabei wäre es wesentlich sinnvoller, Verständnis für die weibliche Art der Entscheidungsfindung zu entwickeln und einander in den Bereichen zu unterstützen, in denen dieser Stil von Vorteil ist und uns Stärke gibt.

Um die Hintergründe weiblicher Entscheidungsfindung zu verstehen, müssen wir ein wenig weiter ausholen. Anne Moir und David Jessel, Autoren des Buches *Brain Sex. Der wahre Unterschied zwischen Mann und Frau*, betrachten den Akt der Entscheidungsfindung als ein Gebiet, auf dem Frauen durch die Struktur ihres Gehirns in einer männlich dominierten Arbeitswelt benachteiligt scheinen. Die weibliche Herangehensweise außer acht zu lassen, bedeute jedoch, einen wichtigen Vorzug nicht zu nutzen.

Laut Moir und Jessel verläuft das Fällen von Entscheidungen bei Männern und Frauen unterschiedlich. Für die Frau ist der Prozeß viel komplexer, weil sie mehr Informationen aufnimmt und mehr Faktoren berücksichtigt als der Mann. Die Stärke und gleichzeitige Schwäche der Frau ist ihre Fähigkeit, mehr wahrzunehmen – so zum Beispiel auch die menschliche Dimension einer Geschäftsentscheidung. Der weibliche Verstand mit seiner größeren Sensibilität für persönliche und moralische Aspekte und der stärker ausgeprägten Fähigkeit, alle zu berücksichtigenden Elemente miteinander zu verbinden, macht eine Entscheidung wesentlich vielschichtiger als sie es für den Mann ist, der sich dabei mehr auf kalkulierbare, formelhafte, deduktive Methoden stützt.

Die männliche Vorgehensweise verlangt »unverblümte« Entscheidungen, und sowohl Männer als auch Frauen setzen diese Unverblümtheit mit Kompetenz gleich. Doch sich Zeit zu nehmen, um komplexe Informationen auszuwerten, heißt nicht, daß wir entschlußlos oder inkompetent sind. Wir können Entscheidungen treffen, und wir tun es auch; wir nehmen uns aber mehr Zeit dazu.

Sylvia, die Computersysteme verkauft, respektiert die Art, in der ihre Kundinnen Entscheidungen treffen. »Diese Frauen, die oft für große Etats und viele Menschen verantwortlich sind, stellen mir jede Menge technischer Fragen. Dann setzen sie sich mit ihren Mitarbeitern zusammen und holen deren Meinung ein. Wenn sie danach wieder mit mir sprechen, haben sie spezifische Fragen, die widerspiegeln, was sie inzwischen von den in den Entscheidungsprozeß Miteinbezogenen gehört haben.« Die Frauen, die sie berät, fügt

Sylvia hinzu, brauchen länger, bis sie sich für ein bestimmtes Produkt oder System entscheiden, aber wenn sie soweit sind, wissen sie, daß die Entscheidung von allen unterstützt wird. Sie haben alle Probleme bedacht und gute Entscheidungen getroffen, die dann ohne Verzögerung erfolgreich durchgesetzt werden können.
Die weibliche Art, Entscheidungen zu fällen, spiegelt Ausgewogenheit wider. Wenn Frauen berufliche Entscheidungen treffen, bedenken sie sowohl die Auswirkungen auf die betroffenen Menschen als auch die auf Etats und Produkte. Und viele von uns ziehen es vor, ihre Entscheidungen nicht allein im stillen Kämmerlein zu treffen, sondern unsere Einschätzungen mit denen anderer abzustimmen.
Manchen Frauen allerdings schafft Unsicherheit bei der Entscheidungsfindung mehr Probleme als Vorteile. Die Angst, einen Fehler zu machen, kann unsere Entschlußkraft noch mehr lähmen als die Furcht, unentschlossen zu wirken. Mangelhaftes Selbstvertrauen wird so zu einem Mangel an Kompetenz. Diese Frauen können keine eigenen Entscheidungen fällen. Sie bitten andere um Vorschläge und Meinungen, um sich einerseits abzusichern und andererseits zu vermeiden, aktiv zu werden oder Positionen zu beziehen, die nicht hundertprozentig perfekt sind. Eine solche Frau neigt dazu, sich in ihrer Entscheidungsunfähigkeit an andere Frauen zu wenden, weil sie annimmt, daß Frauen ihre Unsicherheit eher tolerieren als Männer. Sie befürchtet, Männer würden auf ihre Unschlüssigkeit und ihr Absicherungsbedürfnis ungeduldig reagieren und verläßt sich darauf, daß Frauen freundlicher mit ihr umgehen und sich Zeit nehmen, sie zu ermutigen und in ihrem Entscheidungsfindungsprozeß zu unterstützen.
Rosalies Geschichte demonstriert, welche Probleme eine unentschlossene Frau verursachen kann, wenn sie Verantwortung für Entscheidungen trägt. Nora hatte eine erfolgreiche Werbeagentur aufgebaut, die darauf spezialisiert war,

die Gesamtwerbung für Produkte und Dienstleistungen zu gestalten und durchzuführen. Schon bald konnte Nora die Agentur nicht mehr allein bewältigen. Nach vielen Überlegungen beschloß sie, eine Partnerin hinzuzunehmen. Rosalie, klug, begabt und kreativ, schien ihr die Geeignete zu sein. Alles ging gut, bis der erste große Abgabetermin kam. Rosalie war sich über die Details der Konzeption unschlüssig. Immer wieder kam sie mit neuen Ideen, trug sie ihren Freunden und Mitarbeitern in der Agentur vor. Sie fragte sogar den Hausmeister und den Kaufmann an der Ecke, was sie davon hielten. Kaum sagte jemand: »Ich würde das Wort ›zelebrieren‹ nicht verwenden«, geriet Rosalie in Panik, lief zu Nora und wollte das gesamte Werbekonzept umwerfen.

Nora mußte mehr und mehr Zeit darauf verwenden, Rosalie zu versichern, daß ihre ursprünglichen Ideen gut seien und sie an die schwer erarbeitete Konzeption glauben solle. Doch Rosalie blieb weiter unschlüssig, rief Nora selbst mitten in der Nacht zu Hause an, weil sie gerade eine Werbung gesehen hatte und ihr gefiel, was die mit der Farbe gemacht hatten. Durch Rosalies Entscheidungsunfähigkeit mußte die Agentur Abgabetermine verschieben und erschien nach außen unsicher.

Schließlich mußte Nora etwas unternehmen. Sie machte Rosalie klar, daß sie, wenn sie im Geschäft bleiben wollten, sich für ein Konzept entscheiden und es selbstbewußt vorstellen mußten. »Zu viele Meinungen können eine kreative Idee zerstören«, erklärte mir Nora. »Damit eine Konzeption lebendig bleibt, müssen wir es wagen zu handeln. Wir können später immer noch Verbesserungen vornehmen oder von vorn anfangen. Das müssen Frauen begreifen. Wir brauchen mehr Bereitschaft, unseren Visionen und denen unserer Mitarbeiterinnen und Kolleginnen zu trauen.« Im kreativen Bereich gibt es keine völlige Gewißheit. Nora hatte gelernt, sich selbst zu vertrauen; sie kam voran, weil sie wußte, daß sie stets neue Entscheidungen treffen oder alte verbessern konnte.

Kompetenzängste übertragen

Die Haltung einer Frau gegenüber der Kompetenz einer anderen gibt Aufschluß über ihr Selbstwertgefühl und kann starke Auswirkungen auf die Selbstachtung ihrer Kolleginnen und Untergebenen haben. Selbstsichere Frauen erwarten und begrüßen Kompetenz bei anderen. Unsichere Frauen fürchten, als unzulänglich bloßgestellt zu werden und übertragen ihre negativen Erwartungen auf andere Frauen. »Wir tun das in sehr viel stärkerem Maße mit Frauen als mit Männern«, erklärt Barbara. »Durch unsere Ähnlichkeit tendieren wir dazu, uns mit anderen Frauen zu identifizieren. Wir neigen zu der Annahme, daß sich unsere individuellen Erfahrungen mit denen aller Frauen decken. Wir sagen: ›Wenn ich so bin, muß sie auch so sein.‹ Fühlt sich eine Frau selbstsicher und kompetent, überträgt sie diese Einstellung auf andere Frauen. Verliert sie an Selbstvertrauen, vermindert sich damit auch ihre Einschätzung des Wertes und der Fähigkeit anderer.« Frauen, die von anderen Frauen keine Kompetenz erwarten, können unserem Führungspotential und unserem kollektiven Selbstwertgefühl großen Schaden zufügen.
Ich traf Cara kurz nach der Trennung von ihrem wohlhabenden und prominenten jungen Ehemann. Cara war diplomierte Biologin und hatte vor ihrer Heirat bedeutende Beiträge im Bereich der Erforschung von Lebensräumen geleistet. Obwohl sie ihre Arbeit im Institut aufgab, um Hausfrau und Mutter zu werden, beteiligte sich Cara weiterhin aktiv an der Gemeindearbeit. Sie verlegte sich vor allem auf Mädchensport und stellte ein vorbildliches Gymnastikpro-

gramm zusammen, an dem zehn Schulen und fünfzig Freiwillige teilnahmen.

Nach ihrer Trennung wollte sie wieder ins Berufsleben zurückkehren. Barbara empfahl sie an mich, damit ich ihr bei der Zusammenstellung der Bewerbungsunterlagen helfen konnte. Als ich Cara fragte, ob sie wieder in die Forschung wolle, antwortete sie mit vielleicht, ergänzte diese Antwort aber durch die Bemerkung, daß sie keinesfalls in einem Institut »mit einem Haufen Frauen« arbeiten wolle. Ich fragte sie nach dem Grund. »Sie sind einfach nicht gut genug, und ich will mit kompetenten Leuten arbeiten«, war die Antwort. »Man kann sich auf Frauen in einem Institut nie verlassen. Wenn es Schwierigkeiten gibt, brechen sie prompt zusammen.«

Ich war verblüfft. Cara hatte mit international anerkannten Wissenschaftlerinnen zusammengearbeitet. Ich verstand diese plötzliche negative Haltung gegenüber Frauen nicht. Als ich mit Barbara über die Angelegenheit sprach, schlug sie vor, ich solle mit Cara an ihrem Selbstvertrauen arbeiten. Da Cara sich im Privatleben wertlos und unzulänglich vorkam, übertrug sie diese Gefühle auf andere Frauen und dies sowohl in beruflichen als auch in privaten Zusammenhängen. Wenn sie zusammenbrechen konnte, dann konnten andere das auch. Was mit ihr geschah, gefiel ihr ganz und gar nicht, und sie würde einen solchen Zusammenbruch auch bei keiner anderen Frau tolerieren wollen.

Mit Barbaras Hilfe gelang es Cara, die Dinge wieder im richtigen Verhältnis zu sehen und ihr Selbstvertrauen zurückzugewinnen. Sie beteiligte sich an Beratungsprojekten für Frauen und half anderen, ihre Stärken zu erkennen und zu entwickeln, indem sie von ihren eigenen Erfahrungen berichtete. Vor kurzem hörten wir, daß Cara eine Firma gegründet hat, die sich auf Bademoden für Mädchen spezialisiert. Sie hat überwiegend weibliche Angestellte und plant, in den internationalen Markt einzusteigen.

In manchen Fällen kann eine Frau, die sich unzulänglich fühlt, ihre Unsicherheit auf die Kolleginnen übertragen, die daraufhin ebenfalls an ihren Fähigkeiten zu zweifeln beginnen. Wanda arbeitete als Sachbearbeiterin bei einem Unternehmen, das vor kurzem ein neues Buchführungssystem angeschafft hatte. Sie fühlte sich durch die Veränderung bedroht und fürchtete, das neue System nicht zu begreifen. Wanda nahm an, daß es ihren Kolleginnen ebenso ging. Ihre negative Einstellung erwies sich als ansteckend. Die Sachbearbeiterinnen wehrten sich vereint dagegen, das neue Programm zu erlernen, bis Peg sich freiwillig zur Schulung meldete. Ihre Zuversicht, der Aufgabe gewachsen zu sein, hob sie von Wanda und den anderen ab, die daraufhin während der Arbeitszeit nicht mehr mit Peg redeten.

Die Geschichte hat einen interessanten Ausgang. Als »Belohnung« dafür, daß sie das neue Programm erlernt hatte, wurde Peg damit beauftragt, es den anderen beizubringen. Sie widersetzten sich, und in diesem Stadium nahm Peg an einem unserer Workshops teil. Sie erzählte ihre Geschichte in der Gruppe und bat um Vorschläge, wie sie die widerstrebenden Frauen dazu bringen konnte, das neue Programm zu lernen. Wenn sie sich weiterhin weigerten, erklärte sie uns, würde man sie entlassen. Wir sagten ihr, daß die Stärkung des Selbstwertgefühls und des Selbstvertrauens dieser Frauen ebenso wichtig sei wie die Schulung selbst.

Barbara riet Peg, sich vor allem auf Wanda zu konzentrieren. Wanda war seit zehn Jahren bei der Firma beschäftigt und hatte sich in dieser Zeit viele neue Kenntnisse angeeignet. Barbara schlug vor, Peg solle sich anerkennend über Wandas Fähigkeiten äußern und so ihr Selbstvertrauen stärken. (Natürlich bot die Aussicht, ihren Job zu verlieren, falls sie die Schulung ablehnte, ebenfalls eine starke Motivation für Wanda.) Wenn Wanda zu der Überzeugung käme, daß sie die Sache lernen könnte, würde sie annehmen, die anderen könnten es auch. Und sobald alle das neue Programm

gemeistert hatten, würde die ganze Gruppe eine positivere Einstellung zu ihrem Selbstvertrauen und ihrer Kompetenz bekommen.
In anderen Fällen übertragen Frauen ihre Ängste auf ihre Untergebenen oder auf Berufsanfänger und stellen deren Kompetenz in Frage. Selbst diejenigen, die bereits in Führungspositionen aufgestiegen sind, zweifeln oft an dem Erreichten. Sie fragen sich: »Habe ich diese Position überhaupt verdient? Weiß ich wirklich, was ich tue?« Wenn wir an uns selbst zweifeln, können wir unsere Ängste auf Frauen übertragen, die es noch nicht geschafft haben. Wir verübeln ihnen ihre Anwesenheit, weil sie uns daran erinnern, wo wir einmal gestanden haben. Diese Frauen führen uns vor Augen, was aus uns geworden wäre, wenn wir kein »Glück« gehabt hätten. Macht eine von ihnen einen Fehler, nehmen wir das als Bestätigung dafür, daß auch wir hätten versagen können und jeder Tag neue Herausforderungen bietet. Als Reaktion auf diese Befürchtungen prüfen wir die Kompetenzen der uns untergebenen Frauen. Wenn sie ihre Aufgaben meistern und den Anforderungen gerecht werden, fühlen wir uns sicher.
Frauen, die ihre beruflichen Erfolge durch Qualitätsarbeit errungen haben, können besonders unbarmherzige Anforderungen an junge Berufseinsteigerinnen stellen. Kathy Canclini, Ausbildungsleiterin für Krankenschwestern, nimmt ihren Berufszweig als Beispiel dafür. »Krankenschwestern«, sagt sie und zitiert damit einen in ihrer Berufssparte gängigen Ausspruch, »fressen ihre Jungen.« Erklärend fügt sie hinzu, daß sich Schwestern ihr Fachwissen und ihre Kenntnisse unter härtesten Bedingungen erarbeiten müssen und wenig Geduld für Neulinge aufbringen, die ihren hohen Ansprüchen möglicherweise nicht genügen und dadurch alles in Frage stellen können, was sie selbst erreicht haben. »Sie erwarten nur Hundertprozentiges von neuen Schwestern«, sagt Kathy, »und reagieren sehr unfreundlich, wenn das

nicht der Fall ist. Ihre Motive mögen zwar dem Beruf zugute kommen, sind aber nicht frei von Eigennutz. Sie fürchten, wenn andere Frauen Fehler machen, könnten sie das auch tun. Sie finden es unangenehm, sich selbst in Frage stellen zu müssen.«

Wenn wir unsere Kompetenz in Frage stellen und unsere Ängste auf Kolleginnen und Mitarbeiterinnen übertragen, tun wir damit niemandem einen Gefallen. Um diesen negativen Prozeß aufzuhalten, müssen wir zunächst bereit sein, unseren eigenen Wert zu erkennen und zu akzeptieren. Das schließt unser Können, unsere Begabung und unsere Lernfähigkeit mit ein. Dann müssen wir die Bereitschaft entwikkeln, andere Frauen als ebenso kompetent zu betrachten, und nach der Devise zu handeln: kompetent bis zum Beweis des Gegenteils. Das Beste zu erwarten, ruft oft das Beste hervor. Wenn wir Kompetenz erwarten, stärken wir das Selbstvertrauen. Selbstsichere Frauen übertragen ihren Glauben an sich auch auf andere und schaffen einen Wohlfühlbereich für Kompetenz, von dem alle anderen profitieren.

Zuviel Kompetenz?

Eine Frau, die äußerst kompetent oder extrem erfolgreich zu sein scheint, kann auf andere Frauen bedrohlich wirken. Weniger selbstsichere Frauen brauchen die Bestätigung, daß eine Frau Erfolg haben und trotzdem weibliche Werte und Vorgehensweisen beibehalten kann. Die erfolgreiche Frau kann eine Direktorin sein, eine Führungskraft unserer Firma, eine Autorität in unserer Berufssparte, ein Star am weiblichen Erfolgshimmel. Egal, welche Stellung sie innehat, ihre offensichtliche Kompetenz erregt Aufmerksamkeit. Wenn eine solche Frau sich um Verbundenheit mit anderen

Frauen bemüht, statt sich abzusondern, wird es ihr gelingen, die Unterstützung ihrer Kolleginnen und Untergebenen zu gewinnen. Konzentriert sie sich aber ganz auf Gewinnmaximierung und Produktionssteigerung und mißachtet dabei die Beziehungen zu anderen Frauen, wird sie auf ernsthaften Widerstand stoßen und möglicherweise sabotiert werden. Mit anderen Worten, verhält sie sich wie ein Mann, wird sie, ungeachtet ihres Erfolgs und Prestiges, von einigen Frauen angegriffen werden, bis sie wieder »zur Vernunft gebracht ist.«

Auch Majorie mußte erfahren, daß nicht alle Frauen in ihrer Firma sie unterstützten, nur weil sie Hervorragendes leistete. Als Majorie in ein internationales, männlich dominiertes Unternehmen eintrat, ging sie davon aus, nur ihre Kompetenz unter Beweis stellen zu müssen, um Erfolg zu haben. Sie hatte gute Ideen, erwies sich in ihrer Durchführung als äußerst fähig, übernahm zusätzliche Verantwortung und stieg rasch auf. Dann mußte sie eines Tages feststellen, daß die anderen Frauen auf ihrer Ebene, auf deren Informationen und Unterstützung sie angewiesen war, nicht für sie da waren, wenn sie sie brauchte. Sie hatten ihren Aufstieg beobachtet und lehnten, obwohl sie selbst Karrierefrauen waren, Majories männlichen Augen-zu-und-durch-Stil und ihre Was-nützt-mir-Freundlichkeit-Einstellung ab. »Ich bin nicht unfreundlich«, beteuert Majorie. »Ich konzentriere mich einfach ausschließlich auf meine Arbeit. Vielleicht nehme ich mir nicht die Zeit, allen Gefühlsäußerungen zuzuhören, aber Ideen beachte ich mit Sicherheit.«

Doch den anderen Frauen gefiel Majories Stil nicht. Sie kamen sich wie Maschinen vor, derer sich Majorie bediente, und gingen zum Angriff über. Ihre gemeinsamen Bemühungen, sich Majories Forderungen nach Unterstützung zu widersetzen, machte sich unangenehm bemerkbar. Majorie hat das Gefühl, von den anderen Frauen, auf deren Kompetenz sie für ihren Erfolg gezählt hatte, sabotiert worden zu sein. Sie ist verärgert darüber, daß sie zwar im Männerspiel gewonnen hat, durch ihre Mitspielerinnen aber trotzdem eine Niederlage hinnehmen mußte. Der Punkt ist bereits überschritten, meint sie, um die nötigen Beziehungen herzustellen, die sie braucht, um erfolgreich mit ihrer jetzigen Gruppe zusammenzuarbeiten. Sie hat erwogen, sich nach einer anderen Stellung umzusehen, will aber auf ihr hervorragendes Gehalt nicht verzichten. Desillusioniert und mit dem Gefühl, betrogen worden zu sein, hat sie beschlossen, bis auf weiteres innerhalb ihrer Abteilung so unabhängig wie möglich weiterzuarbeiten, in dem vollen Bewußtsein, sich damit von einem schnellen Aufstieg in höchste Erfolgsebenen abzuschneiden.

Als Myron erfuhr, daß wir an einem Buch über die Zusammenarbeit mit Frauen schrieben, erzählte er uns, daß seine Rechtsanwaltskanzlei nie wieder einen weiblichen Socius aufnehmen würde. Sie hatten es nur einmal versucht, mit dem Ergebnis, daß die anderen Frauen in der Kanzlei, die Sekretärinnen und Rechtsanwaltsgehilfinnen, »sie und die ganze Kanzlei beinahe zum Zusammenbruch gebracht hätten«.

Jane, fünfundzwanzig Jahre alt und frischgebackene Referendarin, wollte so professionell wie möglich erscheinen. Auf der Universität war sie in Umweltrecht die Beste ihres Jahrgangs gewesen, und sie glaubte, um weiterhin Erfolg zu haben, müsse sie nur ihre Leistungen unter Beweis stellen und sich nicht von den anderen Frauen in der Kanzlei ablenken lassen, die schließlich nur zu ihrer Unterstützung da waren. Sie gab den Frauen das Gefühl, »Kulis« zu sein und ließ keinen Zweifel daran, daß sie ihnen durch ihre Kompetenz überlegen war. Die Frauen rächten sich damit, daß sie Janes Arbeit stets als letztes erledigten, unhöflich zu ihren Klienten waren, über Janes Privatleben tratschten und aus ihrer Meinung über sie bei gemeinsamen Treffen und öffentlichen Anlässen keinen Hehl machten. Jane hielt an ihrer

Auffassung fest und machte deutlich, daß ihre Stellung als Anwältin sie von den anderen Frauen abhob. Die Kanzlei wurde zum Spannungsfeld. Die Männer hatten keine Ahnung, wie sie den Konflikt unter den Frauen beilegen sollten, erkannten aber, daß Jane der Auslöser war. Sie wurde sehr bald gebeten, die Firma zu verlassen. Zum Nachteil für Jane, für die Kanzlei, die eine äußerst kompetente junge Anwältin verlor, und für die Frauen, die damit nur das Vorurteil bestärkten, daß »Frauen einfach nicht zusammen arbeiten können«.

Die zentrale Herausforderung für kompetente und erfolgreiche Frauen liegt also in der unterschwelligen Bedrohung, die sie für die Erwartungen anderer Frauen darstellen. Eine Frau in einer Führungsposition zu sehen, bedroht das Weiblichkeitsgefühl anderer Frauen. »Ich glaube nach wie vor«, meint Barbara, »daß manche Frauen sich nicht nur vor Erfolg fürchten, weil sie versagen könnten, sondern weil Kompetenz als Männersache gilt. Kompetent zu sein bedeutet, sich weniger weiblich zu geben, und manche Frauen empfinden es als wenig wünschenswert, männlich zu erscheinen. Diese Frauen übertragen ihre Ängste vor Erfolg und Kompetenz auf andere Frauen.«

Und wie wirkt sich das aus? Sie bestrafen Frauen, die mit ihrer Kompetenz auf Kosten ihrer Weiblichkeit zu protzen scheinen. Sie können deren Errungenschaften und Fähigkeiten nicht angreifen, also attackieren sie ihre Weiblichkeit, um zu beweisen, daß Frauen nicht gleichzeitig erfolgreich und feminin sein können. Eine Unterhaltung, die ich vor kurzem auf einem Flugplatz mitbekam, verdeutlicht diese Einstellung. Ein paar Frauen saßen zusammen und unterhielten sich über Hillary Rodham Clinton. »Sie mag ja vielleicht zu den hundert besten Anwälten des Landes gehören«, sagte die eine, »aber seht euch doch bloß mal ihre spießigen Kleider an! Und was ihre Tochter darunter leiden muß, eine Mutter zu haben, die mehr an ihrer Karriere in-

teressiert ist als an ihrer Familie! Für mich ist so eine Frau selbstsüchtig und unnatürlich.« Am Rest der Unterhaltung war ich nicht mehr interessiert.
Wir müssen darum kämpfen, diese Einstellung zu überwinden, und akzeptieren, daß Frauen sowohl kompetent als auch weiblich sein können. Frauen, die sich ihrer Weiblichkeit sicher sind, haben es in ihren Unternehmen und Berufen zu großem Erfolg gebracht. Ihre Kompetenz hat ihrer Weiblichkeit nicht geschadet. Neueste Berichte weisen darauf hin, daß verheiratete Karrierefrauen mit Familie glücklicher sind als andere. Vielleicht ist dies ein Bereich, in dem wir tatsächlich alles haben können. Wir können kompetent und weiblich sein – und müssen anderen Frauen das gleiche Recht zugestehen.

Vorschläge zur Kompetenzstärkung

- Akzeptieren Sie Ihre Kompetenz. Nehmen Sie die Herausforderung an, Risiken in vernünftigem Rahmen einzugehen, um beruflich voranzukommen und Befriedigung aus Ihrer Arbeit zu ziehen. Begreifen Sie, daß Sie nicht schon zu Beginn alles wissen müssen. Sie brauchen nicht lesen zu können, ehe Sie in die Schule kommen. Dafür gehen Sie ja hin! Ergreifen Sie Gelegenheiten beim Schopf und nützen Sie Ihre Kompetenz zu lernen und zu wachsen, wenn Sie sich neuen Anforderungen stellen.
- Lassen Sie Ihre Kollegen und Kolleginnen wissen, daß Sie gern mit kompetenten Mitarbeiterinnen und weiblichen Vorgesetzten arbeiten. In der Vergangenheit sind Frauen zu oft schon bei dem Gedanken daran verzweifelt, für oder mit anderen Frauen zusammenarbeiten zu müssen. Wenn wir uns nicht von dem Klischee lösen, daß Frauen weniger kompetent sind als Männer, werden wir selbst zu

unseren schlimmsten Feinden. Bewerten Sie weibliche Leistungen objektiv, und geben Sie Ihrer Anerkennung laut und deutlich Ausdruck.

- Lassen Sie sich von Fehlschlägen nicht entmutigen. Betrachten Sie Mißerfolge als einen Beweis dafür, daß Sie eine Chance wahrgenommen, es versucht haben. Ein Mensch, der nie etwas gewagt hat, erfährt auch nie, wozu er fähig ist. Wenn Sie scheitern, stellen Sie im Nachhinein fest, was Sie gut gemacht haben und in welcher Hinsicht Sie Ihre Fähigkeiten und Erfahrungen noch erweitern können, um beim nächsten Mal Erfolg zu haben. Verstekken Sie sich nach einem Mißerfolg nicht, und ziehen Sie sich auch nicht von anderen Frauen zurück, die gescheitert sind. Wir müssen voneinander lernen, wie wir zum Erfolg kommen und wie wir uns von Niederlagen erholen können.
- Wenn Sie glauben, wie viele Frauen heutzutage unter erlernter Hilflosigkeit leiden, können Sie sich davon befreien. Nicky Marones Buch *Erlernte Hilflosigkeit überwinden* eignet sich gut als Einstieg. Für zusätzliche Hintergrundinformationen bieten sich *Du mußt nur wollen* von Arthur Freeman und Rose DeWolf an sowie *Erlernte Hilflosigkeit* und *Pessimisten küßt man nicht. Optimismus kann man lernen* von Martin E. Seligman.

5
Entscheidung zur Kooperation

Mary arbeitet als Sekretärin und Buchhalterin. »Mir gefällt meine Arbeit«, erklärte sie mir. »Hier arbeiten nur Frauen, und das ist sehr erfrischend. Carole, meine Chefin, nimmt sich die Zeit, alle Entscheidungen mit uns durchzusprechen. Wir sind über alle Vorgänge informiert und arbeiten zusammen daran. Niemand betrachtet mich als zweitrangig. Alle geben mir das Gefühl, daß mein Beitrag wichtig ist. Sie zählen auf mich. Ich zähle!«

Was Mary beschreibt, ist eine Arbeitssituation, nach der wir uns alle sehnen, egal, wo wir arbeiten – eine Arbeitssituation, in der der Beitrag jeder einzelnen Person geschätzt wird. WissenschaftlerInnen, die sich mit den Beziehungsgeflechten oder Netzwerken von Frauen im Beruf befassen, sprechen oft von »Interdependenz« oder gegenseitiger Abhängigkeit, um zu beschreiben, wie diese Verbindungen funktionieren. Wenn Menschen voneinander abhängen, verlassen sie sich darauf, daß jeder sich einbringt, um eine Aufgabe zu erfüllen. Jeder ist wertvoll, und jeder trägt zum Gelingen bei.

Interdependenz ist abhängig von Kooperation, einer Verhalteinstellung, die im weiblichen Wertesystem im Übermaß vorhanden ist. Das Bedürfnis nach Kooperation am Arbeitsplatz entsteht aus unserem Wunsch nach Verbundenheit mit anderen Frauen und unserer Bereitschaft, Fürsorglichkeit zu zeigen. Verbundenheit mit anderen bildet die Grundlage für Kooperation; die Anteilnahme an anderen und ihrer Arbeit unterstützt kooperative Arbeitsbeziehungen. Kooperation stärkt unsere Verbundenheit mit anderen Frauen und schafft das günstigste Klima für eine gute Zusammenarbeit.

Mehr als ein Drittel unserer Umfrageteilnehmerinnen nannte die Bereitschaft zur Kooperation als einen der positiven Faktoren in der Zusammenarbeit mit Frauen: Frauen seien »nicht hierarchisch«, sie seien bereit, »auch andere mit im Rampenlicht stehen zu lassen« und betrachteten sich als »Gleichgestellte und nicht als Konkurrentinnen«. Sie erklärten, Frauen würden sich »die Vorschläge anderer anhören« und »Wissen, Informationen, Ideen, Arbeit und Fähigkeiten miteinander teilen«. Darüber hinaus erwähnten sie, daß Frauen »ihre Vorstellungen anpassen, um zu einer einstimmigen Entscheidung zu kommen« und »eher zustimmen als konkurrieren«.

Frauen reagieren positiv auf eine kooperative Umgebung. Wir haben wertvolle Ideen, Talente und Fähigkeiten beizusteuern.

Um diese potentielle Stärke vorteilhaft zu nutzen, müssen wir zwei Dinge in Gleichklang bringen: unsere Bereitschaft, uns selbst einzubringen, und die Verpflichtung, die Beiträge anderer anzuerkennen.

Kooperation vereint. Sie ist unsere Stärke. Wir müssen Teilnahme und Kooperation fördern, denn damit wächst unsere Macht.

Wenn jedoch Kooperation zur einzigen Zielsetzung wird, beschneiden wir unsere Leistungsfähigkeit und Aufstiegschancen. Um den Wohlfühlbereich Kooperation bestmöglich auszuschöpfen, bedarf es eines ausgewogenen Verhältnisses zwischen Kooperation und persönlicher Weiterentwicklung. Frauen, die dieses Gleichgewicht herstellen können, sind es, die uns in eine auch für Frauen mit mehr Macht und Einfluß ausgestattete Zukunft führen werden.

Wir wollen kooperieren

Als Dr. Frances Conley, Professorin für Neurochirurgie an der Universität Stanford, im Juli 1991 von der Zeitschrift *Time* gefragt wurde, in welcher Weise sich die Medizin verändern würde, wenn Frauen das Sagen hätten, antwortete sie: »Es würde weit weniger diktatorisch zugehen. Führungs- und Verwaltungsaufgaben würden von Ausschüssen in Teamarbeit wahrgenommen werden. Mein Team im Operationssaal besteht nur aus Frauen. Die Frauen, mit denen ich zusammenarbeite, werden respektiert, sind professionell und an ihrer Arbeit interessiert. Wir alle wollen ein gemeinsames Ziel erreichen: den Patienten bestmöglich zu versorgen. Ich glaube, die Schwestern, die in meinem Operationssaal arbeiten, haben ein hohes Selbstwertgefühl, denn wir gehen sehr freundlich und respektvoll miteinander um.«

Viele berufstätige Frauen würden Dr. Conley und ihren Mitarbeiterinnen darin zustimmen, daß eine kooperative Umgebung eine freundliche Atmosphäre schafft. Die Anerkennung der Bemühungen des Teams ist nicht nur eine Einstellung, sondern auch eine Technik, andere in ein System einzubinden, das individuelle Beiträge schätzt und auf sie reagiert. Der Ansatz des »Total Quality Management«, der sich inzwischen in vielen amerikanischen Firmen durchsetzt, beruht vor allem auf Kooperation – der Beitrag jedes Einzelnen dient der Qualitätssteigerung. Die Unternehmen gehen dazu über, am Gesamtkonzept beteiligte Arbeitsgruppen zu bilden, deren Mitglieder sich in eine zukunftsorientierte Unternehmensführung einbezogen fühlen.

Die Professorin Judy Rosener schreibt im *Harvard Business Review*: »Einbeziehung ist das Kernstück eines interaktiven Führungsstils«, ein Stil, der für die von ihr untersuchten erfolgreichen Managerinnen »ganz natürlich« ist. Diese Managerinnen haben erkannt, daß »Ermutigung zur Teilnahme

viele Vorteile hat. Wenn es den Mitarbeiterinnen und Angestellten leicht gemacht wird, ihre eigenen Ideen einzubringen, kann man sicher sein, daß in Entscheidungen die maximale Menge an Informationen miteinfließt.«
Für eine der von Rosener interviewten Frauen, Susan S. Elliott, Vorsitzende und Gründerin von Systems Service Enterprises, ist die Miteinbeziehung anderer »nur eine Frage des gesunden Menschenverstandes«. Elliott weiß, daß ihre Buchhalterinnen beispielsweise über ein Fachwissen verfügen, das ihr fehlt. Sie braucht ihre Vorschläge, um erfolgreich planen zu können, und bittet sie darum.
Eine Managerin, die die Bedeutung von Kooperation und Mitbestimmung wirklich zu schätzen weiß, muß jedoch darauf achten, die von anderen eingebrachten Vorschläge auch tatsächlich einzubeziehen und umzusetzen. »Natürlich«, schreibt Judy Rosener, »bedeutet die Behauptung, andere miteinbeziehen zu wollen, nicht automatisch, daß sich die anderen auch einbezogen fühlen. Die Frauen [mit denen sie ihre Führungsstil-Studie durchführte] sind sich der Gefahr bewußt, daß ihre Bemühungen als rein symbolisch betrachtet werden könnten. Um diesen Eindruck zu vermeiden, halten sie sich möglichst an die gemachten Vorschläge. Sie bitten um Ideen und Anregungen, bevor sie zu ihrer eigenen Schlußfolgerung kommen, und sie testen – und ändern mitunter – bestimmte Entscheidungen, bevor sie sie durchsetzen. Diesen Frauen dient die Miteinbeziehung anderer dazu, ihre eigenen Ansichten laut zu überdenken und sicherzustellen, daß sie keine wichtigen Überlegungen außer acht gelassen haben.«
Gegenseitige, effektive Kooperation bietet Frauen die Möglichkeit, ihre Talente in einer positiven, integrativen Atmosphäre zu entwickeln und beizusteuern. Im umgekehrten Fall bedeutet dies jedoch, daß viele von uns sich zurückziehen, wenn sie nicht kooperativ arbeiten können. Unsere Begabungen bleiben unentdeckt und unsere Stärken uner-

kannt. Daher ist es von größter Wichtigkeit, daß wir gesunde, kooperative Arbeitsumgebungen schaffen.

Der Preis unkooperativen Verhaltens

Was passiert, wenn Frauen in den Entscheidungsprozeß nicht einbezogen werden oder das Gefühl haben, der von ihnen erbetene Beitrag werde ignoriert? Die Antwort auf beide Fragen lautet, daß Frauen, die sich unwichtig und ausgeschlossen fühlen, sich zurückziehen. Sie steigen aus. Sie behalten ihre Vorstellungen und ihr Können für sich oder suchen sich ein anderes Betätigungsfeld. Wenn es keine Möglichkeit zur Kooperation gibt, weigern sich viele, ihr Bestes zu geben oder begnügen sich damit, einfach nur ihre Arbeit zu erledigen. »Eine Frau nicht einzubeziehen, sie nicht um ihre Kooperation zu bitten, ist, als würde man ihr sagen, man habe keine Beziehung zu ihr«, erklärt Barbara. »Wenn ihr die Verbundenheit fehlt, fühlt sie sich nutzlos und möglicherweise wertlos. Warum soll sie sich um andere kümmern, wenn sie das Gefühl hat, niemand kümmert sich um sie?«

Frauen, die sich aus dem Entscheidungsprozeß ausgeschlossen fühlen, können zu Saboteurinnen werden. Wir verfügen über Begabung und Können, sind bereit, hart zu arbeiten und unseren Beitrag zu leisten. Wenn wir das Gefühl haben, vom System nicht anerkannt zu werden, rächen sich manche von uns durch verminderte Produktivität oder Leistungsverweigerung.

Margot, Leiterin einer Einrichtung zur Behandlung Drogensüchtiger, setzte sich regelmäßig mit ihren Mitarbeiterinnen zusammen und bat sie um ihre Vorschläge zu Budgetverteilung, Dienstplänen und Werbung für ihre Einrichtung. Sie hörte sich zwar alles an, traf ihre Entscheidungen dann jedoch allein und verkündete dies durch Memos und Anweisungen. Ihre Mitarbeiterinnen fühlten sich mißbraucht und erniedrigt – warum wurden sie überhaupt um Vorschläge gebeten, wenn diese doch ignoriert wurden? Die Frauen reagierten ablehnend auf die neuen Anweisungen und weigerten sich teilweise sogar, sie auszuführen. Margot setzte ihr Spiel fort und ließ die Mitarbeiterinnen ständig wissen, wie sehr sie ihre Vorschläge und Ideen schätze. »Ich höre, was Sie sagen. Wir sind ein Team. Jede von uns trägt dazu bei«, versicherte sie ihnen, doch ihre Handlungen spiegelten nichts davon wider. Sie bat weiterhin um Vorschläge, fällte dann aber einsame Entscheidungen.

Als sie nicht länger unter Margots autoritärer Leitung arbeiten konnten, beschwerten sich Kay und die anderen Frauen beim Trägerverband. Ihr Gebietsleiter erkannte, daß die Arbeit der Einrichtung gelitten hatte und dies an Margots kompromißlosem Führungsstil lag. Die Mitarbeiterinnen stellten Margots Anweisungen nicht nur in Frage, sie ließen auch in ihren Leistungen nach, weil sie sich nicht anerkannt fühlten. Produktivität und Arbeitsmoral waren auf dem Tiefpunkt, und es mußte etwas getan werden, um das Vertrauen und Engagement der Mitarbeiterinnen wiederzugewinnen.

Margot erklärte sich bereit, an einer vom Trägerverband angebotenen Seminarreihe zu Gruppendynamik und Teamarbeit teilzunehmen. Dort lernte sie, wie wichtig es ist, den Vorstellungen anderer Frauen wirklich zuzuhören und ihre Vorschläge zu nutzen, um die eigenen Führungsqualitäten zu verbessern. Sobald die Mitarbeiterinnen wieder darauf vertrauen konnten, bei Entscheidungen und Aktionen wirklich mitzubestimmen, stieg ihr Engagement beträchtlich, und die Leistungsfähigkeit der Einrichtung verbesserte sich zusehends.

Wenn wir uns in gutem Glauben einbringen und dann merken, daß wir unbeachtet bleiben, fühlen wir uns betrogen und reagieren verärgert. Wenn wir wiederum in gutem Glauben unsere Ideen und Vorschläge beisteuern und sie dann von der Person, die uns darum gebeten hat, völlig ignoriert werden, reagieren wir mit Groll und Ablehnung.

Frauen, denen es schwer fällt, andere teilhaben zu lassen, befürchten oft, die Kontrolle zu verlieren, wenn sie Verantwortung abgeben. Als sie erkannte, daß die Kooperation, für die sich die Abteilungsleiterin ihres Entwicklungsteams scheinbar so einsetzte, nur »Schwindel und Augenwischerei« war, wurde Ginger so wütend, daß sie zur Geschäftsleitung ging und um ihre Versetzung bat, »selbst wenn es einen Abstieg bedeuten würde«.

Ginger konnte es nicht länger ertragen, mit einer Frau zusammenzuarbeiten, die vorgab, jedermanns Beteiligung zu wünschen und alle Ideen und Vorschläge anzuerkennen, ohne den anderen je »einen Überblick zu verschaffen. Sie machte uns glauben, wir hätten als Team bei allem volle Mitbestimmung, aber sie log. Sie teilte uns die Arbeit in kleinen Brocken zu, so daß wir nie ein Gefühl dafür bekamen, worauf es eigentlich hinauslief und warum. Sie traf alle Entscheidungen. Und uns hielt sie zum Narren. Ich fühlte mich betrogen und bat um meine Versetzung. Als ich ihr sagte, warum ich gehen wollte, bezeichnete sie mich als naiv! Ich halte mich eher für problembewußt und aufrichtig. Ich würde nie versuchen, aus der Mitteilungsbereitschaft anderer Frauen Vorteile zu ziehen. Ich möchte nicht für deren Wut verantwortlich sein, wenn sie rausfinden, daß ich ihr Vertrauen mißbraucht habe.«

Vor kurzem nahm ich an einer Sekretärinnenkonferenz der American Management Association (AMA) teil. Während ich den Referentinnen zuhörte, fiel mir ein in allen Beiträgen über Aufstiegsmöglichkeiten für Sekretärinnen mitschwingendes Thema auf. Sekretärinnen waren offenbar nicht bereit, sich für Aufstiegschancen einzusetzen, wenn sie sich nicht als Teil eines Teams fühlten. Eine der Rednerinnen, Cassandra Warren, führende Schulungsleiterin der AMA, regte die Konferenzteilnehmerinnen dazu an, von sich aus ein kooperatives Klima am Arbeitsplatz zu schaffen, falls es nicht bereits existierte. Sekretärinnen, die das Gefühl haben, durch das reine Ausführen von Anweisungen nicht ihren Fähigkeiten entsprechend gefordert zu werden, können selbst die Initiative ergreifen und ein kooperatives Team aufbauen.

Warren riet, mit einem Team von Chefsekretärinnen zu beginnen. Die Sekretärinnen könnten sich bei ihren Chefs nach den Erfordernissen erkundigen, Ideen und Informationen einbringen und sich kundig machen, wie das Unternehmen oder die Organisation, für die sie arbeiten, funktioniert, um sich so besser beteiligen zu können. Im Grunde genommen sagte sie nichts anderes als: »Schaffen Sie sich Ihren eigenen Kooperations-Wohlfühlbereich. Sie werden glücklicher sein und bessere Leistungen erbringen, wenn Sie sich als Teil eines Teams fühlen.«

Informationsweitergabe statt Informationsverweigerung

Wir haben es schon oft gehört. Alle, die über die Berufstätigkeit von Frauen forschen oder schreiben, fassen ihre Ergebnisse in Listen von vier, sechs oder acht Faktoren zusammen. Auf jeder Liste taucht »Kooperationsbereitschaft« auf und als Unterkategorie oder als eigener Faktor die »Bereitschaft, Informationen weiterzugeben und andere an der Macht teilhaben zu lassen«.

Die Weitergabe von Informationen hilft uns, ein Gefühl von Symmetrie und Gleichheit zu bewahren, das Frauen in den Beziehungen mit anderen Frauen suchen. Wenn Frauen auf Bindung fixiert sind, meint Deborah Tannen in *Du kannst mich einfach nicht verstehen*, wollen sie Wissensunterschiede minimieren. In ihrem Bemühen, den Eindruck von Gleichheit und gleichem Status aufrechtzuerhalten, teilen sie ihr Wissen, um so ein ausgewogenes Verhältnis herzustellen.

In *Frauen führen anders* zählt Helgesen die Zeit, die Frauen einplanen, um Informationen an andere weiterzugeben, zu den acht Charakteristika erfolgreichen weiblichen Führungsstils. Der Impuls dazu, meint sie, sei darauf zurückzuführen, daß Frauen auf gute Beziehungen zu ihrer Umgebung bedacht sind.

Wie diese beiden Wissenschaftlerinnen anführen, bringt der Austausch von Ideen und Informationen uns einander näher. Er unterstützt Gleichheit und Einigkeit und fördert die Kooperation. Wohingegen Informationsverweigerung eine der mächtigsten Waffen darstellt, die Frauen gegen Frauen einsetzen können. Den Austausch zu verweigern, läuft den Erwartungen, die wir in Frauen setzen, völlig entgegen. Männer, so haben wir alle gelernt, »manipulieren die Kommunikation«, was wir letztlich als Teil des Spiels akzeptieren. Wenn aber Frauen, die doch von Haus aus fürsorglich und kooperativ sein sollten, uns Informationen vorenthalten und sich weigern, ihr Wissen zu teilen, betrachten wir das als Verrat.

»Frauen gehen davon aus, anderen Frauen trauen zu können«, erklärt Barbara. »Wir erwarten von uns selbst, alles offen und ehrlich mit anderen zu teilen, und erwarten das gleiche auch von anderen Frauen. Wenn eine Frau diese Erwartung enttäuscht und den Informationsfluß nach ihrem Gutdünken manipuliert, zerstört sie damit unser Vertrauen und fügt der Beziehung schweren Schaden zu.«

Auch wenn der offene Austausch in einer vertrauensvollen Umgebung das Ideal darstellen mag, haben viele von uns schon Frauen kennengelernt, die die Kontrolle von Informationen benutzen, um Macht zu gewinnen. Wie Cynthia

Fuchs Epstein in *Deceptive Distinctions* sagt: »Oh, bitte ... denk doch nur an Tante Tilly, die uns immer die wichtigsten Zutaten zu ihrem Apfelkuchenrezept vorenthielt.«

Tante Tilly wußte, daß sie durch das Vorenthalten der wichtigsten Zutaten die einzige war, die den beliebten Apfelkuchen backen und dadurch innerhalb der Familie Bewunderung und Status erlangen konnte. Gingers Abteilungsleiterin enthielt ihrem Team Informationen vor, damit niemand das Gesamtkonzept durchschaute und sie eine Insidermacht behielt. Letztlich zerstörte ihre Haltung aber die Kooperationsbereitschaft und die guten Arbeitsbeziehungen ihres Teams.

Auch Mitglieder eines Teams können einen destruktiven Einfluß auf gute, kooperative Beziehungen ausüben, wenn sie der Gruppe Informationen vorenthalten. Tina, Verwaltungschefin eines Krankenhauses, betrachtet austauschunwillige Frauen aus der Sicht der Gruppenleiterin. In ihren Augen sind Frauen, die Informationen bewußt vorenthalten, unzuverlässig und schädlich für den Gruppenprozeß. »Ich kann es spüren, wenn eine Frau sich weigert, die notwendigen Informationen beizusteuern«, sagt sie. »Und ich fühle auch, wenn eine Frau Probleme mit meiner Vorgehensweise hat, sie aber nicht offen äußert. Beides zerstört die Kooperation und schafft Spannungen innerhalb der Gruppe. Jemandem, der sich so verhält, kann man nicht trauen. Und wem man nicht traut, mit dem kann man auf die Dauer nicht zusammenarbeiten. Darunter haben schließlich die Patienten zu leiden, und bevor es soweit kommt, muß man handeln.« Für Tina bedeutet das zunächst eine offene Aussprache mit der Betreffenden. Ist sie danach noch immer nicht zum Informationsaustausch bereit, sieht Tina darin ausreichende Gründe für eine Entlassung.

Eine Gruppenleiterin oder Vorgesetzte, der von Frauen ihres Teams Informationen vorenthalten werden, hat eine schwierige Aufgabe zu meistern. Judy wußte, was auf sie zukam, als sie sich bereit erklärte, von Minneapolis nach Denver zu wechseln, um die Verantwortung für die Einführung und Überwachung eines neuen Abrechnungssystems zu übernehmen. »Ich hatte so eine Situation schon mal erlebt«, erzählte sie Barbara. »Ich war darauf vorbereitet, von den Frauen, die meine Autorität ablehnten und befürchteten, durch das neue System ihren Job zu verlieren, auf die Probe gestellt zu werden.«

Judy benötigte wichtige Buchhaltungsinformationen von den Leiterinnen der einzelnen Filialen in Denver. Frauen, die Judy als Bedrohung empfanden, verweigerten die Kooperation. Judy machte ihnen deutlich, welche Möglichkeiten sie hatten: »Entweder liefern Sie die benötigten Informationen, kooperieren mit mir und unterstützen die Veränderungen oder Sie werden entlassen.« Einige Frauen weigerten sich weiterhin, und nach zwei Wochen kündigte Judy drei der Filialleiterinnen.

Das war der Zeitpunkt, an dem sich Judy an Barbara wandte. »Sie fühlte sich hin- und hergerissen«, erklärte Barbara. »Von Frauen wird erwartet, daß sie miteinander kooperieren, aber Judy gelang es nicht, diese Frauen auf ihre Seite zu ziehen. Sie hatte das Gefühl, die Frauen, denen sie gekündigt hatte, irgendwie im Stich gelassen zu haben und wollte von mir wissen, wie sie das wiedergutmachen konnte. Ich versicherte Judy, daß sie, in Anbetracht der von ihr übernommenen Aufgabe, völlig richtig gehandelt habe. Die anderen Frauen hatten ihre Position und ihre Funktion mit den effektivsten Mitteln bekämpft, die sie kannten: Informationsvorenthaltung und Kooperationsverweigerung. Sie hatten sich freiwillig auf das Spiel eingelassen und verloren. Judy war ihnen nichts schuldig.«

Unsere Kooperationserwartung und Austauschbereitschaft führt dazu, daß wir uns betrogen fühlen, wenn Frauen sich unsere Gutgläubigkeit zunutze machen. Louise McCoy war der Meinung, Kooperation hieße auch, jemandem über schlechte Zeiten hinwegzuhelfen. Teilen, so nahm sie an, bedeutete die Weitergabe von wichtigen Informationen, die einer anderen halfen, ihren Verpflichtungen und Leistungserwartungen gerecht zu werden. Louise schildert, welche Erfahrungen sie dabei machen mußte:

»Während ich mit dem Friedenscorps in Afrika war, bekam Marian, eine meiner Kolleginnen, Malaria. Ich erledigte weiterhin meine Arbeit und übernahm ihre dazu – führte weiter, was sie begonnen hatte, und beendigte einige ihrer halbfertigen Projekte. Als sie sich erholt hatte, heimste sie die Anerkennung für sich ein. Sie mag das für eine Form von Kooperation gehalten haben, aber, im nachhinein betrachtet, muß ich sagen, daß sie schlicht und ergreifend geklaut hat. Nach ihrer Genesung gab sie meine Arbeit bei Besprechungsterminen, die sie mir verheimlichte, als eigene Leistungen aus. Sie enthielt mir diese Informationen vor, bis sie die Projekte vorgestellt und das Lob für meine Arbeit eingestrichen hatte. Ich verließ das Friedenscorps, verbittert darüber, wie manche Frauen andere behandeln. Später wurde Marian Feministin und promovierte, aber ihr Eingeständnis, daß ich für sie eingesprungen bin oder daß sie meine Leistungen als die eigenen ausgegeben hat, steht immer noch aus.«

Austausch und Weitergabe sind von grundlegender Bedeutung für eine kooperative Umgebung. Die Weitergabe von Ideen und Informationen stärkt das Team, weil es das Beziehungsnetz enger knüpft, das die Gruppe zusammenhält. Ohne Austausch und Vertrauen brechen die Beziehungen auseinander. Für Frauen, die Kooperation mit anderen als Basis für berufliche Zufriedenheit und Leistungsfähigkeit betrachten, kann fehlender Informationsaustausch zu unerträglichen Situationen führen. Eine der größten Stärken weiblicher Arbeitsbeziehungen ist unsere Bereitschaft und Fähigkeit, miteinander zu teilen. Wenn wir unsere Gedanken und Kenntnisse austauschen, schaffen wir wichtige

Ressourcen für uns selbst und unsere Zukunft. Wir müssen uns mit aller Kraft darum bemühen, Vertrauen aufzubauen und auszuweiten, damit sich diese Ressourcen vergrößern können. Wir haben Wissen und Talente auszutauschen. Gemeinsam sind wir viel stärker als allein.

Kooperationsbereitschaft als Falle

Frauen wissen, wie wertvoll Kooperation für die Gestaltung von lebendigen produktiven Beziehungsnetzen ist. Doch unsere Kooperationsbereitschaft kann absichtlich oder unabsichtlich mißbraucht werden, wenn wir unsere eigenen Prioritäten aus den Augen verlieren. Ich war überrascht, als ich Jan, eine Produktionsleiterin, nach ihrer Einstellung zur Bereitschaft von Frauen, Informationen auszutauschen, fragte. »Mich hat das fast den Job gekostet«, erklärte sie. »Ich war ungeheuer kooperativ, bis mir klar wurde, daß Claire meine Großzügigkeit ausnutzte, um für sich selbst Vorteile rauszuschlagen.«

Obwohl Jan und Claire bei gleichem Gehalt in derselben Abteilung arbeiteten, befanden sie sich nicht in einer Konkurrenzsituation. Doch Claire hatte das Gefühl, gegen Jan konkurrieren zu müssen. Da sie dazu neigte, sich eher an Detailfragen zu orientieren, fühlte sich Claire durch Jans Fähigkeit bedroht, den Organisationsprozeß als Ganzes wahrzunehmen, mit Leuten aus verschiedensten Bereichen zu kommunizieren und Aktionspläne ohne Verzögerung durchsetzen zu können. Um Jans Tempo zu drosseln, bat Claire sie wiederholt um die Erstellung von Tabellen und Finanzanalysen, die eigentlich wenig mit Claires oder Jans Verantwortungsbereichen zu tun hatten. Weil sie nicht unkooperativ erscheinen wollte, verbrachte Jan viele Stunden damit, diese »wertlosen« Informationen zusammenzustellen und weiterzugeben; Stunden, die sie darauf hätte verwenden können, neue Ideen zu entwickeln und eigene Projekte zu vervollständigen.

Nachdem sie Claire monatelang gefällig gewesen war, erkannte Jan endlich, daß die andere sie manipuliert hatte. Claires Ansuchen hatten Jans Sichtbarkeit in der Gruppe reduziert und sie davon abgehalten, weiterhin an vorderster Front zu stehen. Jan begann, den Wert der von Claire geforderten Informationen in Frage zu stellen. Claires Argumenten mangelte es an Glaubwürdigkeit, und Jan beschloß, die Anfragen zu ignorieren, um zu sehen, ob Claire darauf drängen würde. Sie tat es nicht. Obwohl Jan betont, daß sie niemals Informationen zurückhalten würde, die zur Unterstützung eines Projektes dienen, ist sie fest entschlossen, sich in ihrer Leistungsfähigkeit nie wieder von einer anderen Frau behindern zu lassen, nur um kooperativ zu sein.

Wie viele andere Frauen haben sich zurückgehalten, um kooperativ zu erscheinen? Wie viele von uns haben gute Ideen begraben oder abweichende Meinungen zugunsten der Übereinstimmung unterdrückt? Wie Deborah Tannen beobachtete, erwarten Frauen, daß Entscheidungen zunächst diskutiert und dann in Übereinstimmung getroffen werden, weil für sie die Diskussion selbst Ausdruck von Verbundenheit und Kommunikation ist.

Übereinstimmung ist die extremste Möglichkeit, unsere Kooperationsbereitschaft unter Beweis zu stellen; um Übereinstimmung zu erreichen, muß sich jede einzelne einverstanden erklären. Und genau darin liegt das Problem. »Ich habe wissentlich und obwohl es mir weh tat, einen Vorschlag unterdrückt«, meint Paula, eine Software-Technikerin dazu, »als ich das Gefühl hatte, meine Idee könnte als Versuch betrachtet werden, gegen die anderen Frauen des Projektes zu konkurrieren. Ich kam schließlich zu der Einsicht, daß es besser wäre, mit kooperativem Verhalten die Richtung zu unterstützen, in die wir uns bewegten, statt ein Problem aufzuwerfen und den Prozeß zu unterbrechen.«

Sich der Kooperation und vor allem dem Streben nach Übereinstimmung übermäßig verpflichtet zu fühlen, kann sich in der Zusammenarbeit von Frauen mit Sicherheit hinderlich auswirken. Robyn leitet ein Therapieprogramm für Mißbrauchstäter, für das sie vor kurzem Zuschüsse in Höhe von 900 000 Dollar bekam. Ihre Erfahrungen mit jungen Mitarbeiterinnen haben dazu geführt, daß sie sich sehr kritisch mit der weiblichen Erwartungshaltung in bezug auf Kooperation und Gleichrangigkeit auseinandersetzt. »Die jungen Frauen scheinen zu glauben, da wir alle Frauen sind und daher gleichrangig sein müßten, hätten ihre Vorschläge zu Programmgestaltung und Vorgehensweisen genau das gleiche Gewicht wie die von Frauen, die schon seit Jahren mit Mißbrauchstätern arbeiten, besser ausgebildet oder durch eigene Lebenserfahrung zu ihrem Wissen gekommen sind.«

Robyn glaubt, wertvolle Zeit damit zu verschwenden, diesen jungen Frauen zuzuhören, die nicht einsehen wollen, daß ihr Wissen nicht dem ihrer älteren Kolleginnen und Vorgesetzten entspricht. Sie fragt sich auch, ob es den Interessen ihrer Therapieeinrichtung dienlich ist, wenn sie versucht, sämtliche Vorschläge aufzunehmen und die Frauen in Übereinstimmung zu bringen. »Ich muß den jungen Frauen deutlich machen«, erklärt sie, »daß Perspektiven zwar unseren Denkprozeß anregen, die Erfahrung in manchen Fällen aber mehr Gewicht hat.«

Robyn lernt allmählich, den Wunsch nach Übereinstimmung mit Leistungsfähigkeit und Zuverlässigkeit in Einklang zu bringen. Das gleiche trifft auf ihre Weise auch für Tessa zu. Tessa schneidet nur ungern neue Tagesordnungspunkte an, wenn nicht alle ihre Mitarbeiterinnen dem Besprochenen zugestimmt haben. »Ich kann einfach nicht zum nächsten Punkt übergehen«, erzählte sie mir, »bevor nicht alle Anwesenden mit mir einig sind. Ich spüre das, selbst wenn niemand widersprochen hat. Das nimmt oft viel zu viel Zeit in Anspruch. Manche Besprechungen, die ich auf fünfundvierzig Minuten angesetzt hatte, dauern drei bis vier Stunden, bis wir zu einer Übereinstimmung kommen. Ich muß wirklich aufpassen, daß mein Bedürfnis nach Zustimmung nicht wichtiger wird als das eigentlich angestrebte Ziel.«

Tessa hat erkannt, daß sie lernen muß, sich durch ihr Zustimmungsbedürfnis nicht von wichtigen, unmittelbar zu treffenden Entscheidungen abhalten zu lassen. Denn ungeachtet unseres Kooperationsbedürfnisses gibt es Zeiten, in denen wir eine Meinung vertreten und unsere Ideen oder Standpunkte auch ohne Übereinstimmung durchsetzen müssen, wenn wir es für das beste halten. Aus diesem Grund sollten wir Frauen, die den Konsens durchbrechen, auch nicht bestrafen. Statt dessen sollten wir ihre Unabhängigkeit unterstützen und unsere Kooperationsbereitschaft dadurch unter Beweis stellen, daß wir sie ihre Ansichten äußern lassen und unsere Meinungen überdenken.

Das Ergebnis oder der Prozeß?

Eine weitere Herausforderung für die Zusammenarbeit von Frauen ist es, ein Gleichgewicht zwischen der Konzentration auf den Prozeß und der strikten Ausrichtung auf das Produkt oder Endresultat zu finden. Das männliche System, erklärt Anne Wilson Schaef in ihrem Klassiker *Weibliche Wirklichkeit*, ist produktorientiert. Fast immer heiligt der Zweck die Mittel, und es kommt nicht darauf an, w i e das Ziel erreicht wird – Hauptsache, es wird erreicht. Nur das Ergebnis zählt. Männer suchen ständig nach neuen Zielsetzungen. Das weibliche System dagegen ist prozeßorientiert.

Das Ziel ist weniger wichtig als der zu seiner Durchsetzung gewählte Weg oder Prozeß.

Übermäßige Kooperation bei der Einführung und Definition des Prozesses kann jedoch manchmal die Notwendigkeit verdecken, sich auf die gesteckten Ziele zu konzentrieren. Wir können uns derart in Diskussionen und Einschätzungen dessen verlieren, was wir tun wollen, daß wir riskieren, überhaupt nichts mehr zu tun. Eine städtische Frauenkommission, der ich angehöre, hatte sich monatelang mit Verfahrensweisen aufgehalten. Wir waren so darauf fixiert, einander zuzuhören und unsere Treffen zu strukturieren, daß wir unsere Aufgabe als Fürsprecherinnen von Frauen und Beraterinnen des Gemeinderats völlig aus den Augen verloren. Private Belange und persönliche Faktoren behinderten unseren Fortschritt ebenfalls. Wir waren frustriert und eindeutig festgefahren.

Zum Glück erkannten wir die Situation und baten eine Teamberaterin, mit uns bestimmte Übungen durchzuführen, die uns aus der Sackgasse herausführen sollten. Dadurch wurden wir erneut in unserer gemeinsamen Zielsetzung bekräftigt: uns für die Belange und Bedürfnisse von Frauen einzusetzen. Außerdem erkannten wir, daß wir alle den Willen hatten, uns auf die gestellte Aufgabe zu konzentrieren und die Befriedigung zu schätzen wußten, ihr nach Kräften gerecht zu werden.

Die gemeinsame Zielsetzung in den Mittelpunkt zu stellen, gab unserem Wunsch nach Kooperation eine einheitliche Ausrichtung. Wir nahmen uns Zeit, unsere Erwartungen an die Kommission zu diskutieren. Wir gingen den Arbeitsplan erneut durch, legten Aufgabenbereiche fest und verteilten Verantwortlichkeiten für die Erstellung von Aktionsplänen zur Durchsetzung unserer Ziele. Und wir stellten bestimmte Regeln für unsere Sitzungen auf, um uns nicht immer wieder zu verzetteln und sicherzustellen, daß die Tagesordnung eingehalten wurde. Der Prozeß spielt für uns auch weiterhin eine Rolle, doch wir setzten uns konstruktiv und stets in Zusammenhang mit unserer Zielvorstellung damit auseinander. Heute arbeiten wir zielgerichtet, kooperativ und produktiv.

Vorschläge zu Kooperation und Übereinstimmung

- Machen Sie Kooperation zum Bestandteil Ihres Arbeitsstils und fordern Sie auch andere Frauen dazu auf. Wenn Sie eine Arbeitsgruppe leiten, geben Sie allen Frauen Ihres Teams Zeit und Gelegenheit, Ideen und Vorschläge einzubringen. Hören Sie ihnen zu und machen Sie deutlich, inwieweit die Vorschläge Ihrer Mitarbeiterinnen Ihre Entscheidungen und Handlungen beeinflussen. Zur Schaffung einer kooperativen, auf Mitbestimmung ausgerichteten Arbeitsatmosphäre ist es wichtig, die Qualitäten und Beiträge jeder Einzelnen zu beachten und anzuerkennen.
- Achten Sie auf die Einhaltung von Terminen und Arbeitszielen. Wir müssen vor allem in der Zusammenarbeit mit überwiegend weiblichen Teams wissen, wann der Zeitpunkt gekommen ist, den Informationsfluß zu stoppen und zur Ausführung überzugehen. Stellen Sie für Besprechungen gegebenenfalls eine Tagesordnung mit strikter Zeiteinteilung auf. Räumen Sie zu Beginn der Tagesordnung genügend Zeit ein, damit sich alle miteinander und mit der Verfahrensweise vertraut machen können. Gehen Sie danach zu Beschlüssen und Ausführungen über.
- Entwickeln Sie Verständnis dafür, daß nicht jeder in gleicher Weise zum Entscheidungsprozeß beitragen kann. Bringen Sie Ihren Wunsch nach einer kooperativen Atmosphäre mit zeitlichen Beschränkungen und der Notwendigkeit, sich so gut wie möglich zu informieren, in Übereinstimmung.

- Lassen Sie sich von dem Verlangen, kooperativ zu erscheinen, nicht davon abhalten, ungewöhnliche oder abweichende Ideen einzubringen, und ermutigen Sie auch andere Frauen dazu. Kooperation bedeutet zusammenzuarbeiten, um gute Resultate zu erzielen. Wir können nicht zulassen, daß unser Übereinstimmungsbedürfnis innovatives Denken gefährdet oder visionäre Ideen unterdrückt. Statt dessen müssen wir Kooperation als ein Zulassen aller Ideen und Vorstellungen verstehen und Frauen unterstützen, die einen unabhängigen Standpunkt einnehmen.

Alltagsprobleme und Bewältigungsstrategien

6
Umgang mit Konkurrenzverhalten

Vor kurzem saß ich beim Lunch mit sieben frisch ernannten Abteilungsleitern einer Computerfirma zusammen. Das Tischgespräch drehte sich ausschließlich darum, wer was in der Firma erreichen wollte und wie die Konkurrenz aussehen würde. Wäre der Tisch mit sieben weiblichen Abteilungsleitern besetzt gewesen, bezweifle ich ernsthaft, ob sie in der gleichen Lockerheit darüber diskutiert hätten, wer mit wem konkurrieren und schließlich »seinen Schnitt« machen würde. Statt dessen hätten sie herauszufinden versucht, wer welche Aufgaben übernehmen würde, wie sich die Einzelnen auf ihre neue Position vorbereitet hatten oder wie sie es schafften, Familie und Beruf zu vereinen.

Wie dieses Beispiel zeigt, neigen Frauen dazu, sich in Konkurrenzsituationen unwohl zu fühlen. Viele von uns möchten nicht in einer wettbewerbsorientierten Atmosphäre arbeiten, sondern bemühen sich lieber um gute Zusammenarbeit. Doch Frauen müssen lernen, mit Konkurrenzverhalten fertig zu werden, wenn sie beruflich überleben und erfolgreich sein wollen. Denn in der Realität der Arbeitswelt gilt: Je höher wir aufsteigen, desto weniger Posten stehen zur Verfügung.

Wie auch immer man sie nennen mag, Konkurrenz bleibt trotzdem Konkurrenz – um Anerkennung, um Möglichkeiten, um Jobs, um die mit Verantwortung und Status verbundene Macht. Egal, ob wir die Leiter des alten männlich-hierarchischen Systems erklimmen oder ins Zentrum des Netzes vordringen, das von manchen als Sinnbild des neuen weiblichen Systems verwendet wird – wir müssen konkurrieren und unsere Kräfte aneinander messen. Und irgendwo auf diesem Weg wird die eine Frau befördert werden, während die andere zurückbleibt.

Frauen ist Konkurrenz unangenehm, weil sie befürchten, die Bindungen zu zerstören, um die sie sich so beharrlich bemüht haben. Wir sind daher aufgefordert, Konkurrenzmöglichkeiten zu finden, die das von uns bevorzugte Kooperationsverhalten berücksichtigen, während sie gleichzeitig einen positiven, anspornenden Wettbewerb zulassen, ja, ihn sogar unterstützen. Das kann für Frauen außerordentlich schwierig sein, weil Konkurrenz die Unterschiedlichkeit hervorhebt und nicht die Gleichheit. Deborah Tannen beschreibt, wie wichtig es Frauen ist, Symmetrie in ihren Beziehungen zu finden, und weist darauf hin, daß schon kleine Mädchen eine Abneigung dagegen haben, sich in einer Gruppe hervorzutun. Denn das verstößt gegen die egalitäre Mädchenethik: Es wird erwartet, daß Verbundenheit und Gemeinsamkeit betont werden.

Laura Tracy, Autorin des Buches *Secrets Between Us: Women and Competition*, ist der gleichen Ansicht. Ihrer Meinung nach führt Konkurrenz zu Machtstreben und übermäßigem Ehrgeiz und zerstört Beziehungen – und das ist Frauen unangenehm. »Macht war schon immer ein problematisches Thema für Frauen«, schreibt sie. »Im Zusammenhang mit individuellen Leistungen ist Macht gleichbedeutend damit, daß einer gewinnt, während andere verlieren, und Machtstreben gilt als selbstsüchtig.«

Während Jungen lernen, mit ihren Feinden zu spielen und ihren Freunden zu konkurrieren, nach der mit einem Sieg verbundenen Macht zu streben und sie zu genießen, lernen Mädchen, Freundschaften zu schließen, indem sie alle zusammenbringen. Jungen lernen, daß Konkurrenz in Ordnung und berechtigt ist; Mädchen lernen, daß Kooperation allen ein gutes Gefühl vermittelt und Konkurrenz sie voneinander trennt.

»Generell läßt sich sagen, daß amerikanische Männer einfach darauf trainiert sind zu gewinnen« sagt der Autor Alfie Kohn, der sich mit menschlichem Verhalten, Erziehung und Sozialtheorie befaßt. »Der Junge lernt bald, daß es darum geht, beneidet statt gemocht zu werden, zu handeln statt zu reflektieren, sich von den anderen abzuheben, statt Teil der Gruppe zu sein.« Bei Jungen, fährt Kohn fort, tritt Konkurrenz »in ihrer äußersten Konzentration« auf.

Frauen erhalten vielfach widersprüchliche Botschaften zu Konkurrenzverhalten und entwickeln daher äußerst ambivalente Gefühle. Einerseits leben wir in einer von Männern dominierten Gesellschaft, die uns sagt: »Verhalte dich wie ein Mann, und du wirst Erfolg haben.« Andererseits werden wir aufgefordert, uns wie Mädchen zu verhalten und zu kooperieren, statt zu versuchen, andere beim Wettkampf zu schlagen. »Es ist nicht der Erfolg, den Frauen fürchten«, meint Kohn, »sie scheuen nur vor der Aussicht zurück, andere schlagen zu müssen.« Wir wollen erfolgreich sein, aber wir wollen nicht konkurrieren. Diese widerstreitenden Gefühle beeinflussen unsere Reaktion auf Wettbewerbssituationen und machen es uns schwer, Konkurrenzverhalten in der Zusammenarbeit mit Frauen zu verstehen und zu akzeptieren.

Auch die TeilnehmerInnen unserer Umfrage hielten Konkurrenzverhalten eindeutig für einen Negativfaktor in der Zusammenarbeit mit Frauen. Von allen angeführten Negativfaktoren bezogen sich etwa zwanzig Prozent auf Konkurrenzsituationen. Die Befragten führen an, daß ihre Kolleginnen »extremes, manchmal rachsüchtiges Konkurrenzverhalten« an den Tag legen und meinen, Frauen würden »nichts unversucht lassen, um anderen Frauen das Wasser abzugraben«, »ihre Erfolge auf Kosten anderer erringen«, »mit allen Mitteln darum kämpfen, andere zu beherrschen« und »jedem auf die Füße treten, um an ihr Ziel zu kommen«. Ironischerweise stammen diese Antworten von den gleichen Frauen, die sich lobend über die Fürsorglichkeit,

die gegenseitige Unterstützung und die Kooperationsbereitschaft von Frauen geäußert hatten!
Diese Haltung spiegelt meiner Meinung nach unser tiefes Unbehagen gegenüber jeglichem Konkurrenzverhalten wider. Um in einer Arbeitswelt zurechtzukommen, die Frauen ständig vor die Aufgabe stellt, mit anderen Frauen um Beförderungen und berufliches Weiterkommen zu konkurrieren, müssen wir uns aus dieser Ambivalenz lösen. Als erstes sollten wir uns dazu ansehen, wie Frauen in der Vergangenheit mit Konkurrenz umgegangen sind. Vor diesem Hintergrund können wir unsere Möglichkeiten einschätzen und zu einer Haltung kommen, die unsere Interessen wahrnimmt, während sie gleichzeitig gute Arbeitsbeziehungen unter Frauen fördert.

Konkurrenz verweigern

Manche Frauen weigern sich einfach, mit anderen Frauen, die sie kennen und mögen, zu konkurrieren. Shelley Espinosa, frühere Chefsekretärin und Autorin des Buches *Working Solutions from Working Secretaries*, weist darauf hin, daß Frauen, denen Beziehungen wichtiger sind als Beförderungen, Konkurrenzverhalten oftmals ablehnen, wenn sie meinen, damit jemanden zu verletzen. In einem Interview erzählte Shelley mir von einer Frau namens Kitty, die in einer Brauerei arbeitete und nicht mit ihrer Freundin konkurrieren wollte, weil sie meinte, ihr nicht mehr ins Gesicht sehen zu können, wenn sie an ihrer Stelle befördert würde.
Manche Frauen, sagt Shelley, konkurrieren nicht, wenn sie das Gefühl haben, ihre Kolleginnen benötigten die Beförderung und das höhere Gehalt mehr als sie. Sie fühlen sich nicht wohl dabei, auf Kosten einer anderen Frau aufzustei-

gen, und halten sich zurück, um anderen den Vortritt zu lassen. Leider hat die Frau, die dann befördert wird, oft keine Ahnung davon, daß ihr die Kollegin den Weg geebnet hat. Diejenige, die sich auf diese Art geopfert hat, bekommt selten ein Dankeschön oder eine Anerkennung für ihre selbstlose Geste.

Maureen erzählte mir ganz offen von ihrer Weigerung, mit einer befreundeten Lehrerin zu konkurrieren. Als eine Distriktstelle für eine Lehrplan-Koordinatorin ausgeschrieben wurde, fragte ich Maureen, ob sie sich dafür bewerben wolle. »Ich hatte daran gedacht«, antwortete sie, »aber Diane hat sich schon beworben, und ich könnte das einer Freundin nie antun.« Wie sich herausstellte, hatten Maureen und Diane über die für diesen Posten erforderlichen Qualifikationen gesprochen, und als Maureen erkannte, daß sie aufgrund ihres Doktortitels im Vorteil sein könnte, entschied sie, eine Bewerbung ihrerseits wäre »unfair gegenüber Diane, die sich bereits beworben hatte«. Diane ermutigte Maureen nicht, sich trotzdem zu bewerben, und nutzte Maureens Scheu vor einer Konkurrenzsituation dazu, ihre eigenen Chancen zu verbessern.

Diane bekam die Stelle und verlor nie ein Wort darüber, daß es sich für sie bestimmt vorteilhaft ausgewirkt hatte, nicht gegen Maureens Qualifikationen antreten zu müssen. Maureen war enttäuscht, daß ihre großzügige Geste anscheinend unbemerkt geblieben war. Diane tat sogar plötzlich überlegen, und die Freundschaft der beiden Frauen kühlte ab. Maureen erkannte, daß sie durch ihr Zögern sowohl beruflich Schaden genommen als auch eine Freundin verloren hatte. Als eine ähnliche Stelle ausgeschrieben wurde, bewarb sie sich darum. Sie kannte keine der anderen Bewerberinnen und mußte sich nicht damit auseinandersetzen, gegen eine Freundin anzutreten. Obwohl sie behauptet, »ihre Lektion gelernt zu haben« und sich nie wieder zurückhalten zu wollen, wurde ihr die Bewerbung aufgrund der anonymen Konkurrenzsituation erleichtert. Maureen bekam die Stelle, weil sie die beste Kandidatin war. Sie ist sehr beliebt in ihrem neuen Distrikt und stellt sich voller Begeisterung den Herausforderungen ihrer neuen Aufgabe.

Für Maureen nahm die Weigerung, mit Diane zu konkurrieren, zum Glück einen positiven Ausgang. Allzuoft aber verpassen konkurrenzunwillige Frauen ihre Chance, was zu Enttäuschung und Frustration führt. Wir müssen lernen, mit unseren Freundinnen und Kolleginnen offen über unsere Ambitionen zu reden, und ihnen gleichzeitig versichern, daß wir nicht in unserer Unterstützung nachlassen werden, wenn sie mit uns konkurrieren und gewinnen. Wenn wir uns zurückhalten, geben wir anderen Frauen ein schlechtes Beispiel. Das ist uns selbst und mit Sicherheit unserer Zukunft gegenüber nicht fair.

Auf Abstand gehen

Einige Frauen, die nur ungern mit Freundinnen oder Kolleginnen konkurrieren möchten, ziehen sich aus den Beziehungen zurück, um die Situation zu entpersonalisieren. Obwohl diese Haltung den Konkurrenzkampf für die beteiligten Frauen erleichtert, kann sie die Kommunikation innerhalb der gesamten Gruppe behindern und die Produktivität gefährden, während die Konkurrentinnen das Ergebnis ihres Wettstreits abwarten.

Dr. Adele Scheele hat eine solche Situation in der Zeitschrift *Working Woman* beschrieben. Fünf Jahre lang hatten zwei Frauen in der Zweigstelle einer Bank zusammengearbeitet. Als ihr Zweigstellenleiter zum stellvertretenden Direktor der Bank befördert wurde, bewarben sich beide um den frei gewordenen Posten. Sofort entstand eine

Kluft zwischen den beiden Frauen, die bis dahin Informationen ausgetauscht und sich bei der Arbeit gegenseitig unterstützt hatten. Als Pam Suzanna fragte, welche Ideen sie für ein neues Projekt habe, das sie zusammen bearbeiten sollten, erklärte Suzanna: »Darüber habe ich mir noch keine Gedanken gemacht.« Tatsächlich hatte Suzanna sehr genau darüber nachgedacht und bereits ein dreiseitiges Memo an den neuen Direktor geschickt.

Offen zu konkurrieren bedeutet, uns selbst aufgrund unseres Könnens, unserer Erfahrungen und Fähigkeiten anzupreisen. Wenn uns Konkurrenz verunsichert und wir daraufhin anderen in unserer Abteilung wichtige Informationen vorenthalten, gefährden wir aus eigennützigen Motiven die Produktivität unseres Arbeitsbereichs. Natürlich, fügt Scheele hinzu, kann es ein wichtiger Schritt sein, sich von den Kolleginnen zu distanzieren, um sich auf die neue Rangverteilung einzustellen. Und es ist nicht grundsätzlich verwerflich, sich um die eigenen Interessen zu kümmern. Doch es muß unser Ziel sein, unsere Ambitionen zu erfüllen, ohne anderen zu schaden und die Produktivität oder Arbeitsinhalte zu gefährden.

Sue, leitende Angestellte im Produktmarketing-Bereich, hat Erfahrungen mit dem Distanzierungsfaktor in Konkurrenzsituationen und spricht sich gegen diese Haltung aus: »Die Frauen in meiner Abteilung verhalten sich sehr kooperativ und hilfsbereit, wenn keine Beförderungen oder Zusatzverdienste im Spiel sind«, erzählte sie mir. »Sie setzen sich gegenseitig für ihre Ideen ein; es herrscht eine kreative und freundliche Stimmung. Aber kaum wird eine Stelle frei, auf die eine aus ihrer Gruppe befördert werden könnte, ändert sich die Atmosphäre schlagartig.

Als es das letzte Mal passierte, bestanden die Bewerber zu gleichen Teilen aus Frauen und Männern. Die Frauen verhielten sich feindseliger und weniger kooperativ. Sie zogen sich zurück und sprachen sogar nicht mehr miteinander.

Der Informations- und Ideenfluß war unterbrochen. Die Atmosphäre wurde angespannt und, ehrlich gesagt, ziemlich unerträglich. Ganz anders bei den Männern. Sie arbeiteten weiter zusammen wie bisher und sprachen oft darüber, wer sich beworben hatte und wie es mit den Bewerbungen wohl laufen würde. Die Männer schienen besser darauf vorbereitet zu sein, die Situation als unpersönlich und den Konkurrenzkampf als natürlich und notwendig zu betrachten. Als ich die Bewerbungsgespräche abgeschlossen und meine Wahl getroffen hatte, klappte es auch wieder mit der Kooperation. Bezeichnenderweise brauchten die Frauen länger als die Männer, um das angenehme Arbeitsklima wieder herzustellen. Alles in allem gesehen kann das Rückzugsverhalten von Frauen in Konkurrenzsituationen uns alle wertvolle Zeit kosten.«

Im Gegensatz dazu bietet Jacquelines Einstellung zu Kooperation und Distanziertheit ein positives Beispiel dafür, daß Konkurrenzsituationen auch unter Vertrauten nicht unangenehm sein müssen. Jacqueline und eine andere Frau sind Co-Direktorinnen eines internationalen Test- und Schulungsprogramms. Obwohl recht verschieden in Fachwissen, Interessensgebieten und Alter – Jacqueline ist fünfzig, ihre Kollegin fünfunddreißig –, entwickelten die beiden Frauen eine freundliche Arbeitsbeziehung und plauderten auch gelegentlich über Privates. Doch als klar wurde, daß eine der beiden Frauen zur alleinigen Leiterin ernannt werden würde, zog sich Jacqueline aus der Beziehung zurück. »Jetzt, wo wir beide um die Leitungsposition konkurrieren«, erklärte sie mir, »fühle ich mich in ihrer Gegenwart nicht mehr so wohl. Ich habe mit unseren Plaudereien über ihre Familie oder meine Wochenendunternehmungen aufgehört. Aber wir tauschen weiterhin Informationen über unsere Projekte aus und halten unsere gute Arbeitsbeziehung aufrecht. Unsere höfliche Distanziertheit gestattet uns, miteinander zu konkurrieren und auf beruflicher Ebene trotzdem so weiter zu machen wie bisher. Der Abstand zeigt, daß wir einander respektieren und die Situation füreinander nicht erschweren oder schmerzlich machen wollen. Wenn eine von uns Leiterin wird, werden wir unsere berufliche Beziehung weiter fortsetzen.«

Wenn wir jede Kommunikation mit unseren Kolleginnen einstellen, weil uns die Konkurrenzsituation unangenehm ist, schaden wir uns selbst und zerstören die Produktivität aller. Wenn wir Konkurrenz jedoch akzeptieren und eine vernünftige Distanz zwischen uns und anderen schaffen, um den Wettbewerbsprozeß zu unterstützen, tragen wir in positiver Weise zu einem guten Arbeitsklima bei. Wir geben anderen Frauen den nötigen Raum, sich entsprechend vorzubereiten und ihre Wahlmöglichkeiten und die damit verbundenen Risiken einzuschätzen. Und wir schaffen auch uns selbst den Raum, im Bewußtsein unserer Stärke vorwärtszukommen und uns auf die Frage zu konzentrieren, was wir beizutragen statt wen wir zu schlagen haben.

Politik ist ein hervorragendes Gebiet für Frauen, die sich zu der Einstellung bekennen: »Ich konkurriere, und ich will gewinnen.« Oppositionelle Parteiprogramme sorgen für eine selbstverständliche Distanz. So braucht zum Beispiel niemand vorzugeben, Abtreibungsbefürworter und Abtreibungsgegner würden ihre Ansichten unterdrücken, nur um kooperativ zu erscheinen.

Die Staatssekretärin von Colorado, Natalie Meyer, erklärte in ihrer Rede vor einer Frauenkonferenz, daß die offen ausgetragene Konkurrenz ein Faktor sei, der sie und andere Frauen an der Politik gereizt habe. Politische Gegner müßten keine Freunde sein. Sie könnten sich gegenseitig respektieren, aber es sei klar, daß sie aus unterschiedlichen Lagern kommen. Politik, fügte sie hinzu, sei für Frauen eine wunderbare Möglichkeit, sich gegenseitig zu unterstützen und in kooperativer Weise gemeinsame Ziele anzustreben.

Verschleierungstaktik

Trotz der wachsenden Zahl von Politikerinnen bereitet offenes Konkurrenzverhalten vielen Frauen immer noch Unbehagen. Wir befürchten, von unseren Kolleginnen abgelehnt und zurückgewiesen zu werden, wenn wir uns offen um ein berufliches Fortkommen bemühen. Also spielen wir ein doppeltes Spiel: Nach außen geben wir vor, mit dem Status quo zufrieden zu sein, während wir gleichzeitig planen, jede nur mögliche Aufstiegschance wahrzunehmen.

Frauen, die ihre Ambitionen verschleiern und nicht offen zu ihren beruflichen Interessen stehen, haben häufig die größten Schwierigkeiten, wenn sie schließlich befördert werden und ihren ehemaligen Kolleginnen nun Anweisungen geben müssen. Die Kolleginnen fühlen sich betrogen und reagieren oft feindselig und verärgert. Die beförderte Frau entdeckt, daß sie einen Vertrauensbruch begangen hat, der oft erst nach Monaten wiedergutzumachen ist. Statt sich eine Unterstützungsbasis zu schaffen, indem sie offen über ihr Interesse an einer Beförderung oder einer neuen Position spricht, hinterläßt diese Frau den bitteren Nachgeschmack des Verrats. Es wird schwierig für sie sein, auf die überraschten ehemaligen Kolleginnen zuzugehen und sie um ihre Kooperation zu bitten, weil sie zögern werden, ihren Absichten zu trauen. Sie hat sie ja schon einmal hinters Licht geführt, warum also nicht wieder?

Das folgende Beispiel hat sich im Büro einer Richterin abgespielt, könnte aber ebensogut in jedem anderen Unternehmen stattfinden. Ich lernte die Frauen aus diesem Büro kennen, als Carol, die Richterin, für die sie arbeiteten, sie zu einem unserer Seminare schickte. Carol hoffte, die Frauen würden davon profitieren, ihre Situation in einem objektiveren Licht zu sehen.

Julie, Nona und Alison hatten zwei Jahre lang als Rechtsanwaltsgehilfinnen zusammengearbeitet und betrachteten sich als Gruppe. Als die Stelle der Bürovorsteherin ausgeschrieben wurde, erklärte Nona, die erst am kürzesten dort war, sie wolle sich um den Posten bewerben. Alison vertraute Julie an, sie fände es falsch, daß Nona »so schnell aufzusteigen« versuche; schließlich sei sie die Jüngste in der Gruppe und wäre »ihnen etwas schuldig«, weil sie ihr »alles beigebracht« hätten.

Julie bereitete es an sich schon Schwierigkeiten, gegen Frauen zu konkurrieren, die sie kannte, und Alisons Kritik an Nona verstärkte ihr Unbehagen noch. Julie hatte Fortbildungskurse besucht, mit dem Ziel, vielleicht in die Finanzverwaltung aufzusteigen, mochte aber in dieser Situation Alison und Nona nicht erzählen, daß sie sich ebenfalls um die ausgeschriebene Stelle bewerben wollte. Statt dessen behielt sie ihre Pläne für sich und bewarb sich heimlich. Als Carol die Bewerbung sah und Julie Glück wünschte, bat Julie sie, den anderen nichts davon zu sagen. Sie wolle »keine Unruhe im Büro verursachen«, meinte sie.

Als Julie aufgrund ihrer Qualifikationen und ihrer hervorragenden Leistungen den Posten bekam, konnte sie den anderen nicht ins Gesicht sehen und vergrub sich eine Woche lang in ihrem neuen Büro, richtete sich ein und kam nur mit Carol und den anderen Richtern zusammen. Schließlich mußte sie Alison nach einem Aktenablegesystem fragen, das sie bisher nicht benutzt hatte. Doch Alison schien nie Zeit zu haben, Julie zu helfen. Julie wurde klar, daß sie mit der Gruppe über ihre neuen Arbeitsbeziehungen reden mußte. Sie setzte eine Besprechung an, zu der Nona zu spät kam, um sie dann ständig zu unterbrechen, indem sie sich über unwichtige Kleinigkeiten beschwerte und Fragen nach Verfahrensweisen stellte, die allen seit Monaten bekannt waren. Nona und Alison gingen Julie weiterhin aus dem Weg, und die unerledigte Arbeit türmte sich immer mehr.

Als Carol die Situation bemerkte, versuchte sie, die Frauen zu bewegen, mit ihr über die Gründe für ihre Feindseligkeit zu sprechen. Doch keine wollte sich »bei der Richterin beklagen«. Da sich die Situation auch sechs Wochen später nicht geändert hatte, kam Carol auf die Idee, sie zu unserem Seminar zu schicken, um die verhärteten Fronten aufzubrechen. Außerhalb des Büros, in einer neutralen Umgebung, waren die Frauen in der Lage, über ihre Einstellung zu Konkurrenz und Kooperation zu sprechen. Julie erklärte den anderen, warum sie nicht offen mit Nona um die Stelle konkurriert hatte und erbat Alisons Hilfe, da sie über Fachwissen verfügte, das Julie fehlte. Die Frauen einigten sich darauf, ihren Groll zu begraben und sich wieder auf die Arbeit zu konzentrieren, aber es hatte sie fast zwei Monate gekostet, in denen vieles liegengeblieben war.

Sheila, die ich bei einem Schulungskurs für Führungskräfte traf, war anders an die Sache herangegangen. Als sie erfuhr, daß das Krankenhaus, in dem sie arbeitete, die Stelle einer Stationsleiterin ausgeschrieben hatte, bewarb sie sich sofort darum, obwohl sie erst seit vier Jahren als Krankenschwester arbeitete und nicht alle für die Stellung erforderlichen Kenntnisse besaß. Dann las sie von dem Kurs, den ich gab, und fragte andere Schwestern, ob sie ihn mit ihr zusammen besuchen wollten. Sie erklärte ihnen offen, daß sie sich für den Posten bewerben würde und ermutigte die anderen, das gleiche zu tun. Keine war bereit, mit ihr an dem Kurs teilzunehmen, aber Sheila gab das dort Gelernte an sie weiter und verteilte sogar die Unterlagen, die sie bekommen hatte. Als Sheila die Stellung bekam, konnte sie bereits auf die Unterstützung der anderen Schwestern bauen. Sie hatte gezeigt, daß sie bereit war, Ideen und Informationen weiterzugeben. Ihre Gruppe benötigte kaum Zeit, sich an die neue Vorgesetzte zu gewöhnen, die ihren Kooperationswillen bereits bewiesen hatte – selbst während sie mit ihnen konkurrierte.

Wenn wir unsere Ambitionen verheimlichen, schaffen wir für uns selbst und die Kolleginnen am Arbeitsplatz Probleme. Andere wissen zu lassen, daß wir uns um eine Stelle oder Beförderung beworben haben, gibt ihnen Zeit, sich über ihre Gefühle klar zu werden, und uns Gelegenheit, die für später benötigte Unterstützung zu sichern. Es wird vermutlich immer Frauen geben, die uns ablehnen, weil wir den Status quo in Frage stellen, doch wir würden ihnen und anderen Frauen einen wesentlich schlechteren Dienst erweisen, hielten wir uns zurück. Wir müssen unserem Können, unseren Bedürfnissen und Ambitionen folgen. Wenn wir uns in dieser Frage offen und ehrlich verhalten, werden andere dem Beispiel folgen.

Bevor ich diesen Bereich abschließe, muß ich allerdings noch die berühmte Ausnahme von der Regel erwähnen. Natürlich erfahren wir manchmal von Möglichkeiten, Stellungen oder Beförderungen, die der Aufmerksamkeit anderer bisher entgangen sind. In einem solchen Fall ist es ratsam, sofort zu handeln und sich nicht erst um einen offenen Wettbewerb zu bemühen, der die eigenen Chancen gefährden könnte. Glück bedeutet, seine Chancen zu erkennen u n d darauf vorbereitet zu sein. Wenn wir eine Gelegenheit entdecken und bereit sind, sollten wir handeln.

Eine solche Gelegenheit nicht an die große Glocke hängen, kann in beruflicher Hinsicht durchaus sinnvoll sein. Ihrer Kollegin Karen beispielsweise nichts davon zu erzählen, daß Sie von einer offenen Stelle in einer anderen Bank oder einer anderen Abteilung Ihrer Firma gehört haben, ist nicht das gleiche wie eine heimliche Bewerbung um eine Stelle, von der alle wissen. Wenn Sie dann die gute Nachricht von der neuen Stelle bekanntgeben, wird Karen Ihnen vielleicht nicht gleich vor Begeisterung um den Hals fallen, aber sie wird es verkraften. Sie haben ihr weder das Wasser abgegraben, noch sie belogen, sondern angemessen und in Ihrem eigenen Interesse gehandelt. Ihre Kollegin wird den Unterschied erkennen und, wenn der Zeitpunkt gekommen ist, ihrerseits das gleiche tun.

Rivalinnen

Manche Frauen weichen dem Konkurrenzproblem dadurch aus, daß sie alle Mitarbeiterinnen und Kolleginnen als Feindinnen betrachten. Mit jemandem zu konkurrieren, bei dem man noch nicht einmal vorgeben muß, befreundet zu sein, fällt längst nicht so schwer. Sieht man in der anderen Frau nur die Rivalin, braucht man sich im Konkurrenzkampf keine Beschränkung aufzuerlegen und kann sie »mit allen Mitteln bekämpfen«.

Für Frauen mit dieser Einstellung ist das Berufsleben ein kalter, häßlicher Krieg, in dem nur die Härtesten überleben. Jede Frau ist eine potentielle Gegnerin, eine Rivalin um die wenigen Spitzenstellungen. Diese Frauen geben auch nicht eine Minute lang vor, kooperationsbereit zu sein. Sie zerstören ihre Konkurrenz und verschaffen sich Vorteile auf Kosten anderer. Wenn Sie je mit einer solchen Frau zusammengearbeitet haben, wissen Sie, wie unangenehm das ist.

Auch Dawn sieht in jeder erfolgreichen Frau eine potentielle Rivalin, nicht nur in bezug auf ihre Stellung, sondern auch im Kampf um die Aufmerksamkeit und Anerkennung ihrer Chefs. Statt die Kompetenz anderer zu kritisieren, bedient sich Dawn lieber der Sabotage. Sie arbeitet in der Hauptniederlassung einer Elektronikfirma und ist für die Verkaufsförderung neuer Produkte verantwortlich. Georgia, ein aufsteigender Star aus einer Niederlassung im Mittleren Westen, verlangte von Dawn, bestimmte Firmenvertreter an der Ostküste zu kontaktieren und eine Reihe von Vorführungen und Verkaufskonferenzen für ein neues Produkt vorzubereiten. Dawns Chef hatte ihr gegenüber Georgias Leistungen erwähnt und sie als »ausgesprochen clevere Frau« bezeichnet.

In einem Unternehmen kann es nach Dawns Meinung nur eine begrenzte Anzahl von Stars geben, und sie war entschlossen, daß Georgia nicht dazugehören sollte. Als

Dawns Chef sie auf ein besonders reizvolles Projekt mit enger Zeitvorgabe ansetzte, brauchte sie nicht lange zu überlegen. Sie konzentrierte sich ganz auf das neue Projekt und kümmerte sich nicht weiter um die von Georgia geforderten Vorbereitungen. Bei ihrer Ankunft in New York mußte Georgia feststellen, daß für die geplante Verkaufskonferenz weder Räume gemietet, Unterlagen und Material bestellt, noch Vertreter benachrichtigt worden waren. Als sie Dawn zur Rede stellte, erklärte diese, das Projekt ihres Chefs habe Vorrang und Georgia hätte sich vergewissern und die Vorbereitungen selbst treffen sollen. Georgia beschwerte sich nicht bei Dawns Chef, weil ihr das Argument der Eigenverantwortlichkeit einleuchtete und es zudem nicht ihre Art war, sich über andere zu beklagen. Statt dessen erklärte sie ihrem Niederlassungsleiter, es hätte ein »Mißverständnis« gegeben und traf die Vorbereitungen für alle weiteren Konferenzen selbst. Vor diesem Vorfall war Georgia nicht klar gewesen, daß Dawn in ihr eine Rivalin sah. Doch sie hat dazugelernt. Nie wieder wird Georgia annehmen, daß eine Frau ihr freundlich gesinnt ist, bevor sie nicht bewiesen hat, daß man ihr trauen kann.

Wenn Sie feststellen, daß eine andere Frau Sie als Rivalin betrachtet, müssen Sie vorsichtig vorgehen. Sie sollten ihr weder trauen noch sie umwerben. Vertrauen Sie ihr, könnten Sie sabotiert werden. Umwerben Sie sie, weiß sie, daß Sie verletztlich und ihr ausgeliefert sind. Denken Sie jedoch daran, daß sie unter Umständen über Informationen, Erfahrungen und Einfluß verfügt, von denen Sie profitieren könnten, wenn Sie sich ihr mit Selbstsicherheit und Respekt nähern.

Georgia achtet jetzt stets darauf, Dawn rechtzeitig um Vorschläge zu bitten, wenn sie eine neue Aufgabe angeht. Auf diese Weise fühlt Dawn sich einbezogen und weit weniger veranlaßt, Georgias Pläne zu unterlaufen. Außerdem, erzählte mir Georgia, »habe ich gelernt, auf jeden Fall bei ihr vorbeizuschauen, wenn ich in der Hauptniederlassung bin. Ich mache ihr sozusagen meine Aufwartung, und das gefällt ihr. Als ich einmal spät dran war für einen Termin und sie nicht begrüßt habe, war sie beleidigt. Sie sorgte dafür, daß ich zu hören bekam, ich sei ›rein- und rausgerauscht, als würde mir die verdammte Firma gehören‹. Das war mein Fehler. Ich respektiere es, von ihr als Rivalin betrachtet zu werden, und werde mich hüten, ihr weiteren Anlaß zu Klagen zu geben!«

Eifersucht und Neid

Keine Diskussion über Frauen und Konkurrenzverhalten wäre vollständig ohne die Erwähnung der beiden eng verwandten Bösewichter: Eifersucht und Neid. Wir werden eifersüchtig, wenn eine andere Frau den Kampf um eine uns wichtige Beziehung gewinnt. Wir beneiden Frauen, die Stellungen, Macht oder Besitztümer haben, die auch wir gerne hätten.

»Eifersuchts- und Neidgefühle sind kaum einer Frau fremd«, meint Barbara. »Sie stehen in enger Verbindung mit Selbstachtung und Selbstwertgefühl. Eine Frau mit hohem Selbstwertgefühl hat keine Angst, ihre Identität zu verlieren, wenn eine andere Frau bessere Leistungen zeigt als sie oder mit einer Kollegin oder Vorgesetzten besser auskommt. Wenn sie weiß, wo ihre Prioritäten liegen und Vertrauen in ihre beruflichen Entscheidungen hat, wird sie auf Frauen in besseren Positionen weit weniger eifersüchtig sein.«

Über 25 Prozent unserer Umfrageteilnehmerinnen nannten Eifersucht als ein Problem bei der Zusammenarbeit mit Frauen. Doch während der von uns für dieses Buch durchgeführten Interviews mit über hundert Frauen wollte keine über ihre Eifersuchtsgefühle reden, und nur wenige waren bereit, über neidvolle Erfahrungen zu berichten. »Ich kann verstehen, warum sie so ablehnend reagierten«, erklärt Barbara. »In meiner Praxis sagen Frauen oft, ›eifersüchtig bin ich ja nicht‹, um dann ausführlich ihre Eifersuchtsgefühle zu beschreiben. Wir haben gelernt, daß Eifersucht kein netter Zug ist, und streiten sie daher ab.«

Eifersucht aus Selbstschutz verschwindet nicht, wenn wir höhere Posten oder leitende Stellungen einnehmen. Obwohl die Konkurrenz subtiler werden kann, sind die Reibungsflächen immer noch genauso groß. Wie Dr. Rosabeth Moss Kanter von der Harvard Universität vor einigen Jahren in der Zeitschrift *Savvy* schrieb: »Selbst hier, wo es drei besoldete Professorinnen gibt, fällt mir in den Fakultätssitzungen auf, daß ein subtiler, unterschwelliger Druck besteht, immer die erste zu sein, die die anderen Frauen niedermacht. Auf diese Art bewahrt man seine Glaubwürdigkeit.«

Manchmal stehen Männer im Mittelpunkt weiblicher Konkurrenzkämpfe. Und wenn solche Frauen zusammenarbeiten, können Eifersuchtsäußerungen über giftige, aber harmlose Bemerkungen weit hinausgehen und bewußt darauf abzielen, andere zu zerstören. Zwei Kolleginnen an meiner ehemaligen Schule hatten es auf denselben Fußballtrainer abgesehen. Als er Maya vorzog, verging Joan vor Eifersucht und sann auf Rache. Sie protestierte bei der Schulverwaltung, weil Maya angeblich Schüler eines Kurses, den sie beide gaben, falsch benotet hatte. Sie bat, von dem Kurs abgezogen zu werden, um mit »vertrauenswürdigen Lehrern« zusammenarbeiten zu können. Und sie setzte das Gerücht in Umlauf, Maya habe Schüler bei einer Wochenendparty zum Trinken verleitet. Doch ihre Eifersucht brachte Joan keine Sympathien ein. Vielmehr wurde sie ein ganzes Jahr vom Schuldienst suspendiert, als man entdeckte, daß ihre Anschuldigungen grundlos waren.

In solchen Situationen verlangt unsere Verantwortung gegenüber anderen Frauen, daß wir Zurückhaltung üben und unseren Gefühlen nicht nachgeben. Zu lange haben sich Frauen gegenseitig beschuldigt und auch von Männern vorwerfen lassen, sie ließen sich von ihren Eifersuchtsgefühlen leiten. Eifersucht ist eine verständliche Reaktion auf eine Konkurrenzsituation; es ist jedoch unentschuldbar, andere für unsere Verluste und Unsicherheiten zu bestrafen.

Ein enger Verwandter der Eifersucht ist der Neid. Eifersucht und Neid sind oft so ähnlich, daß man sie kaum unterscheiden kann. Doch den Frauen, mit denen ich gesprochen habe, schien es leichter zu fallen, über Neid als über Eifersucht zu reden. Eifersucht berührt die verletzlichen Bereiche persönlicher Beziehungen, während sich Neid auf den materiellen Besitz oder Status anderer Menschen bezieht. Louise, eine welterfahrene kalifornische Geschäftsfrau, faßt den Unterschied zwischen Eifersucht und Neid folgendermaßen zusammen: »Neid ist in Ordnung. Ich kann eine Frau beneiden, die die Fähigkeit und Möglichkeit hat, als Ärztin in Nepal zu arbeiten. Ich bewundere ihre Arbeit und würde selbst gern ähnliches tun. Aber eifersüchtig zu sein, weil eine andere bessere Beziehungen zum Botschafter hat als ich, ist ein negatives Gefühl. Es bedeutet, daß ich mich klein fühle, Bitterkeit empfinde und wenig Selbstachtung habe.«

Für diejenigen von uns, die mit Gleichaltrigen und Jüngeren zusammenarbeiten und zusehen müssen, wie andere an ihnen vorbei in höhere, besser bezahlte Positionen aufrücken, ist ein gewisses Maß an Neid unvermeidlich. Haben nicht viele von uns in den achtziger Jahren die Superfrau beneidet (und mißbilligt), die in ihrem maßgeschneiderten Kostüm scheinbar mühelos Millionenetats, internationale Reisen und eine zauberhafte Kinderschar bewältigte, ohne daß sich auch nur eine Strähne aus ihrer makellosen Frisur löste?

Wir sind nicht gern neidisch, aber wir können Neid zu einer

positiven Erfahrung machen. Gelingt es uns, Zurückhaltung zu üben und der Versuchung zu widerstehen, andere aus Neid zu demütigen und zu sabotieren, dann können wir mit unverstelltem Blick abschätzen, was diesen Neid hervorgerufen hat, und uns fragen, was wir tun müssen, um selbst an das Begehrte zu kommen. Oder uns eingestehen, daß die Stellung, die Reise, das Auto die Mühe nicht lohnt. »Wenn wir über ein gesundes Selbstwertgefühl verfügen«, meint Barbara, »fällt es uns leichter, mit einem gelegentlichen Anfall von Neid fertig zu werden. Wenn wir uns selbst und unserer Arbeit gegenüber ein gutes Gefühl haben, besteht viel weniger Grund, auf andere neidisch zu sein.«

Kathy, eine Frau Mitte dreißig, war bereit, über ihre Erfahrung mit Neid zu sprechen. Sie war Kundenbetreuerin bei einem Großunternehmen und mit ihrer Stellung recht zufrieden. Als eine Position frei wurde, die mit der Verantwortung für einen weit größeren Kundenbereich verbunden war, reizte sie diese Herausforderung. Doch Kathy hatte zwei kleine Kinder und mußte sich fragen, ob sie ihre Familienpflichten mit den häufigen, oft tagelangen Reisen, die der neue Job mit sich bringen würde, vereinbaren konnte. Sie beschloß, sich nicht um die Stellung zu bewerben. »Ich ließ den Bewerbungsschluß einfach verstreichen«, meint sie rückblickend.

Als Kathy erfuhr, daß Karen, eine Frau in ihrem Alter und ebenfalls Mutter von zwei kleinen Kindern, den Posten bekommen hatte, überfiel sie der Neid wie ein Fieberanfall. »Plötzlich hatte Karen all das, was ich mir gewünscht hatte«, erklärt Kathy. »Mehr Geld und die vielen Reisen mit dem Firmenjet zu Kunden in New York, London und Hong Kong. Ich wollte sie erschöpft und gestreßt sehen. Ich wollte, daß sie zusammenbrach und die Leute bei Besprechungen anblaffte. Ich wollte von ihr den Beweis, daß meine Entscheidung richtig war und eine Frau nicht alles haben kann. Doch statt dessen wirkte sie wie frisch belebt, und ihre Vorgesetzten waren hoch zufrieden mit ihrer Arbeit. Während der Woche war sie unterwegs, aber sie hatte ein gutes Kindermädchen und einen hilfsbereiten Ehemann. Und an den Wochenenden genoß sie das Zusammensein mit der Familie. Ich beneidete sie aus vollem Herzen, was mich aber nicht veranlaßte, ihren Erfolg zu sabotieren. Mein Problem lag vielmehr darin, mit mir selbst fertig zu werden. In ihrer Gegenwart widerte ich mich selbst an, als wären mein Ehrgeiz und meine Berufspläne nur Heuchelei. Ich war von mir enttäuscht und hatte das Gefühl, eine Versagerin zu sein. Ich haßte es, sie zu beneiden, und ich haßte mich selbst.«

Als ich Kathy kennenlernte, hatte sie ihr Problem bereits gelöst. Der intensive Neid auf Karen hatte ihr geholfen, ihre eigenen Ziele und Prioritäten in die richtige Perspektive zu rücken. Sie hatte entschieden, daß für sie die Familie – zumindest zum jetzigen Zeitpunkt – im Vordergrund steht. Sie hörte auf, sich als Versagerin zu betrachten, nur weil sie sich nicht um die Stelle beworben hatte. Statt dessen beschloß sie, aus dieser Erfahrung zu lernen, um zum richtigen Zeitpunkt neuen Herausforderungen gewachsen zu sein. So erwuchs Kathy aus einer neidvollen Erfahrung größeres Selbstbewußtsein und stärkere Selbstachtung.

Konkurrenz zwischen Frauen trägt die Saat für Eifersucht und Neid in sich. Es wird uns vermutlich nicht gelingen, uns von diesen Gefühlen zu befreien, aber wir können darüber bestimmen, wie wir mit ihnen umgehen und sie ausdrücken. Eifersucht zuzugeben und den Grund dafür einzusehen, kann ein erster Schritt zur Beendigung von Verhaltensweisen sein, die sich störend auf das Arbeitsklima auswirken und anderen Frauen gegenüber unfair sind. Für manche mag es angeraten sein, ihre Eifersucht mit professioneller Hilfe zu überwinden und zu lernen, im Arbeitszusammenhang sachlicher zu reagieren. Neid wiederum kann sich positiv für uns auswirken, wenn wir ihn als Chance wahrnehmen, unsere Wünsche und Ziele nüchtern und sachlich einzuschätzen. Doch in beiden Fällen müssen wir die Verantwortung übernehmen, für uns und andere Frauen ein Klima zu schaffen, in dem wir unsere Gefühle beherrschen und uns auf gesunde Beziehungen und produktive Arbeit konzentrieren können.

Wohlfühlbereich Konkurrenz

Miteinander zu konkurrieren fällt Frauen leichter, wenn sie das Gefühl haben, es »in netter Form« zu tun. Vor kurzem sah ich eine interessante Diskussion im Fernsehen, bei der Maureen Farrow, eine englische Controllerin und Unternehmerin, über erfolgreiche Frauen sprach. Sie räumte ein, daß Frauen konkurrieren müssen, wenn sie ganz nach oben wollen. Dann fügte sie hinzu: »Man kann nur hoffen, daß sie es so nett wie möglich tun.«

Für einige von uns stellt »Konkurrenz in netter Form« oder »nettes Konkurrieren« einen Widerspruch dar. Wenn wir jedoch zu der Überzeugung kämen, »nett zu sein«, würde es mancher Frau leichter fallen, sich mit Konkurrenz auseinanderzusetzen und gleichzeitig die Beziehungskanäle offen zu halten.

Wir haben alle davon gehört, daß unser Problem mit Konkurrenzverhalten angeblich darauf zurückzuführen ist, daß wir als Mädchen keine Mannschaftsspiele gespielt haben. Statt dessen wurde bei unseren Spielen abgewechselt, wodurch wir immer nur gegen uns selbst konkurrierten. Jungen lernen, so heißt es weiter, aggressiv zu sein und gewinnen zu wollen, während Mädchen lernen, die Gefühle anderer zu schützen und lieber das Spiel abzubrechen, als Beziehungen zu gefährden.

Als ich in den fünfziger Jahren aufwuchs, spielten Mädchen

durchaus Mannschaftsspiele und wollten siegen. Wir konkurrierten untereinander um Plätze in der Hockey- oder Basketballmannschaft und dann um Einzelsiege, Punktspiele und Titel. Ich habe meinen Sohn Fußball und Baseball spielen sehen und Mädchen bei Volleyball-, Fußball- und Basketballspielen beobachtet. Alle spielen um den Sieg, aber die Mannschaften verhalten sich unterschiedlich. Wenn einer daneben trifft oder einen Fehler macht, hören die Jungen mit den Nettigkeiten auf, und dies sowohl im eigenen Team als auch dem Gegner gegenüber. Sie brüllen sich an und spielen dann weiter.

Die Mädchen verbringen sowohl auf als auch außerhalb des Spielfelds viel Zeit damit, sich gegenseitig zu trösten oder zu ermutigen, »nett zu sein«. Bei einem Volleyballspiel fliegen Worte wie »macht nichts« und »schon gut« mindestens ebensooft über das Netz wie der Ball. Die Mädchen versichern sich ständig, daß Fehler ihre Verbundenheit nicht beeinträchtigen. Obwohl sie hart miteinander konkurrieren, nehmen sie sich trotzdem die Zeit, eine Gegnerin nach einem Zusammenstoß oder Fall zu fragen, ob alles in Ordnung ist. Mit anderen Worten, sie finden eine Ausgewogenheit zwischen Konkurrenz und Verbundenheit, ein Gleichgewicht, das Jungen weder zu brauchen noch zu suchen scheinen.

Nett zu sein, gibt Frauen ein gutes Gefühl und lenkt sie von der Tatsache ab, daß sie miteinander konkurrieren (obwohl viele Frauen, besonders im Sport, behaupten, daß Konkurrenz, hartes Spiel und Siegeswille äußerst angenehme Gefühle sind!). Linda A. Hughes berichtet in einem Artikel darüber, wie Mädchen damit umgehen, gleichzeitig aggressiv und nett zu sein. Sie beobachtete Mädchen bei einer Art Brennball-Spiel und stellte fest, daß sie sich bei Wettkampfspielen, in denen Beziehungskonflikte entstehen können, einer »nett-gemeinen« Haltung bedienen, wobei das »Gemeine« – jemanden aus dem Spiel zu schlagen – durch das

»Nette« verdeckt wird, dafür eine Freundin ins Spiel hineinzuholen. Anhand dieser Beobachtungen belegt Hughes, daß eine kooperative soziale Orientierung nicht »unvereinbar ist mit Konkurrenzverhalten zwischen Mädchen«, sondern eher dazu diene, ihr Konkurrenzverhalten zu formen.

Konkurrenz durch Nettigkeit zu überdecken, hat Eingang in viele Berufsbereiche gefunden. Wendy Bowers, eine Schauspielerin und Schauspiellehrerin, berichtet davon, wie unwohl sie und andere Frauen sich in Konkurrenzsituationen fühlen und wie stark ihr Bedürfnis sei, zum Ausgleich etwas »Nettes« zu tun. »Ich bin Mitglied der Screen Actors Guild in Los Angeles, und mein Mann ebenfalls«, erzählte sie mir. »Der Konkurrenzdruck in L. A. ist enorm. Nur 20 Prozent aller Rollen werden an Frauen vergeben. Die Mehrheit der Schauspielerinnen geht einander aus dem Weg. Wir denken ständig: ›Kriegt sie etwa die Rolle, die ich haben will?‹ Wenn die Männer zum Vorsprechen kommen, so erzählt mein Mann, herrscht dagegen eine völlig entspannte Atmosphäre. Sie wissen, was sie wollen und gegen wen sie antreten müssen. Die Männer sind darauf eingestellt, Annahme oder Ablehnung, Sieg oder Niederlage gleichermaßen zu akzeptieren und damit fertig zu werden.

Bei Frauen sieht die Sache ganz anders aus! In einer direkten Konkurrenzsituation fühlen wir uns äußerst unwohl, und beim Vorsprechen ist die Spannung regelrecht mit den Händen greifbar. Man hat das Gefühl, als würden alle vor Angst vergehen. Frauen haben Angst vor dem Verlieren. Der Wunsch, angenommen und akzeptiert zu werden, ist groß. Dann ist das Vorsprechen vorbei, und alle gehen nach Hause. Aber wir Frauen können nicht einfach so weggehen. Wir fühlen uns verantwortlich für die anderen Frauen, besonders wenn wir gewonnen, also die Rolle bekommen haben. Wir denken: ›Ich sollte sie anrufen und hören, wie es ihr geht.‹ Wir fühlen uns füreinander verantwortlich, selbst wenn wir um unseren Lebensunterhalt konkurrieren.«

Nettigkeit im Konkurrenzkampf ist erlernbar. Nett zu sein, heißt, fair miteinander umzugehen, unsere Konkurrentinnen zu respektieren und dafür zu sorgen, daß jede die Möglichkeit erhält, ihr Bestes zu geben. Weiblicher Mannschaftssport kann dabei zum Vorbild für den Arbeitsplatz werden. Jede hat hart für ihren Platz im Team gearbeitet, und jede bemüht sich darum, ihrer Mannschaft zum Sieg zu verhelfen. Wir unterstützen unsere Stars, die ihrerseits wissen, daß wir als Team nur gewinnen können, wenn jede ihr Können effektiv einsetzt. Wir zeigen unsere Fürsorglichkeit, indem wir uns um die anderen kümmern, sie anleiten und besondere Unterstützung geben, wenn jemand strauchelt oder Fehler begeht. Wir haben also ein Modell für Konkurrenzsituationen. Ein Modell, das es uns erlaubt, »in netter Form« miteinander zu konkurrieren.

Im Wettstreit mit uns selbst

Als ich mit meinen Gesprächen über weibliches Konkurrenzverhalten begann, lehnte ich zunächst jene Frauen, die behaupteten, noch nie mit einer anderen Frau konkurriert zu haben, als unglaubwürdig ab. Ich nahm an, daß sie mit dieser Behauptung nur der unerfreulichen Realität ausweichen wollten. Inzwischen bin ich zu der Überzeugung gekommen, daß diese Frauen die Wahrheit sagen und uns ebenfalls als Beispiel für positives Konkurrenzverhalten dienen können.

Joanna arbeitet für ein Unternehmen, das zur Gehaltsfestsetzung vergleichende Leistungsbewertungen heranzieht. »Ich denke nie an Konkurrenz, wenn ich mit den Frauen und Männern meines Teams zusammenarbeite«, erzählte sie mir. »In einer kooperativen Umgebung fühle ich mich am wohlsten. Bewertungen und Einschätzungen sind das letzte,

an das ich bei der Arbeit an einem Projekt denke. Ich will nur mein Bestes geben und das Projekt nach Kräften unterstützen. Ich bin stolz darauf, Informationen beizusteuern und umzusetzen. Wenn ich auch nur eine Minute lang darüber nachdenken würde, daß ich mit diesen Leuten konkurriere, würde das Gefühl von Teamwork und Kooperation verlorengehen. Die Kooperation macht meine Arbeit so befriedigend. Vielleicht konkurrieren wir ja in gewisser Weise, aber wir kooperieren auch. Und das ist mir das Wichtigste.«
Joanna fordert sich zu hervorragenden Leistungen heraus, ohne ihre kooperative Grundeinstellung aufzugeben. Sie weiß, daß ihre Leistungen mit denen ihrer Kollegen verglichen werden, hat aber dennoch das Gefühl, ausschließlich mit sich selbst zu konkurrieren.
Jacqueline, eine der bereits an früherer Stelle erwähnten Frauen, ist zur Zeit Co-Direktorin beim ETS, einem Testinstitut für Bildungsfragen in Princeton, New Jersey. Bevor sie ihre Karriere beim ETS begann, war Jacqueline bereits im öffentlichen Schulwesen und in der Drittmittelforschung tätig. Doch als ich sie bat, von ihren Konkurrenzerfahrungen mit anderen Frauen zu berichten, behauptete sie, keine zu haben. Als ich sie fragte, wie sie zu ihrer Stellung bei der Schulbehörde und ihren Beförderungen beim ETS gekommen sei, erklärte sie, man habe ihr die jeweiligen Positionen angeboten, weil sie die beste Kandidatin gewesen sei. »Aber haben Sie denn gegen niemanden konkurriert?« wollte ich wissen. »Nein«, antwortete sie. »Ich habe meine Zeugnisse und Beurteilungen vorgelegt und bin davon ausgegangen, daß sie für sich sprechen.«
Jacqueline hat weiterhin eine freundliche und auf das Berufliche beschränkte Beziehung zu ihrer Mit-Direktorin. Wenn sich beide um das Amt der leitenden Direktorin bewerben, wird Jacqueline wieder ihre Zeugnisse vorlegen – nicht, um mit einer anderen Frau zu konkurrieren, sondern um sich neuen Herausforderungen und Aufgaben zu stellen.

Gegen uns selbst statt gegen andere anzutreten, ermutigt uns, neue Berufsziele anzustreben und gleichzeitig anzuerkennen, daß auch andere Frauen sich selbst herausfordern. Kristen, eine diplomierte Betriebswirtin und mit siebenundzwanzig Jahren bereits Abteilungsleiterin bei Andersen Consulting in Boston, erkennt rückblickend, daß sich zwischen ihr und Aimee, einer Absolventin der Brown Universität, die gleichzeitig mit ihr bei Andersen angefangen hat, leicht eine Rivalität hätte entwickeln können. Statt dessen betrachtete sie Aimee als eine intelligente, hoch motivierte Kollegin, die sie anstachelte, weiter zu lernen und ihre Leistung ständig zu verbessern. »In gewisser Weise«, sagt Kristen, »benutze ich Aimee auf positive Art, um mich zu motivieren und meine Leistungen zu überprüfen.«

In *Secrets Between Us: Women and Competition* spricht Laura Tracy von einer neuen Frauengeneration, die weiß, daß »Anteilnahme auch Konkurrenz bedeutet. Auf diese Weise treibt jede Frau ihre eigene Entwicklung voran, während sie das Vorankommen der anderen fördert.« Frauen, die mit einem solchen Verständnis für Herausforderung und persönliche Entwicklung am Konkurrenzkampf teilnehmen, sind die Vorbilder, die wir für eine positive, von uns entscheidend mitgestaltete Zukunft brauchen.

Kathy Canclini, Ausbildungsleiterin für Krankenschwestern an einem großen städtischen Krankenhaus, gibt offen zu, daß sie mit einer anderen Kollegin konkurriert, den Konkurrenzkampf aber als Möglichkeit sieht, »aneinander zu wachsen«. Kathy weiß, daß sich Marla und sie um eine Stelle bemühen, die für beide einen Aufstieg bedeuten würde; doch statt ihre Absichten zu verschleiern oder zu versuchen, Marla schlecht zu machen, hat sie sich entschieden, Marla genau zu beobachten und daraus zu lernen. »Marla hat andere Stärken. Sie kann mit bestimmten Verwaltungsdingen viel besser umgehen als ich«, sagt Kathy. »Sie kann besser organisieren und sich durchsetzen. Ich beobachte sie ständig und versuche, mir ihre Stärken anzueignen. Andererseits schätzt sie an mir, wie ich mit Menschen umgehe und Kontakte unter den Mitarbeitern herstelle. Wir bleiben beruflich zwar auf Distanz, erkennen aber unsere Fähigkeiten gegenseitig an. Ganz egal, welche von uns diesmal befördert wird – die andere wird sie unterstützen. Wir lernen voneinander und werden um so besser sein, wenn die Reihe an uns kommt.«

Wichtig ist vor allem, in jeder Konkurrenzsituation, ob mit uns selbst oder offen gegen andere, ein unterstützendes und kooperatives Klima aufrechtzuerhalten. In Großunternehmen wie Hewlett-Packard oder Levi Strauss gibt es bereits weibliche Förderungsgruppen: Frauen aus einer oder aus unterschiedlichen Abteilungen und Funktionsebenen treffen sich regelmäßig zum Gespräch und Informationsaustausch. Bei diesen Treffen sprechen die Frauen offen über ihre Ambitionen. Sie bitten andere, ihnen bei Bewerbungsschreiben oder der Vorbereitung auf Bewerbungsgespräche zu helfen. Erhält eine der Frauen dann die gewünschte Beförderung, fühlt sich die ganze Gruppe am Erfolg beteiligt. Steigt eine andere auf, gibt sie offen zu, wer ihr dabei geholfen hat, und teilt ihr neues Wissen mit der Gruppe. Sie verfügt damit über ein Unterstützungssystem, auf das sie nicht nur im Hinblick auf ihre eigene Zukunft, sondern auch auf die aller Frauen bauen kann.

Konkurrenz kann zukünftig für alle Frauen zum Wohlfühlbereich werden. Zunächst müssen wir allerdings akzeptieren, daß es im Konkurrenzkampf nicht unbedingt darum gehen muß, auf Kosten einer anderen zu gewinnen oder die Rivalin aus dem Feld zu schlagen. Konkurrenz als Selbstzweck wird den meisten Frauen vermutlich immer fremd bleiben. Wir schätzen unsere Beziehungen und reagieren ablehnend auf ein feindseliges und ausschließlich wettbewerbsorientiertes Klima, das die Stärken und Vorteile unserer Kooperationsbereitschaft bedroht. Statt dessen können wir die Funktion von Konkurrenz an einem von Frauen geführten Arbeitsplatz neu überdenken. Gesunde Konkurrenz unter Frauen wird darauf abzielen, daß sich jede von uns herausgefordert fühlt, an sich selbst zu wachsen und voranzustreben.

Positive Konkurrenz unter Frauen wird in einem kooperativen Kontext stattfinden. Wir werden lernen, offen über alle existierenden Möglichkeiten und unsere eigenen Berufsziele zu sprechen, ohne uns dabei unwohl zu fühlen. Wir werden Frauen, die ihre Ambitionen eingestehen, nicht mehr ablehnen, sondern die Herausforderung schätzen, die sie für unser eigenes Leistungsvermögen darstellen. Frauen, die sich in der Absicht, ihr Bestes zu geben, um kooperative Zusammenarbeit und positives Konkurrenzverhalten bemühen, schaffen eine gemeinsame Machtbasis, auf der auch zukünftige Frauengenerationen aufbauen können.

Vorschläge für positives Konkurrenzverhalten

- Wenn Sie mit einer Kollegin um eine bessere Stelle oder eine Beförderung konkurrieren, akzeptieren Sie die Tatsache, daß Konkurrenz ein notwendiger Bestandteil des Berufslebens ist. Ziehen Sie Ihre Bewerbung nicht zurück und streiten Sie nicht ab, sich ebenfalls beworben zu haben, nur weil es Ihnen unangenehm ist, mit einer anderen Frau zu konkurrieren. Begreifen Sie, daß Sie mit sich selbst konkurrieren, um Ihr Bestes zu geben, und nicht, um eine andere aus dem Feld zu schlagen.
- Lassen Sie andere Frauen wissen, wenn Sie sich um einen neuen Posten, eine höhere Stellung bewerben. Wenn wir offen darüber sprechen, daß wir eine Beförderung anstreben, können wir möglicherweise verhindern, daß uns andere Frauen »in den Rücken fallen«, weil ihre Motive

damit sofort suspekt werden. Andere von unserem Vorhaben wissen zu lassen, gibt uns und den Kolleginnen Gelegenheit, sich auf die veränderte Situation einzustellen und den Unterstützungsfluß nicht abreißen zu lassen.

- Beziehen Sie andere Frauen in die Konkurrenzsituation ein. Bitten Sie die Kollegin, Ihnen eine Empfehlung zu schreiben oder Ihnen bei der Vorbereitung auf das Bewerbungsgespräch zu helfen. Auf diese Weise können Ihre Kolleginnen aus Ihrer Erfahrung lernen und an Ihrem Erfolg teilhaben. Wenn wir zum Erfolg einer anderen Frau beitragen, helfen wir einander, gemeinsam unser Bestes zu geben.

7
Das Dilemma mit der Freundschaft

Kein Thema berührt die Gefühle von Frauen, die mit Frauen zusammenarbeiten, so sehr wie der Konflikt zwischen Freundschaftsansprüchen und Arbeitsanforderungen. Dieser Konflikt ist ein ausschließlich weibliches Dilemma. Wir betreten die Arbeitswelt mit der Erwartung, dort die gleichen anteilnehmenden, unterstützenden und liebevollen Freundschaften zu finden, wie wir sie von klein auf gewohnt sind.

Doch die Arbeitswelt ist anders. Unser Job verlangt, daß wir die Gegebenheiten des Geschäftslebens respektieren, um im Beruf zu überleben, und oft geraten berufliche Anforderungen mit denen einer Freundschaft in Konflikt. Frauen müssen sich entscheiden, ob für sie die Freundschaft oder der Beruf an erster Stelle steht. Die Entscheidung kann, wie immer sie auch ausfällt, für alle Beteiligten sehr schmerzlich sein.

Wie wir dieses Problem angehen, hängt davon ab, welche persönlichen Wertvorstellungen wir haben und inwieweit wir uns der Risiken und Konsequenzen bewußt sind, die mit der Abstimmung von Freundschaftsbedürfnissen und Arbeitsanforderungen verbunden sind. Für manche von uns verschleiert der Wert einer Freundschaft das Risiko, wenn wir eine Beziehung mit einer Kollegin eingehen. Für uns alle bedeutet ein vernünftiger Umgang mit dem Freundschaftsdilemma, uns selbst zu erkennen, die Risiken einzuschätzen und zu lernen, bestimmte Grenzen zwischen uns und den Frauen, die wir als Freundinnen wählen, zu wahren.

Heutzutage hat sich für viele Frauen das soziale Umfeld völlig auf den Arbeitsplatz verlagert. Hier haben wir Gelegenheit, mit Menschen auch weit über das Berufliche hinaus zusammenzutreffen. Wir lachen am Arbeitsplatz, wir weinen, wir öffnen uns gegenüber anderen und brauchen einander. Wenn wir in eine andere Stadt ziehen, werden Kolleginnen zur Informationsquelle für alle Dinge des täglichen Lebens. Wenn wir Familie haben und nach einem acht- bis zwölfstündigen Arbeitstag nach Hause kommen, ist es nicht einfach, darüber hinaus noch persönliche Freundschaften zu pflegen. Und so ist es nur natürlich, daß wir dazu neigen, Freundschaften mit Kolleginnen zu schließen.

Sowohl der Wunsch nach Freundschaften am Arbeitsplatz als auch die damit verbundenen Probleme wurden in unserer Umfrage immer wieder erwähnt. Ein Drittel der Befragten sagte aus, sie arbeiteten gern mit Frauen zusammen, weil »Frauen Freundschaften schließen«. Ihnen gefalle die weibliche Kameradschaftlichkeit, die »engen Beziehungen« und das »gegenseitige Vertrauen« auf persönlicher Ebene. Doch fast ebenso viele Frauen bezeichneten »Verrat« als besonders negatives Charakteristikum weiblicher Beziehungen am Arbeitsplatz. Wiederholt erwähnten sie, Frauen seien »heuchlerisch« und würden »erst die Freundin spielen und einem dann das Messer in den Rücken stoßen«.

Während der Interviews hörte ich immer wieder, wie störend sich Freundschaften auf den Kommunikationsfluß und die ordnungsgemäße Informationsweitergabe auswirken können. Die Frauen berichteten davon, daß Freundschaften Kritik an Kolleginnen und Mitarbeiterinnen erschweren sowie die Aufgabe, Entscheidungen zu treffen, die den Wünschen und Erwartungen einer Freundin nicht entsprechen. Freundschaften machen es uns darüber hinaus schwer, zu persönlichen Situationen Distanz zu gewinnen, selbst wenn es unsere beruflichen Verpflichtungen verlangen.

Nachdem ich *Women vs Women: The Uncivil Business War* gelesen hatte, war ich zunächst der Ansicht, Tara Roth

Madden würde Frauenfreundschaften im Beruf übermäßig hart und kategorisch aburteilen. »Bürofreundschaften zwischen Frauen«, schreibt sie, »können genauso kompliziert werden wie Büroaffären. Sie beeinträchtigen die Arbeit, und sie beeinträchtigen die Arbeitsmoral. Sie wirken sich hemmend auf ausschließlich berufsbezogene Aspekte wie das Vorantreiben der eigenen Karriere aus, wobei gegensätzliche Erwartungen häufig der Auslöser sind.«

Ich fand es nicht richtig, daß Madden etwas so Heiliges wie enge Frauenfreundschaftsbande angriff. Doch nach den zahlreichen Interviews mit Frauen aus Großkonzernen, mittelständischen Unternehmen und kleinen Privatfirmen mußte ich meine anfängliche Reaktion revidieren. Heute bin ich der Ansicht, daß Frauen Maddens Warnung und die Warnung anderer Frauen, die den Konflikt zwischen Freundschaft und Beruf als unüberbrückbar erlebt haben, sehr ernst nehmen sollten.

Wenn wir lernen, miteinander über die Auswirkungen von Freundschaften im Beruf zu reden, kann uns dies helfen, Verwirrungen, Kränkungen und Verrat zu vermeiden, die immer dann besonders schmerzhaft werden, wenn praktische Arbeitsanforderungen die Freundschaft an die zweite Stelle rücken. Ein Bewußtsein dafür zu entwickeln, hilft bei der Schadensbegrenzung. Wenn wir die potentiellen Fallen kennen, haben wir die Möglichkeit, mit intensiven Freundschaften am Arbeitsplatz vorsichtig umzugehen, diejenigen zu beenden, die uns Schaden zufügen oder neue einzugehen, die sich als sehr wertvoll herausstellen könnten.

Wir sollten auch die Gelegenheit wahrnehmen, eine neue Beziehungsform zu entwickeln: die Arbeitsfreundschaft. Arbeitsfreundschaften geben uns die Möglichkeit, unser Interesse an bestimmten Frauen, die wir im Beruf kennenlernen, zu leben, ohne uns mit den Erwartungen einer intensiven Busenfreundschaft belasten zu müssen. Solche Arbeitsfreundschaften sind die Antwort auf die Frage, wie Frauen ihre Zuneigung und Bewunderung für andere Frauen mit der Verantwortung für berufliche Anforderungen ins Gleichgewicht bringen können.

Was bedeutet uns Freundschaft?

Männer und Frauen definieren Freundschaft unterschiedlich. Die Psychotherapeutin Anne Wilson Schaef meint, Männer sähen in einem Freund jemanden, der »Mannschaftsgeist zeigt« und auf den man sich verlassen könne. Ein Freund sei ein »Kamerad«, ein »Kumpel«. Für Frauen beruhe Freundschaft auf gegenseitigem Respekt, Vertrauen und Wissen umeinander. Für sie beinhalte Freundschaft verbale Intimität und gegenseitigen Gedankenaustausch. Echte Freundinnen gäben sich einander vollkommen preis, weil sie wüßten, daß sie sich dabei sicher fühlen können.
Und Sicherheit ist der zentrale Punkt. Frauenfreundschaften tendieren dazu, intensiver und liebevoller zu sein als Männerfreundschaften. Männer legen das Hauptgewicht ihrer Freundschaften auf gemeinsame Unternehmungen, während Frauen miteinander reden, um größere Nähe herzustellen. Unsere Gespräche dienen der Vertrauensbildung. Wir möchten glauben, daß es sicher ist, uns einander anzuvertrauen, und daß die Freundin unser Vertrauen achten wird. Männer finden »Kumpel« im Beruf und weiten die gemeinsame Tätigkeit auch auf andere Aktivitäten aus, wie Squashtermine, Ballspiele, Skatrunden oder Fahrradtouren. Und die verschiedenen Aktivitäten können mit unterschiedlichen Kumpeln stattfinden.
Die männliche Fähigkeit, sich distanziert auf andere einzulassen, gestattet ihnen, miteinander ohne das Unbehagen zu konkurrieren, das dabei in weiblichen Beziehungen entste-

hen kann. Männer scheinen besser darauf vorbereitet zu sein, einander als funktionierende Einzelwesen im Arbeitszusammenhang wahrzunehmen; es fällt ihnen leichter, Freundschaften ihren Arbeitsbedingungen anzupassen. Frauen dagegen haben leicht Schuldgefühle oder fühlen sich verletzt, wenn Arbeitsanforderungen mit Freundschaften in Konflikt geraten.

Rita hatte sich mit Lyn, ihrer Vorgesetzten, angefreundet. Sie arbeiteten gut zusammen, und da sie beide jung und ledig waren, gingen sie bald auch am Wochenende zusammen ins Kino, zum Einkaufen oder schauten abends gemeinsam Videofilme an. Sie wurden in vielem regelrecht voneinander abhängig. Als Rita sich um eine mit einer Versetzung verbundene Beförderung bewarb, war Lyn tief verletzt, während Rita sich schuldig fühlte, »die Freundschaft zerstört zu haben«.

»Bevor ich ging«, erzählte Rita, »rief Lyn mich in ihr Büro. Sie sagte, sie hätte aus der Sache gelernt. ›Laß nie eine Arbeitsbeziehung zur Freundschaft werden‹, riet sie mir. Mein Weggehen hätte sie verletzt, und sie würde mich vermissen. Sie meinte, wir könnten die Freundschaft nicht fortsetzen, nachdem ich um die Versetzung gebeten hatte und nun mit ihr konkurrieren konnte. Dann sagte sie: ›Freundschaft mit jemandem aus der Firma kommt für mich nie wieder in Frage. Ich werde zwar einsamer sein, aber es macht die Arbeit leichter.‹«

Obwohl Rita weiß, daß jede Freundschaft mit Verlust verbunden sein kann, wenn eine der Freundinnen wegzieht oder die Umstände sich ändern, ist sie sich auch bewußt, daß ihre Entscheidung durch den Arbeitszusammenhang noch zusätzlich an Schärfe gewonnen hat. Sie kann verstehen, wie verletzend es für Lyn war, daß Rita ihr Berufsziel über die Freundschaft gestellt hat, und wird anderen Frauen diese Erfahrung ersparen. Falls sie sich wieder einer Mitarbeiterin freundschaftlich verbunden fühlen sollte, wird sie von Anfang an klarmachen, daß ihre beruflichen Prioritäten Auswirkungen auf die Freundschaft haben könnten. Wenn sich beide der möglichen Konflikte bewußt sind und sie diese offen ansprechen, könnte es ihnen gelingen, das Risiko gegenseitiger Kränkungen in einem akzeptablen Rahmen zu halten.

Lyn hatte ihre Beziehung zu Rita über eine reine Arbeitsbeziehung hinaus ausgedehnt. Ihre Freundschaft war emotional stärker in ihrem Privatleben verankert als im Arbeitszusammenhang. Deshalb bedeutete die Trennung von Rita für sie mehr als nur die Einstellung auf eine neue Mitarbeiterin. Sie bedeutete eine Neuorientierung in ihrem Privatleben, ihren Gefühlen und ihrer Lebensweise.

»Frauen brauchen Nähe und den Austausch über alles, was sie persönlich bewegt«, meint Barbara. »Wie Lyn fühlen sich viele Frauen außerhalb des Arbeitsplatzes einsam. Also wenden sie sich den Frauen zu, mit denen sie täglich zusammen sind und suchen deren Freundschaft. Verändert sich die Arbeitssituation, fühlen sich diese Frauen oft verletzt und verlassen. Sie werfen ihren Freundinnen vor, der Arbeit Priorität einzuräumen, ohne darüber nachzudenken, daß die Freundin vielleicht keine andere Wahl hatte. Ich wünschte, es wäre anders, aber Frauen können sich heute selten den Luxus erlauben, Freundschaft in den Vordergrund zu stellen, wenn es um berufliche Möglichkeiten, ums Überleben geht.«

Ein Freundschafts-Quiz

Um die mit Freundschaften am Arbeitsplatz verbundenen Probleme einmal deutlich zu machen, habe ich zehn Fragen zusammengestellt, die Sie mit »ja« oder »nein« beantworten können. Bitte denken Sie über die einzelnen Situationen nach und geben Sie dann die Antwort, die am ehesten Ihrem Gefühl entspricht. (Wir alle kennen vermutlich die angemessenen Antworten, lassen uns im Beruf jedoch vielfach von Gefühlen statt von unserem Wissen leiten.)

Wenn Sie mit einer Frau aus Ihrer Firma befreundet sind, würden Sie:

1. sich dabei unwohl fühlen, ihr Vorgehen/ihre Verhaltensweise zu kritisieren?
2. sich Gedanken um sie machen, wenn Ihnen eine Beförderung oder neue Berufsmöglichkeiten in Aussicht gestellt werden?
3. offen und ehrlich mit ihr über Ihre Ängste, Schwächen oder Sorgen sprechen?
4. nur ungern mit ihr um Beförderungen oder Aufstiegsmöglichkeiten konkurrieren?
5. sich in Ihrer Arbeit davon beeinflussen lassen, was Sie über das soziale oder familiäre Umfeld Ihrer Freundin wissen?
6. sich verletzt fühlen, wenn sie Ihre Arbeitsleistungen kritisiert?
7. sich betrogen fühlen, wenn sie etwas, daß Sie ihr anvertraut haben, dazu benutzt, um Sie in einer Konkurrenzsituation ins Hintertreffen zu setzen?
8. sich im Stich gelassen fühlen, wenn sie eine Stellung in einer anderen Stadt annimmt?
9. es ihr übelnehmen, wenn sie Möglichkeiten wahrnimmt, durch die ihr beruflicher Status höher wird als Ihr eigener?
10. erwarten, daß sie der Lösung persönlicher Probleme zwischen Ihnen Vorrang vor der Arbeit einräumt?

Die Antworten auf diese Fragen vermitteln uns Einsichten in unsere persönlichen Freundschaftsansprüche. Wenn wir auch nur eine dieser Fragen mit »ja« beantworten, müssen wir darauf gefaßt sein, daß unsere Erwartungen Produktivität und Arbeitsleistungen beeinträchtigen oder bei unseren

Freundinnen am Arbeitsplatz Verärgerung und ein Gefühl von Verrat hervorrufen können.

Verrat

Wenn wir eine Frau für unsere Freundin halten, erwarten wir von ihr, daß sie unsere Geheimnisse bewahrt und sich mit uns über unser Glück freut. Wir sind weniger auf der Hut und lassen bei der Weitergabe von Informationen nicht die gleiche Vorsicht walten wie bei anderen Kolleginnen. Das kann unter Umständen zu Verrat oder zumindest dem Gefühl, von unserer Freundin am Arbeitsplatz verraten worden zu sein, führen.

Tonya beaufsichtigte eine Testabteilung für wissenschaftliche Instrumente. Beth Ann, Tonyas Freundin, hatte die gleiche Position in einer anderen Abteilung. Als die Firma beschloß, sich zu vergrößern, wurde die Stelle einer Aufsichtsleitung für alle Testabteilungen eingerichtet. Tonyas Vorgesetzter teilte ihr mit, daß man sie für diesen Posten vorgesehen habe, bat sie jedoch, noch Stillschweigen zu bewahren, da die Firma den Posten ausschreiben und Bewerbungen annehmen wolle. Doch Tonya lief in ihrer Begeisterung gleich zu Beth Ann und erzählte ihr die gute Nachricht. Beth Ann reagierte zunächst recht kühl, worauf Tonya sich vorwarf, nicht an die Gefühle der Freundin gedacht zu haben. Am nächsten Tag ging Beth Ann zur Geschäftsleitung und drohte mit einer offiziellen Beschwerde darüber, daß man Tonya den Job angeboten hatte, ohne ihn vorher ordnungsgemäß auszuschreiben.

Tonya war entsetzt, daß ihre Freundin ihr Geheimnis verraten und sie derart öffentlich bloßgestellt hatte. Sie fühlte sich »übervorteilt und betrogen«, wie sie uns während eines Workshops sagte. Sie hatte geglaubt, Beth Ann als Freundin trauen zu können, und mußte nun lernen, daß in Fällen, in denen es um Beförderungen und höhere Gehälter geht, Freundschaftsregeln oft wenig zählen.

Beth Anns Verhalten mag extrem erscheinen, und Sie könnten sich zu Recht fragen, welche wahre Freundin denn so handeln würde. Und doch hat sich die Geschichte genau so abgespielt, und ich habe ähnliche Geschichten auch von vielen anderen Frauen gehört. Tonya konnte Beth Anns Reaktion auf ihr Geheimnis nicht voraussehen. In Zukunft hat sie die Möglichkeit, über potentielle Konflikte schon zu Beginn der Freundschaft zu sprechen oder sich und ihre Freundin zu schützen, indem sie keine beruflichen Vertraulichkeiten weitergibt.

Auch Mary mußte erleben, daß allzu große Mitteilsamkeit zu Verrat führen kann, wenn Gehalt und berufliche Chancen ins Spiel kommen. Mary war als unabhängige Wirtschaftsprüferin tätig und erfuhr von einer offenen Stelle bei einer der besten Kanzleien der Stadt. Aufgeregt rief sie ihre Freundin Margo an und bat sie, sich mit ihr zu treffen, um ihr bei dem Bewerbungsschreiben und der Vorbereitung auf das Vorstellungsgespräch zu helfen. Sie hatten einander schon früher geholfen, und Mary dachte: »Wer wäre besser geeignet als Margo, um mich jetzt zu unterstützen!«

Margo, ebenfalls Wirtschaftsprüferin, hatte erst durch Mary von der offenen Stelle erfahren. Kaum war das Telefongespräch beendet, rief sie in der Kanzlei an und bat um ein Vorstellungsgespräch, das für den nächsten Tag vereinbart wurde. Als Mary von Margos Vertrauensbruch erfuhr, war sie natürlich tief enttäuscht und fühlte sich von ihrer »besten Freundin« hintergangen.

Nachdem ich während eines Workshops Tonyas und Marys Geschichten erzählt hatte, meldete sich eine attraktive Frau zu Wort. Sie stellte sich als Besucherin aus Norwegen vor, wo sie einen Regierungsposten in der Gesundheitsverwaltung innehatte. Sie war die einzige Frau in ihrem Arbeitsbereich. Sie könne Tonyas und die anderen Betrugsgeschichten, die sie gehört hatte, kaum glauben, meinte sie. »Ich würde niemals Informationen weitergeben, durch die eine andere Frau mich übervorteilen könnte«, sagte sie. »Das sagt mir doch schon der gesunde Menschenverstand. Ich würde eine Frau nie in die Situation bringen, zwischen mir als Freundin und einer Stellung, die sie haben möchte, wählen zu müssen. In Norwegen halten wir Freundschaften und Arbeitsbeziehungen bewußt auseinander, um uns und andere vor solchen Situationen zu bewahren, wie sie hier beschrieben wurden.« Vielleicht können wir von unserer norwegischen Kollegin lernen.

Wenn Mary den Konflikt mit Margo vorausgesehen hätte, wäre sie wohl nicht so bereitwillig mit der Information über die freie Wirtschaftsprüferstelle herausgerückt. Sie hätte ihr vielleicht erst davon erzählen sollen, nachdem ihr die Stelle angeboten wurde. Dann hätte sie erklären können, daß sie aus Rücksicht auf ihre Freundschaft Margo nicht in die schwierige Situation bringen wollte, mit ihr um die gleiche Stelle zu konkurrieren. Als Freundinnen hätten sie über die beruflichen Notwendigkeiten und die Wichtigkeit ihrer Freundschaft sprechen können.

Solche Gespräche fallen Frauen sicher nicht leicht, aber sie sind notwendig, um sowohl die Freundschaft zu erhalten, als auch im Beruf funktionsfähig zu bleiben. Dabei muß ich an Sheryl denken, eine Chefsekretärin, die Freundschaft über ihren Job stellte und letztlich beides verlor. Wäre sie fähig gewesen, mit ihrer Freundin Alexis über ihre Freundschaftsansprüche zu reden, hätte sie vielleicht das schmerzliche Ende eines Freundschafts- und Arbeitskonflikts vermeiden können.

Sheryl lernte Alexis, eine Rechnungsprüferin, während eines Schulungslehrgangs ihrer Firma kennen. Die beiden verstanden sich auf Anhieb, verbrachten jede freie Minute miteinander und führten endlose Gespräche über ihr Leben, ihren Beruf und die Firma. Bei einem dieser Gespräche erzählte Alexis, sie habe gerüchtweise gehört, daß eines der älteren Produkte der Firma auslaufen solle. Für Sheryl war dies ein Schock, denn das würde ihren Chef direkt betreffen. Sie fühlte sich verpflichtet, ihn zu warnen, und erzählte ihm am nächsten Tag von dem Gerücht. Er verlangte, die Quelle des Gerüchtes zu erfahren, und drohte, als Sheryl sich weigerte, mit Kündigung. Sheryl stand zu ihrer Überzeugung, eine Freundin niemals bloßstellen zu dürfen, und ihr Chef machte seine Drohung wahr.

Sheryl glaubte, Alexis würde ihre Verschwiegenheit zu schätzen wissen, und Alexis bedankte sich auch dafür. Doch sie bot Sheryl weder Trost noch Hilfe bei der Suche nach einer neuen Stellung an. Die Freundschaft wurde immer angespannter und zerbrach schließlich. »Ich fühlte mich betrogen«, beklagte sich Sheryl später bei Barbara in einem Beratungsgespräch. »Ich habe die Freundschaft in Ehren gehalten und dadurch alles verloren – den Job und die Freundin.«

Erwartungen, die wir an Freundschaften und das Verhalten von Freundinnen stellen, geraten oftmals mit beruflichen Anforderungen in Konflikt. Wenn wir diese Konflikte nicht mit der Freundin besprechen können, müssen wir zumindest darauf achten, keine Informationen weiterzugeben, die gegen uns verwendet werden könnten.

Es gibt verschiedene Ebenen von Freundschaft und Vertrauen, sowohl im Privat- als auch im Berufsleben. Wie weit wir uns auf eine Freundschaft einlassen, hängt von den Umständen ab und natürlich davon, wie gut wir uns mit der Freundin verstehen und wie weit wir ihr vertrauen. Manchmal ist es ratsam, sich zurückzuhalten und nicht absolut offen und vertrauensvoll zu sein. Diese Entscheidung mag vielleicht nicht unbedingt befriedigen, aber das dadurch erreichte Maß an Kontrolle über die Beziehung und die Situation könnte sich – sowohl für uns selbst als auch für unsere

Freundinnen – als weniger schmerzlich erweisen. Wenn wir nichts Vertrauliches preisgeben, kann uns auch niemand verraten.

Konkurrenz

Die Schwierigkeit, mit Freundinnen um Beförderungen und Aufstiegschancen zu konkurrieren, wurde bereits im letzten Kapitel ausführlich behandelt. Doch in manchen Fällen geht es nicht darum, welche Freundin den Preis erringt, sondern die Freundschaft selbst ist der Preis. Oft konkurrieren Frauen miteinander um Freundschaft; und der Arbeitsplatz bietet keinen Schutz vor eifersüchtigen Frauen, die uns Freundschaften mit Kolleginnen verübeln. Leider errichten Frauen, die diese Eifersucht ausleben, vielfach große Hürden für uns alle.

Irene mußte mit solchen Hürden fertig werden, als Pat versuchte, ihr Marcia »auszuspannen«. Irene und Pat waren Projektleiterinnen von zwei, nach Pats Ansicht, rivalisierenden Teams. Marcia und Irene waren seit einiger Zeit gut befreundet, doch als Marcia Pats Team zugeteilt wurde, betrachtete Pat diese Freundschaft als Bedrohung ihrer Autorität. »Pats Gruppe war Pats Territorium«, berichtete Irene. »Wenn ich auch nur an Marcias Schreibtisch stehenblieb oder mit ihr über den Parkplatz ging, fuhr Pat sofort die Krallen aus. Sie verbot mir quasi jeden Kontakt. Marcia gehörte ihr. Pat fühlte sich in ihrer Autorität durch unsere Freundschaft bedroht und war nicht gerade subtil in ihren Bemühungen, uns auseinanderzubringen. Dabei spielte es keine Rolle, worüber wir redeten – und wenn es nur darum ging, wo man am besten rote Petunien bekam. Jeder Kontakt wurde von Pat als Angriff gegen ihre Autorität und ihre Führungsqualität angesehen.«

Irene befürchtete, daß Marcia, die ja Pats Untergebene war, letztlich den größten Schaden aus diesem »Gebietskampf« davontragen würde. Sie entschied daher, daß die Vermeidung jeden Kontakts mit Marcia während der Arbeitszeit die Spannung mindern würde und ihrer eigenen Konzentration zugute käme. Doch Irene und Marcia waren sich ihrer Beziehung so bewußt geworden, daß sie sich selbst bei ihren abendlichen Telefonaten und morgendlichen Treffen zum Kaffeetrinken nicht mehr wohlfühlten. Ohne es zu wollen, hatte ihre Freundschaft Konflikte zwischen den beiden Arbeitsgruppen ausgelöst und, wie Pat es sah, zu einer Konkurrenz um die »Kontrolle« über Marcia geführt. Glücklicherweise waren Irene und Marcia fähig, über das Problem zu sprechen. Sie entschieden, daß es für alle Beteiligten einfacher wäre, ihre Freundschaft bis zur Beendigung von Pats Projekt auf Eis zu legen.

Auch im Fall von Darcy und Julia ging es um Konkurrenz und Eifersucht. Darcy war neu im Büro, brauchte eine Freundin und ging daher gern auf Julias Freundschaftsangebot ein. Sie verbrachten die Pausen zusammen und führten lange Telefonate über ihr Leben, ihre Zukunftspläne und vergangene Beziehungen. Je enger die Freundschaft wurde, desto mehr Ausschließlichkeit erwartete Julia von ihr. Doch die kontaktfreudige Darcy gewöhnte sich schnell in der neuen Firma ein. Als sie eine lockere Freundschaft mit Jeff, dem Niederlassungsleiter, begann, wurde Julia eifersüchtig und zog sich von Darcy zurück.

Darcy war voll damit beschäftigt, neue Leute kennenzulernen, und bemerkte die Unstimmigkeiten erst, als ihr auffiel, wieviel Zeit Julia mit Annie, einer neuen Mitarbeiterin, verbrachte. Annie war Darcy unterstellt und griff sie bei der ersten Leistungsbeurteilung mit der Behauptung an, sie sei eine schlechte Führungskraft. Sie behauptete, Darcy habe ihr weder angemessenen Rückhalt gegeben, noch genügend Verantwortung übertragen. »Mir war klar, daß Julia hinter diesem Angriff steckte«, sagte Darcy. »Sie wollte mich dafür bestrafen, daß ich mich mit Jeff angefreundet hatte, und glaubte, über Annie an mich ranzukommen. Als ich Annie fragte, an welche Verantwortung sie gedacht und welche Art Rückmeldung sie gebraucht hätte, kam nichts. Ich fragte sie offen, ob Julia sie auf dieses Gespräch vorbereitet habe, und sie gab zu, daß Julia ihr nicht nur eingetrichtert hatte, was sie sagen sollte, sondern sie sogar davor gewarnt hatte, irgendeiner positiven Äußerung meinerseits zu trauen. Ehrlich, ich hätte mir nie träumen lassen, daß Freundschaft am Arbeitsplatz solche Auswirkungen haben kann. Aber ich habe daraus gelernt. Von jetzt an werde ich zu jedem freundlich sein, mich aber nie wieder auf eine exklusive Freundschaft einlassen!«

Julias Reaktion mag manchen von uns übertrieben vorkommen; dachten wir doch, wir hätten diese Art Verhalten mit Beendigung der Schulzeit abgelegt. Doch ich habe auch von anderen Frauen viele ähnliche Geschichten gehört und kann daraus nur schließen, daß jede von uns mit Eifersuchtsreaktionen rechnen muß, wenn wir im Beruf exklusive Freundschaften eingehen. Es ist schade, daß Frauen im Kampf um Freundschaften ein derart unerfreuliches und unproduktives Verhalten an den Tag legen können. Darcys Entschluß, zu allen Kolleginnen freundlich zu sein, sich aber mit niemandem näher einzulassen, stellt eine bedenkenswerte Alternative für alle Frauen dar, denen an guten Arbeitsbeziehungen gelegen ist.

Exklusive Freundschaften

Selbst eine unkomplizierte, enge Freundschaft kann den für einen reibungslosen und produktiven Arbeitsablauf nötigen Kommunikationsfluß beeinträchtigen. Ja, exklusive Freundschaften können für andere regelrecht zum Hindernis bei der Bewältigung ihrer Arbeit werden. Oft ist Frauen, deren Aufmerksamkeit ganz von ihrer Freundschaft in Anspruch genommen wird, gar nicht klar, welche Auswirkung diese auf den Arbeitsablauf hat. Wird es ihnen jedoch bewußt, haben sie die Möglichkeit, während der Arbeitszeit eine professionelle Distanz zu wahren und ihre Freundschaft auf die Freizeit zu verlagern.

Deana kam zu mir, um sich bei einem Bewerbungsschreiben helfen zu lassen. Sie hatte sich entschlossen, ihre Stellung in der Verkaufsstelle eines Spielwarenunternehmens aufzugeben, weil sie die »unmögliche Situation« nicht mehr ertragen konnte. Schuld daran waren zwei Frauen, Joan und Peggy, die sich durch ihre Freundschaft von der Verantwortung für den reibungslosen Geschäftsablauf ablenken ließen. Joan und Peggy waren zuvor in unterschiedlichen Abteilungen Substitutinnen gewesen, doch dann wurde Peggy zur Geschäftsführerin befördert, und die beiden verbrachten die meiste Zeit zusammen, waren oft in Peggys Büro, wo sie sich unterhielten und lachten. Andere Mitarbeiter wagten kaum, diese »Plauderstündchen« zu unterbrechen, wenn sie Fragen hatten oder Arbeitsanweisungen benötigten.

Die Kommunikation wurde besonders schwierig, als die unter Joan arbeitenden Angestellten, zu denen Deana gehörte, das Gefühl bekamen, Joan »vernachlässige die Abteilung«, weil sie sich nicht mehr um den Warenbestand kümmerte und für die Probleme des Verkaufspersonals nicht mehr zu sprechen war. Beschwerden bei Peggy, der Geschäftsführerin, nutzten nichts, da Peggy diese Beschwerden mit Bemerkungen wie Joan sei einfach nur übermüdet und sie sollten ihr »nicht so zusetzen« abwehrte.

»Wir haben das untereinander besprochen«, erzählte mir Deana. »Offenbar geht ihnen die Freundschaft über die Verantwortung für das Geschäft. Die Verkaufsstelle scheint ihnen egal geworden zu sein, nur ihre Freundschaft zählt. Wir können uns nicht beschweren, weil sie uns entweder nicht zuhören oder sich gegenseitig in Schutz nehmen. Die Situation ist unmöglich!«

Zwei Monate später traf ich Deana wieder. Sie erzählte mir, daß die Verkaufsstelle, in der sie, Joan und Peggy gearbeitet hatten, geschlossen würde. Die Unternehmensleitung sei mit den Verkaufsergebnissen nicht mehr zufrieden gewesen, und das Gebäude stehe zum Verkauf. Deana war der Meinung, daß die durch Joans und Peggys Freundschaft entstandene Beeinträchtigung des Kommunikationsflusses entscheidend zum Niedergang der Filiale beigetragen hatte. Wenn Joan und Peggy in der Lage gewesen wären, sich lange genug von ihrer Freundschaft freizumachen, um zu erkennen, wie sehr ihre ausschließlich aufeinander gerichtete Aufmerksamkeit den Fortbestand des Geschäfts gefährdete, hätten sie alle ihren Job vermutlich nicht verloren.

Was Joan und Peggy nicht lernten, hatte Deana jedoch begriffen. Sie wird offen über Freundschaft und berufliche Prioritäten sprechen, bevor sie sich auf eine Freundschaft am Arbeitsplatz einläßt. »Ich schätze Freundschaft«, sagt sie, »aber wenn ich eine Stellung annehme, respektiere ich die damit verbundenen Anforderungen. Und ich erwarte von jeder Frau, die mit mir befreundet sein will, daß auch sie diese Prioritäten setzt.«

Mögliche Konflikte zwischen Freundschaften und Arbeitsanforderungen vorauszusehen und mit unseren Freundinnen zu besprechen, schafft die Voraussetzung für eine offene Kommunikation, wenn es tatsächlich zu Schwierigkeiten kommen sollte. »Ich wünschte«, meinte Corrina, nachdem sie den ersten Entwurf dieses Kapitels gelesen hatte, »daß Stephanie und ich schon früher über unseren unterschiedlichen Arbeitsstil geredet hätten. Meine Freundschaft mit Stephanie ist mir wichtig, und ich möchte sie nicht verlieren. Aber zur Zeit macht sie gerade eine schwere Krise in ihrem Privatleben durch und hat das Bedürfnis, ständig darüber zu reden. Jedesmal, wenn sie ein paar Minuten Zeit hat, kommt sie in mein Büro und möchte, daß ich sofort alles fallenlasse und ihr zuhöre. Leider habe ich ihr nie deutlich gemacht, daß ich, wenn ein Termin ansteht, konzentriert durchzuarbeiten pflege. Unterbrechungen sind für mich ein Greuel. Und jetzt sitze ich in der Klemme, weil ich Stephanie nicht kränken möchte und die vertrauensvolle Beziehung, die zwischen uns besteht, nicht gefährden will.«

Corrina erkannte, daß die Freundschaft mit Stephanie einen problematischen Punkt erreicht hatte, und wog die Risiken und Konsequenzen sorgfältig ab. Sie konnte Stephanie nicht ständig zur Verfügung stehen und gleichzeitig die zur Einhaltung knapper Termine erforderliche Leistung erbringen. Die Freundschaft war ihr extrem wichtig – aber ihre Stellung auch.

Schließlich entschied sich Corrina, Stephanie direkt auf diesen Konflikt anzusprechen. Sie erklärte ihr in aller Deutlichkeit, daß ihr die Freundschaft überaus wichtig sei, sie sich aber wesentlich wohler fühlen würde, wenn sie beide ihre unterschiedlichen Arbeitsstile und die mit der Arbeit und der Freundschaft verbundenen Bedürfnisse akzeptieren könnten. Stephanie hatte volles Verständnis dafür und dankte Corrina für ihre Ehrlichkeit und Anteilnahme. Indem sie das Risiko einging, das Problem offen anzusprechen, erreichte Corrina eine positive Lösung des Dilemmas zwischen Arbeitsanforderungen und Freundschaftsansprüchen. Sowohl sie als auch Stephanie wissen das, was sie daraus gelernt haben, zu schätzen. Sie haben es sich zum Prinzip gemacht, mit anderen Frauen über die Risiken exklusiver Freundschaften am Arbeitsplatz zu reden und sie darauf hinzuweisen, wie wichtig es ist, entstehende Probleme offen anzusprechen und gemeinsam zu lösen.

Kritik an Freundinnen

Verständlicherweise scheuen wir vor Kritik an unseren Freundinnen zurück. Vielleicht fallen uns Leistungsschwächen nicht auf, weil wir nur auf die Qualitäten achten, die wir an ihnen bewundern; vielleicht wollen wir auch die Gefühle unserer Freundinnen durch das Verschweigen ihrer Schwächen schonen. Im Idealfall wird eine wahre Freundin konstruktive Kritik als Zeichen echter Anteilnahme und Besorgnis akzeptieren, ja sogar begrüßen. Doch wenn im Berufsleben eine Vorgesetzte ihrer Freundin eine schlechte Leistungsbewertung geben muß, gerät sie plötzlich in eine überlegene, wertende Position. Viele fühlen sich in solch einer Lage unwohl und übersehen die Probleme lieber, als sie anzusprechen.

Genauso war Rea mit ihrer Freundin Suzy umgegangen, und die Probleme fielen auf Sabina zurück, als diese Reas Posten übernahm. In Sabinas Abteilung wird nach dem Leistungsprinzip bezahlt. Kurz nachdem sie Rea abgelöst hatte, entdeckte Sabina, daß Suzys Leistungen weit unter Niveau lagen, obwohl sie überdurchschnittlich gut bezahlt wurde. Sabina befürchtete, daß Suzy unter der schlechten Bewertung »zusammenbrechen« würde, und tatsächlich war Suzy völlig am Boden zerstört, als Sabina ihr die negativen Ergebnisse mitteilte und sie wegen mangelhafter Leistungen abmahnte. Sie hatte nicht einmal geahnt, daß ihre Arbeit schlecht war. Ihre Freundin Rea hatte ihr nie auch nur ein Wort gesagt.

Ihre Freundschaft hatte es Rea unmöglich gemacht, mit Suzy kritisch über ihre Leistungen zu sprechen. Infolgedessen übernahm Sabina eine »schlecht geführte« Abteilung, die vor allem unter Suzys mangelhafter Arbeit litt. Reas Impuls, sie zu schützen, hatte nicht nur der Abteilung geschadet, sondern auch Suzy die konstruktive Rückmeldung verweigert, die sie gebraucht hätte, um ihre Arbeitsleistun-

gen zu verbessern. Dies bedeutete für Suzy letztlich eine verheerende Konfrontation mit der Realität, von der Gefahr, ihren Job zu verlieren, ganz zu schweigen.
Eine offene und ehrliche Verständigung über das heikle Thema Kritik mag für manche Frauen sehr bedrohlich sein, hätte aber Suzy und Sabina einige schmerzliche Momente erspart. Wenn es Frauen gelingt, freundliche, konstruktive Kritik als Bestandteil ihrer Freundschaften zu betrachten, haben ihre Beziehungen am Arbeitsplatz eine Überlebenschance. Fühlen sie sich dazu nicht in der Lage, bleibt ihnen noch die Möglichkeit, ihre Freundschaft zu lockern und sie in eine professionellere Beziehung umzuwandeln. Uns allen muß klar sein, daß niemand von einer Freundschaft profitiert, die weder ernsthafte Kritik noch notwendige Auseinandersetzungen zuläßt.

Bevorzugung von Freundinnen

Die meisten von uns haben schon als kleine Mädchen gelernt, daß Freundinnen einander helfen. Freundinnen haben eine besondere Beziehung. Wir dienen einander als Fürsprecherinnen. Wir stehen für unsere Freundinnen ein und erwarten das gleiche von ihnen. Da uns Frauenfreundschaften auf einer persönlichen Ebene tief berühren, wird die Erwartung, Freundinnen sollten einander bevorzugen, für manche im Berufsleben zu einem großen Problem.
Die Schwierigkeit, eine ihre Freundin in Mitleidenschaft ziehende Entscheidung treffen zu müssen, quälte Lois zwei Wochen lang, bevor sie entsprechend ihrer beruflichen Prioritäten handelte. Lois wandte sich an Barbara, als ihr klar wurde, daß sie zwischen dem Wohl ihrer Firma und dem ihrer Freundin wählen mußte.
Lois war Büroleiterin einer Immobilienfirma. Bei einer

Schulveranstaltung lernte sie Karen kennen, die mit ihrem sechsjährigen Sohn vor kurzem zugezogen war. Lois und Karen fanden sich auf Anhieb sympathisch. Als Karen sie nach Arbeitsmöglichkeiten fragte, schlug Lois ihr vor, sich bei ihrer Immobilienfirma um die Stelle einer Empfangssekretärin zu bewerben. Karen wurde eingestellt, und die beiden Frauen, die sich jetzt täglich sahen, vertieften ihre Freundschaft. Da beide alleinerziehend waren, verbrachten sie die Wochenenden zusammen, sahen sich mit ihren Söhnen Fußballspiele an und trafen sich zum Pizzaessen. Sie tauschten ihre Lebenserfahrungen, Erziehungspläne, Ängste und Enttäuschungen aus. Karen sprach offen über ihre Abneigung gegen einen ihrer Chefs, der sie an ihren Exmann erinnerte. Sie gestand, daß sie unter starkem Streß in Panik gerate und »die Dinge einfach laufen ließ«, statt zu versuchen, sich ihre Zeit einzuteilen. Beim Kaffee erzählte sie Lois lachend von der Reaktion der Makler, wenn sie Nachrichten »verschluderte« oder Vertragsinformationen verlegte.

Karen war begeistert, eine Freundin wie Lois gefunden zu haben, und auch Lois begrüßte diese Freundschaft – bis die Firma beschloß, eine Zweigstelle im Osten der Stadt zu eröffnen und Lois mit der Auswahl der neuen Büroleiterin beauftragte. Lois Stellung war abhängig vom Erfolg der Immobilienfirma. Sie mußte also die für ihre Firma bestmögliche Entscheidung treffen, hatte aber gleichzeitig auch Verpflichtungen ihrer Freundin gegenüber. Karen wußte von der Firmenerweiterung und erwähnte mehrfach, wie schön es sein würde, wenn sie erst beide ihre eigenen Büros zu führen hätten. Sie ging selbstverständlich davon aus, daß Lois sie für den Posten auswählen würde. Schließlich war sie ihre beste Freundin und wußte, wie sehr Karen das höhere Gehalt brauchen konnte.

Doch Lois stellte sich ernsthaft die Frage, was sie tun sollte. Wenn sie ehrlich war, konnte sie Karen nicht mit der Leitung des neuen Büros beauftragen, da sie weder die Anlagen noch die erforderlichen Fähigkeiten dazu besaß. Lois entschied sich für jemanden mit mehr Erfahrung, größerem Können und bereits unter Beweis gestelltem Verantwortungsbewußtsein. Als Lois Karen persönlich über diese Entscheidung informierte – was sie, wie sie meinte, ihrer Freundschaft schuldig war –, reagierte Karen zunächst schockiert und dann mit zorniger Empörung. »Wie konntest du nur, wie konntest du nur?« rief sie immer wieder. »Ich bin deine beste Freundin! Wie konntest du mir das antun?«

Als Lois versuchte, Karen zu erklären, daß ihr nach wie vor an ihr gelegen sei, beschimpfte Karen sie als Lügnerin und rannte aus dem Büro. Während der nächsten zwei Wochen, bevor Karen zu ihren Eltern zog, schwärzte sie Lois überall in der Stadt als notorische Lügnerin an, die Karen Freundschaft vorgegaukelt und sie dann auf das übelste hintergangen habe. Obwohl Barbara Lois versicherte, daß sie die einzig richtige Entscheidung getroffen habe, konnte Lois das Gefühl nicht loswerden, in gewisser Weise das freundschaftliche Vertrauen gebrochen zu haben.

»Ich hätte diese Situation voraussehen müssen«, meinte Lois rückschauend zu Barbara. »Ich wäre eine bessere Freundin gewesen, wenn ich Karen gleich beim ersten Mal, als sie von ihrer Schlampigkeit im Büro erzählte, darauf hingewiesen hätte, daß das nicht gut gehen kann. Ich hätte ihr sofort sagen sollen, daß ich eines Tages möglicherweise eine Entscheidung treffen muß, die auf ihren Arbeitsleistungen basiert. Ich hätte ihr vorschlagen können, Streßbewältigungskurse zu besuchen. Vielleicht hätte sich unsere Freundschaft verändert, aber ich hätte mit dazu beigetragen, den ganzen Schmerz und die Wut, die sie jetzt empfindet, zu verhindern.«

Der Druck, unter den Lois geriet, als sie eine ihre Freundin berührende geschäftliche Entscheidung treffen mußte, entstand durch die Erwartungen, die Karen an die Freundschaft stellte. In einem ähnlichen Fall fühlte Phyllis sich von ihrer Freundin Janell unter Druck gesetzt; ein Druck, der durch die anderen Frauen in ihrer Abteilung noch verstärkt wurde. Für Phyllis wurde die Janell betreffende Entscheidung durch die Erwartungen der anderen zu einer regelrechten Zwickmühle.

Phyllis hatte es rasch zu einer Führungsposition in einer großen Versicherungsgesellschaft gebracht. Als man Janell als Trainee einstellte, erkannte Phyllis bald, was in ihr steckte, und widmete ihr besondere Aufmerksamkeit. Beide waren in den Zwanzigern und hatten viele gemeinsame Interessen. Gegenseitiges Verständnis und gemeinsame Neigungen führten zu einer von beiden gleichermaßen geschätzten Freundschaft. Ihre unterschiedlichen beruflichen Positionen erschienen ihnen unwichtig, bis Phyllis eine Stellung zu vergeben hatte, die für Janell eine Beförderung bedeutet hätte. Phyllis wußte, daß Janell für den Posten qualifiziert war und die Beförderung, unter Berücksichtigung aller Kriterien, auch verdient hätte. Aber alle wußten, daß die beiden Frauen befreundet waren. Wenn Phyllis Janell den anderen Trainees vorzog, würde man das einzig und allein auf ihre Freundschaft zurückführen; beide Frauen müßten danach mit dem Widerstand oder sogar der Feindseligkeit der anderen rechnen.

Beförderte sie Janell dagegen nicht, würde die Freundin sich mit Sicherheit fragen, warum man ihr eine andere vorgezogen hatte. Und selbst wenn Phyllis gute Gründe gehabt hätte, Janell zu übergehen, hätten die anderen Frauen Phyllis Entscheidung als einen Bruch der Freundschaft werten können. Das hätte Phyllis Standfestigkeit und Fairness auch den anderen gegenüber in Frage gestellt.

Phyllis entschied sich, Janell zu befördern, und nahm die Klagen über Bevorzugung und Begünstigung in Kauf. Sie erkannte, daß eine Fortsetzung ihrer Freundschaft mit Janell im Arbeitszusammenhang zu ständigen Reibereien führen würde. Nach einem offenen Gespräch beschlossen beide, aus Rücksicht auf das Arbeitsklima und ihr berufliches Fortkommen ihre private Freundschaft zu reduzieren. Wenn sie sich zukünftig in der Freizeit trafen, luden sie auch andere Arbeitskolleginnen mit ein. Die Einbeziehung anderer Frauen in ihre Freundschaft wirkte dem Eindruck von Exklusivität entgegen und sorgte für eine angenehmere Arbeitsatmosphäre, in der sie beide als gute Kolleginnen und nicht als einander verpflichtete Freundinnen tätig sein konnten.

Gemeinsame Geschäftsgründung

Wenn Frauen eine Geschäftspartnerschaft eingehen, kann daraus schnell eine Freundschaft werden. Und wenn wir nicht aufpassen, können sich solche Freundschaften störend auf geschäftliche Verpflichtungen auswirken und unsere Konzentration und Produktivität gefährden.
Vor der Gründung von Women Works kannten Barbara und ich einander nur flüchtig. Wir wohnten in der gleichen Gegend und hatten gleichaltrige Söhne, die miteinander befreundet waren. Erst durch die gemeinsame Arbeit kamen wir uns auch persönlich näher.
Wir begannen, morgens gemeinsam zur Arbeit zu gehen und tauschten schon bald Erfahrungen und Gefühle auf einer sehr persönlichen Ebene aus. Unsere Beziehung entwikkelte den für Frauenfreundschaften so typischen emotionalen Zusammenhang. Barbara erfuhr, daß ich gegen viele Unsicherheiten zu kämpfen habe und mich von den Gefühlsschwankungen im Leben meiner Kinder nicht so distanzieren kann, wie ich gern möchte. Ich erfuhr von Barbaras Konflikten innerhalb des Familien- und Bekann-

tenkreises. Ich wußte, wie gekränkt und verletzt sie auf scheinbar harmlose Interaktionen reagieren konnte, seien es nun Feiertagseinladungen oder Familienereignisse. Wir entwickelten ein Gespür für den jeweiligen Gemütszustand der anderen. War die eine verstört, half ihr die andere sofort, das Gleichgewicht wiederzufinden.

Schon bald planten wir gemeinsame Wochenendunternehmungen mit unseren Familien, liefen zusammen Wasserski und gingen zu Rockkonzerten. Ständig hingen wir am Telefon, nur um »uns auf dem laufenden zu halten« oder gute Neuigkeiten auszutauschen. Unsere Strategietreffen für Women Works wurden zu einem beschwingten Austausch zwischen uns beiden und Betty, die zwar gute Ideen und Vorschläge einbrachte, ansonsten aber eine freundliche, professionelle Distanz wahrte.

Dann kühlte plötzlich die Freundschaft zwischen unseren Söhnen ab. Als Mütter stellten wir uns auf die Seite unserer Söhne; als Freundinnen konnten wir die Gefühle der anderen nachempfinden. Beim nächsten Women Works-Treffen war die Spannung mit Händen greifbar. Barbara wußte, wie verwundbar mich die Fehler meiner Kinder machen konnten, und ich wußte, wie emotional Barbara auf Ungerechtigkeiten reagierte. Wir waren beide unfähig, uns auf wichtige Geschäftsentscheidungen zu konzentrieren. Jeder angeschnittene Punkt wurde sofort gefühlsmäßig besetzt und brachte uns in Verteidigungsstellung. Es gelang uns zwar, äußerlich Haltung zu bewahren, aber innerlich waren wir so mit unserem Konflikt beschäftigt, daß die geschäftlichen Prioritäten völlig in den Hintergrund traten.

Nach zwei solcher Sitzungen, bei denen unsere Aufmerksamkeit mehr den Emotionen als den Finanzen galt, erkannten Barbara und ich, daß wir das Problem anders angehen mußten. Unsere persönliche Beziehung hatte sich vor unsere Arbeitsbeziehung geschoben, und wir mußten zu einer professionelleren Basis zurückfinden. Wir begriffen, daß uns nichts anderes übrigblieb, als die enge Freundschaft zu beenden und damit aufzuhören, unsere Verletztheit zur Schau zu stellen und unsere emotionalen Erwartungen auf die Arbeit zu übertragen.

Barbara und ich setzten uns nie zusammen, um den Konflikt zwischen Freundschaft und Geschäft auszudiskutieren. Wir hatten beide die Situation erkannt und zogen uns stillschweigend aus der täglichen Intimität unserer Freundschaft zurück. Um Women Works und uns selbst zu schützen, hörten wir mit unseren Spaziergängen auf und riefen uns nur noch an, wenn es um Geschäftliches ging. Auch die gemeinsamen Wochenendunternehmungen stellten wir ein. Trotzdem gehen wir weiter freundlich miteinander um und freuen uns, Neuigkeiten aus dem Leben der anderen zu erfahren, wenn wir uns in der Nachbarschaft begegnen oder vor einer Women Works-Sitzung noch Zeit zum Plaudern haben. Doch ansonsten konzentrieren wir uns auf das Geschäftliche. Unsere Geschäftsbeziehung hat bis heute erfolgreich gehalten, weil wir die Grenzen respektieren, die Freundschaften in einem solchen Rahmen gesetzt sind, und unsere Aufmerksamkeit auf unsere berufliche Zukunft richten.

In *Women vs Women: The Uncivil Business War* empfiehlt Madden Frauen wie Barbara und mir, die sich auf eine enge Freundschaft am Arbeitsplatz eingelassen haben, eine »abrupte Trennung« herbeizuführen. Sie rät den Frauen zur sofortigen Einstellung »sämtlicher gemeinsamer Mittagessen, Privatanrufe, Kaffeepausen, Freizeitunternehmungen und vertraulicher Äußerungen, die nichts mit der Arbeit zu tun haben«. Eine am Arbeitsplatz geschlossene Freundschaft zu beenden, kann für beide Beteiligten sehr schmerzlich sein. Doch wenn sich die Freundinnen über die Gründe dafür verständigen können, sollte es möglich sein, das Ende als Akt der Freundschaft, als echtes Interesse an den Zukunftschancen der anderen zu begreifen.

Freundinnen als Geschäftspartnerinnen

Die Freundschaft zwischen Barbara und mir entstand, nachdem wir unser gemeinsames Unternehmen gegründet hatten. In anderen Fällen entschließen sich Frauen, die bereits befreundet sind, ihre Freundschaft zu einer geschäftlichen Partnerschaft auszuweiten. Wenn das geschieht, müssen sie sich meist entscheiden, ob sie die Freundschaft fortsetzen, das Geschäft weiterführen oder sich auf eine bewußt ausgehandelte Zwischenstufe einigen wollen.

Drei Frauen aus meinem Bekanntenkreis waren befreundet, seit ihre ältesten Kinder gemeinsam die gleiche Grundschule besuchten. Als auch die Jüngsten zur Schule kamen, beschlossen die drei, gemeinsam ein Geschäft für Unterrichtsbedarf zu eröffnen, statt sich getrennt nach Arbeit umzusehen.

Jean war immer die stärkste der drei Freundinnen gewesen; sie lachte gern, behielt aber stets einen kühlen Kopf. Trixie war sehr auf ihre Eigenständigkeit bedacht, hatte jedoch die Freundinnen an ihren tiefsten Gefühlen und ihrem Bedürfnis nach »einem eigenen Leben« teilhaben lassen. Diana war eine extrem sensible und introvertierte Person und hatte die emotionale Unterstützung der anderen am nötigsten.

Der Vorschlag, gemeinsam ein Geschäft zu eröffnen, kam von Trixie. Sie wußte, daß Jean einen Abschluß in Betriebswirtschaft besaß und schon vor ihrer Ehe im Einzelhandel tätig war. Um sich das nötige Wissen anzueignen, belegten Trixie und Diana einen Kurs für ExistenzgründerInnen am örtlichen College. Nachdem sie einen Unternehmensplan aufgestellt und eine entgegenkommende Bank gefunden hatten, konnten die Freundinnen ihr Geschäft eröffnen. Doch bald stellte sich heraus, daß die Frauen völlig unvereinbare Ansichten über den Sinn ihres Unternehmens hatten. Jean betrachtete die Firma als ihre Zukunft und setzte sich zielstrebig für ihren Erfolg ein. Trixie genoß die

Herausforderung und arbeitete hart, wollte aber nicht ewig bei der Sache bleiben. Diana, die das Geld eigentlich nicht nötig hatte, freute sich zwar, ihre Freundinnen auch an Werktagen zu sehen, doch es war deutlich spürbar, daß das Geschäft für sie keine Priorität hatte.

Nach einem knappen Jahr entschied Jean, daß sie nicht länger mit Diana zusammenarbeiten könne. Dianas Abhängigkeit, die Grundlage einer anteilnehmenden, auf gegenseitiger Unterstützung beruhenden Freundschaft gewesen war, geriet mit der Notwendigkeit in Konflikt, daß alle drei Geschäftspartnerinnen ihre Energien und Fähigkeiten gleichermaßen für die angestrebten Geschäftsziele einsetzen mußten. Als Jean Dianas emotionale Ansprüche und laxe Haltung nicht mehr ertragen konnte, erklärte sie Trixie, sie wolle die Partnerschaft mit Diana beenden. Trixie wußte, wie sehr dies Diana verletzen würde, hatte aber ebenfalls bemerkt, wie uneffektiv sie arbeitete. Trixie erklärte sich bereit, gemeinsam mit Jean einen Brief zu schreiben, in dem sie Diana mitteilten, sie habe ihren Arbeitsanteil nicht erfüllt, und sie baten, ihren Geschäftsanteil abzutreten.

Diana war von dem Brief der beiden völlig niedergeschmettert. Sie konnte nicht glauben, daß die Freundinnen ihr so etwas antun würden. Sie hatte gemeint, die Freundschaft wäre vorrangig und das Geschäft nur eine Möglichkeit, ihre persönliche Verbundenheit auszuweiten. Die Ziele und das Verständnis dieser drei Frauen in bezug auf ihr Geschäft waren völlig unterschiedlich. Hätten sie sich auf diese Unterschiedlichkeiten eingestellt und sich im Vorhinein darüber verständigt, hätten sie sich den Schmerz erspart und ihre Freundschaft bewahren können.

Diana fühlte sich zurückgestoßen, nicht nur als Geschäftspartnerin, sondern auch als Person. Monatelang wurde sie regelrecht zur Einsiedlerin, und als ihrem Mann eine Position in einer anderen Stadt angeboten wurde, drängte sie ihn, die Stelle anzunehmen, um endlich von diesen »selbstsüchtigen« Frauen wegzukommen, die »nicht wußten, was Freundschaft bedeutet«.

Die schmerzliche Erfahrung hinterließ auch bei Trixie und Jean Narben. Ihre Freundschaft verwandelte sich immer mehr in eine Partnerschaft. Beide begriffen, daß die alte Freundschaft nicht länger existierte und sie sich entweder ganz auf das Geschäftliche konzentrieren oder aufgeben mußten. Nach ihrer ersten Kreditrevision bot Jean an, Trixies Geschäftsanteil über einen Zeitraum von fünf Jahren aufzukaufen. »Für mich kommt ein gemeinsames Geschäftsunternehmen mit Freundinnen nie wieder in Frage«, sagt Jean. »Von jetzt an werde ich nur mit Angestellten arbeiten – keine Verwechslung von Geschäftsinteressen mit Freundschaftsansprüchen. Das ist sauberer und wesentlich schmerzloser, wenn es zu Problemen kommt.«

Ich habe Frauen kennengelernt, die ihr Geschäft aufgaben, als es zur Bedrohung für ihre Freundschaft wurde. Als Nina und Elizabeth beispielsweise vor der Entscheidung standen, ihre Consultingfirma aus Effektivitätsgründen erheblich zu vergrößern, waren die beiden in dieser Frage völlig unterschiedlicher Ansicht. Der Konflikt drohte Auswirkungen auf ihre Freundschaft zu haben, und sie beschlossen, ihre Firma lieber zu verkaufen, als sich nach fünfzehnjähriger Freundschaft über eine geschäftliche Auseinandersetzung zu entzweien.

Doch häufig entdecken Freundinnen, die gemeinsam ein Geschäft eröffnet haben, viel zu spät, daß die beruflichen und persönlichen Beziehungen Konflikte verursachen können. Frauen müssen lernen, diese Punkte bereits im Planungsstadium einer gemeinsamen Geschäftsgründung auszusprechen und ihre Erwartungen an das Unternehmen und aneinander offen darzulegen.

Als Betty Brown, Gail Thomason und ich 1983 unser Schulungszentrum planten, stellten wir einen Fragenkatalog zusammen. Wir fragten uns, ob wir das Unternehmen als bloßen Job oder als Karrieremöglichkeit betrachten. Wir wollten voneinander wissen, wie unsere finanziellen Erwartungen aussahen, welche Bedürfnisse und Wertvorstellungen wir hatten. Wir sprachen darüber, wie wir uns zueinander verhalten wollten, und einigten uns darauf, uns außerhalb der Arbeit nur in geschäftlichen Zusammenhängen zu treffen. Wir redeten über unsere Kinder und in welchem Maß wir uns ihnen während der Arbeitszeit telefonisch widmen und ihre Anwesenheit im Büro zulassen wollten. Wir legten unsere Rollen innerhalb der Firma fest und diskutierten über Leistungsansprüche. Kurz gesagt, kamen wir durch diese Gespräche zu einer Einigung, die es uns ermöglichte, freundlich miteinander umzugehen, ohne Freundschaftsansprüche mit Geschäftszielen zu verwechseln. Gail ist inzwischen in eine andere Stadt gezogen; doch selbst nach sieben Jahren schätzen Betty und ich einander nach wie vor als Geschäftspartnerinnen und haben eine ausgesprochen freundliche Arbeitsbeziehung.

Nachdem ich unsere Beziehung während eines Workshops beschrieben hatte, meldete sich eine Teilnehmerin, um mir eine »persönliche« Frage zu stellen. »Verletzt es Sie nicht«, fragte sie, »wenn Sie erfahren, daß Betty eine Party gibt oder zum Essen geht, ohne Sie einzuladen?« »Nein«, gab ich ohne zu zögern zurück. »Das verletzt mich überhaupt nicht. Es ist mir wichtig, daß Betty und ich einander die Freiheit lassen, unser eigenes Leben zu führen. Wir mögen einander und haben großes Interesse an unserem Unternehmen. Unsere professionelle Beziehung schützt unsere Interessen und hat es uns ermöglicht, seit über zehn Jahren in produktiver Übereinstimmung zusammenzuarbeiten.«

Arbeitsfreundschaften

Arbeitsfreundschaften bieten Frauen eine neue Art der Beziehung. Wir können lernen, die Gesellschaft von Frauen, mit denen wir zusammenarbeiten, zu genießen, während wir uns engere Freundschaften für Frauen aufheben, die außerhalb unseres Berufsalltags stehen. Wir können im Arbeitszusammenhang miteinander lachen, uns Dinge aus unserem Privatleben erzählen, kleine Nettigkeiten austauschen und Entspannungsmomente finden. Wir können uns gegenseitig Verständnis und Unterstützung bieten, während wir tiefere Freundschaftsbezeugungen für Freundinnen reservieren, die nichts mit unserem Beruf zu tun haben.

Jenna, eine Kundenbetreuerin, gibt ein positives Beispiel dafür, wie Frauen Arbeitsfreundschaften eingehen können. »Mir war der Unterschied zwischen Arbeitsfreundschaft und Freundschaft im traditionellen Sinne immer bewußt«, sagte sie mir am Ende eines Workshops. »Vielleicht wußte ich das rein intuitiv. Ich möchte mich selbst schützen, und ich möchte auch die Frauen schützen, zu denen ich mich am Arbeitsplatz hingezogen fühle. Während ich mit ihnen zusammenarbeite, halte ich an einer freundlichen, aber leicht formellen Beziehung fest. Wir lernen uns zwar recht gut kennen und nehmen Anteil aneinander, doch am Ende des Arbeitstages trennen sich unsere Wege.«

»Das Interessante ist allerdings«, setzte Jenna hinzu, »daß einige dieser Arbeitsfreundinnen inzwischen zu meinen engsten und liebsten ›Privatfreundinnen‹ geworden sind.« Sie erklärte, daß sie nach ihrer Versetzung in eine andere Niederlassung oder nach Annahme einer neuen Stellung »den Bogen zurückschlagen« würde, wie sie es nannte, um die Beziehungen zu ihren alten Arbeitsfreundinnen auf neue Art zu vertiefen. Der bis dahin gewohnte freundliche Umgang miteinander schafft eine hervorragende Ausgangsbasis für die Vertiefung der Freundschaft.

Die Grenzen einer Arbeitsfreundschaft anzuerkennen, kann für Frauen wie Jacqueline, Direktorin des ETS-Testininstituts, zu Momenten der Einsamkeit führen; doch das ist, wie sie sagt, »die einzige Alternative, wenn man Probleme vermeiden will«. Wie Jenna scheint Jacqueline ein fast intuitives Verständnis für den Unterschied zwischen Arbeitsfreundschaft und traditioneller Freundschaft zu haben. »Ich arbeite gern mit Frauen, die ich mag«, sagte Jacqueline, »aber ich bin mir immer einer feinen Grenze bewußt, besonders, wenn ich in der Position der Vorgesetzten bin. Wenn wir nach der Arbeit zusammen Essen gehen, reden wir am Ende natürlich über die Männer in unserem Leben und über andere Dinge, die nichts mit dem Beruf zu tun haben. Ich mag diese Art von Verbundenheit. Aber keine der Kolleginnen war je bei mir zu Hause, das wäre mir zu viel an Nähe. Ja, ich fühle mich manchmal am Wochenende einsam und würde gern mit einer Freundin ein langes, gutes Gespräch führen, aber nicht mit den Frauen, mit denen ich zusammenarbeite. Vielleicht lade ich sie eines Tages auch zu mir nach Hause ein, aber dann nur im Rahmen einer Party für das gesamte Büro.«

Louise McCoy, frühere Mitarbeiterin des Friedenscorps und jetzige Besitzerin eines Delikatessengeschäfts in Kalifornien, äußert sich ähnlich wie Jacqueline. »Natürlich kann ich mit Leuten Geschäfte machen, mit denen ich nicht befreundet bin, aber ich habe die Tendenz, mich mit allen anzufreunden. Doch diese Freundschaften sind anders. Nicht wie die Freundschaften, die ich seit meiner Collegezeit mit einer Reihe von Frauen habe, mit denen ich gemeinsam im Dampfbad hocken und mich über unsere Schwächen kaputtlachen kann. Mir ist die Wichtigkeit professioneller Distanz bewußt, und entsprechend verhalte ich mich auch in meinen Arbeitsfreundschaften.«

Die Anforderungen von Arbeit und Freundschaft in einer Arbeitsfreundschaft auszubalancieren, dürfte manchen Frauen nicht leicht fallen. Doch wir müssen lernen, diese Ausgewogenheit herzustellen, wenn wir uns und andere Frauen vor Enttäuschungen und Verrat schützen wollen. Arbeitsfreundschaften sind genau wie traditionelle Freundschaften ein Geschenk, das wir ehren, respektieren und achten müssen.

Wichtig für den Bestand von Arbeitsfreundschaften ist jedoch auch die Pflege privater Freundschaften. Mit diesen Freundinnen können wir ohne Zögern über unsere Gefühle, Gedanken und Bedürfnisse reden. Wir können unsere Familien mit einbeziehen und das schöne Gefühl genießen, das durch gegenseitig erfahrene Nähe und Zuneigung entsteht.

In unserer hektischen Zeit erfordern Freundschaften außerhalb des Berufs viel Planung und Engagement. Wenn wir vor dem Berufseinstieg bereits länger in der gleichen Gegend gewohnt haben, sind möglicherweise anhaltende, beständige Freundschaften entstanden. Frauen, die aus beruflichen Gründen neu in einer Stadt sind, können sich Vereinen anschließen, in Kirchengruppen eintreten oder in ehrenamtlichen Hilfsorganisationen mitarbeiten, um andere Frauen mit ähnlichen Interessen kennenzulernen und sich mit ihnen anzufreunden. Doch für alle gilt, daß zur Aufrechterhaltung einer lebendigen Freundschaft viel Planung nötig ist.

Meine Freundin Dede und ich haben uns zum Beispiel ein Theaterabonnement gekauft und treffen uns vor jeder Aufführung zum Essen und einem guten Gespräch. Ohne diese freiwillige »Verpflichtung« würde uns, aufgrund unseres beruflichen Termindrucks, mit Sicherheit ständig etwas dazwischenkommen, und uns würden die Wärme und Kraft entgehen, die uns diese Freundschaft gibt.

Vorschläge für Arbeitsfreundschaften

Zwischen meinen Partnerinnen Betty, Barbara und mir besteht eine Arbeitsfreundschaft. Wir mögen und respektieren uns, beachten aber gleichzeitig bestimmte Grenzen, die uns davor schützen, uns zu weit aufeinander einzulassen oder emotional zu abhängig voneinander zu werden. Die folgenden Richtlinien haben uns geholfen, die Grenzen zwischen Arbeitsfreundschaft und traditioneller Freundschaft zu wahren. Sie geben ebenfalls wieder, was wir von anderen erfahrenen Frauen gelernt haben:

- Verhalten Sie sich freundlich am Arbeitsplatz, aber erwarten Sie keine Freundschaft. Denken Sie daran, daß Freundschaft mit Risiken verbunden ist und daß oft der Beruf Vorrang hat.
- Achten Sie darauf, daß die mit Arbeitsfreundinnen unternommenen Aktivitäten arbeitsbezogen bleiben. Es macht Spaß, nach der Arbeit zusammen auszugehen, um sich zu entspannen, zu lachen und Geschichten über unsere Familien und andere Menschen in unserem Leben auszutauschen. Das gibt uns Gelegenheit, positive Gefühle füreinander zu entwickeln, die uns später helfen können, auch mal einen besonders schwierigen Tag zu überstehen. Mit Arbeitsfreundinnen Bowling- oder Volleyballteams zu bilden, ist eine Möglichkeit, gemeinsam Spaß zu haben, ohne den Arbeitszusammenhang aus den Augen zu verlieren. Beziehen wir sie aber in Familienzusammenkünfte oder andere, nicht berufsbezogene Aktivitäten mit ein, besteht die Gefahr, daß wir uns auf eine Weise öffnen, die wir später bereuen könnten. Haben wir in Anwesenheit einer Arbeitsfreundin auf einer Party wild geflirtet oder ein bockiges Kind frustriert angebrüllt, ist es nicht leicht, am folgenden Montag unser berufliches Image und Auftreten wiederherzustellen.
- Wenn Sie Freundschaften am Arbeitsplatz eingehen, seien

Sie bereit, über die Konflikte und Risiken zu reden, die eine solche Beziehung mit sich bringen kann. Sprechen Sie offen über Konkurrenzverhalten, Zeitansprüche, Bevorzugung und Betrugsmöglichkeiten. Offene Kommunikation zu Beginn einer Freundschaft kann zum Überleben positiver Beziehungen beitragen.

- Anteilnahme ja, übergroße Mitteilsamkeit nein. Wir können durchaus Anteil an Problemen unserer Arbeitsfreundinnen nehmen, sollten aber bewußt darauf achten, unsere Mitteilsamkeit und unsere emotionalen Erwartungen einzuschränken. Wenn wir anderen detailliert von unseren Fehlern und Schwächen erzählen, weil wir Trost und Verständnis suchen, kann ein Bild von uns entstehen, das unsere berufliche Effektivität gefährdet. Sie können zum Beispiel Ihrer Arbeitsfreundin erklären wollen, warum Sie müde oder reizbar sind. Dazu reicht es, wenn Sie ihr sagen, daß Peter und Sie ein Problem zu bewältigen hatten und Sie das einige Kraft gekostet hat. Doch Sie sollten es sich zweimal überlegen, bevor Sie ihr gestehen, daß Sie sich verletzt und zurückgesetzt fühlen, weil Peter sich wieder mit Christa getroffen hat, und Sie gar nicht wissen, warum Sie überhaupt noch bei ihm bleiben, außer aus Angst vor dem Alleinsein. Damit stellen Sie Ihr Image als selbstbewußte, gestandene Frau in Frage und machen es Ihrer Freundin schwer, während der Arbeitszeit von einer vertraulichen auf eine professionelle Beziehung umzuschalten.

8

Wenn Sie alles persönlich nehmen

»Wenn es eines gibt, was die Zusammenarbeit mit Frauen schwierig macht, dann ist es ihre Angewohnheit, alles persönlich zu nehmen. Sie sind so empfindlich, daß man jedes Wort auf die Goldwaage legen muß. Wir würden viel mehr erreichen, wenn Frauen rationaler und weniger emotional wären.«
Diese Feststellung stammt nicht von einem Mann. Eine Frau hat das gesagt – und sie ist nicht die einzige, die so empfindet. Fast ein Drittel der Frauen, die an unserer Umfrage teilnahmen, betrachtet Überempfindlichkeit oder die Angewohnheit, »alles persönlich zu nehmen«, als ein Problem in der Zusammenarbeit mit Frauen. »Frauen lesen in alles etwas hinein« schrieb eine Frau. Andere bemerkten: »Frauen geben jeder Arbeitssituation eine persönliche Bedeutung. Ihre Gefühle sind viel zu schnell verletzt. Sie sind zu leicht gekränkt. Sie verbringen mehr Zeit damit zu reagieren als zu arbeiten. Sie sind nachtragend. Sie sind zu emotional. Sie können nicht rational bleiben.«
Unsere Empfindsamkeit ist unsere Stärke. Wir bemühen uns um persönliche Beziehungen zu unseren Kolleginnen. Die Gefühle anderer sind uns wichtig. Wir unterstützen die Entwicklung unserer Mitarbeiterinnen und fordern sie auf, sich am Informationsaustausch und am Entscheidungsprozeß zu beteiligen. Wir können Situationen schnell durchschauen und wissen, wer gut im Team mitarbeitet und wer sich absondert. Wir nehmen den ganzen Menschen wahr, nicht nur seine Funktion oder berufliche Leistung. Wie wir und andere festgestellt haben, bringt uns das im Arbeitsleben enorme Vorteile.

Doch Empfindsamkeit kann dann problematisch werden, wenn unsere rationalen Reaktionen von emotionalen überlagert werden. Bevor ich fortfahre, möchte ich Sie bitten, sich die folgenden Fragen durchzulesen und sie mit »ja« oder »nein« zu beantworten.

Haben Sie bei Kritik an Ihrer Arbeit das Gefühl, persönlich kritisiert zu werden? ________

Haben Sie bei einer Versetzung in eine andere Abteilung sofort den Eindruck, etwas falsch gemacht zu haben? ________

Wenn Ihrer Chefin eine von Ihnen eingebrachte Idee nicht gefällt, schließen Sie dann daraus, daß sie Sie nicht mag? ________

Nehmen Sie an, Ihre Vorgesetzte kann Sie nicht leiden, wenn sie Sie dafür rügt, daß Sie falsche Statistiken zu einer Besprechung mitgebracht haben? ________

Fühlen Sie sich gefühlsmäßig verletzt, wenn Ihre Vorschläge nicht angenommen werden? ________

Empfinden Sie es als Angriff auf Ihr Selbstwertgefühl, wenn Ihnen eine Beförderung verweigert wird? ________

Fühlen Sie sich als Versagerin, wenn Ihr Antrag abgelehnt wird? ________

Sind Sie beleidigt, wenn man Ihnen vorschlägt, Ihr Wissen durch Kurse aufzufrischen oder zu erweitern? ________

Haben Sie das Gefühl, übervorteilt zu werden, wenn Sie Ihren Urlaub nicht zu der von Ihnen gewünschten Zeit nehmen können? ________

Verletzt es Sie, oder fühlen Sie sich übergangen, wenn man Ihre Meinung zu einer bestimmten Frage nicht einholt? ________

Wenn Sie auch nur eine der gestellten Fragen mit »ja« beantwortet haben, wissen Sie, was mit Überpersonalisierung im Beruf gemeint ist. (Falls Sie nicht mit »ja« geantwortet haben, bedenken Sie, daß hier Situationen beschrieben werden, die auf einige, vielleicht sogar viele Frauen zutreffen, mit denen Sie am Arbeitsplatz zu tun haben.) Überpersonalisierung bedeutet, Bemerkungen oder Kritik, die andere gefühlsmäßig als neutral betrachten, persönlich zu nehmen. Wenn wir überpersonalisieren, trennen wir nicht zwischen uns als Person und unserer Arbeit. Wir fassen Kritik als persönlichen Angriff auf und schreiben uns irrational die Schuld an Dingen und Umständen zu, die außerhalb unserer Kontrolle oder Verantwortung liegen.

Überpersonalisierung ist kein bewußter Vorgang, weder für uns noch für andere – doch sie geschieht. Wenn unsere Emotionen die Oberhand gewinnen, verhalten wir uns »geschlechtsspezifisch« und werden demzufolge diese Gefühle eher an Frauen als an Männern ausagieren. Dies liegt daran, daß wir im Zusammenhang mit Männern gelernt haben, unseren Personalisierungsdrang zurückzuhalten. Haben wir es jedoch mit Frauen zu tun, erwarten wir das, was im weiblichen Kontext schon immer akzeptiert wurde. Ob im Guten oder Schlechten, in Gegenwart von Frauen fühlen wir uns wohler und verstecken oder unterdrücken daher unsere Gefühle nicht.

Aus diesem Grund kann die Kritik eines männlichen Kollegen zwar unser Selbstwertgefühl verletzen, uns zornig machen oder verunsichern, bis wir unsere Haltung wiedergefunden haben, aber dennoch ist es unwahrscheinlich, daß wir uns wehren und es ihm heimzahlen. Wir akzeptieren die Kritik und machen weiter. Von Frauen erwarten wir dagegen, oder würden es zumindest gern voraussetzen, daß sie uns immer das Gefühl geben, uns zu schätzen. Tun sie das nicht, bestrafen wir sie, weil sie uns verletzt haben. Und wenn eine emotional reagierende Frau mit einer anderen, ebenso emotional reagierenden zusammenstößt, hört die produktive Arbeit auf, bis sich die Gewitterwolken verzogen haben und das Wohlbefinden wiederhergestellt ist.

Neuere Untersuchungen über Gehirnstrukturen können

möglicherweise zur Erklärung beitragen, warum es für Frauen so schwierig ist, das Emotionale vom Rationalen zu trennen. In *Brain Sex. Der wahre Unterschied zwischen Mann und Frau* berichten Anne Moir und David Jessel von einer von Sandra Whitleson durchgeführten Untersuchung über die Charakteristika des männlichen und weiblichen Gehirns. Laut Whitleson sind im männlichen Gehirn die emotionalen Funktionen auf die rechte Gehirnhälfte beschränkt. Im weiblichen Gehirn existiert die Fähigkeit zum Erkennen des gefühlsmäßigen Gehalts einer Situation sowohl in der linken als auch in der rechten Gehirnhälfte. Whitlesons Erkenntnisse lassen darauf schließen, daß Männer Vernunft und Gefühl besser voneinander trennen können und leichter in der Lage sind, emotionale und rationale Reaktionen auseinanderzuhalten.

Frauen dagegen können die Informationen, die sie über den emotionalen Kontext einer Situation erhalten, nur schwer ignorieren. Wir haben keine »emotionsfreie« Zone. Die Fähigkeit unseres Gehirns, die emotionalen Elemente in einer Stimme oder Geste zu erkennen, verleiht uns Männern gegenüber den Vorteil, gefühlsmäßige Nuancen in persönlichen oder arbeitsbezogenen Interaktionen wahrzunehmen und zu interpretieren. Einige Wissenschaftler sind sogar der Meinung, damit die Lösung für das Geheimnis der »weiblichen Intuition« gefunden zu haben.

Doch dieser Vorteil ist mit einem Problem verbunden. Es gibt gewisse Situationen, in denen wir es vorziehen würden, die emotionalen Reaktionen kontrollieren oder ausschalten zu können, da sie uns vom Produktionsprozeß ablenken und uns und unseren Kolleginnen die Arbeit erschweren.

Mit Empfindsamkeit umgehen

Frauen können lernen, ihre Emotionen zu kontrollieren, ohne die zur Aufrechterhaltung von Beziehungen so wichtige Sensibilität zu verlieren. Der erste Schritt dazu führt nach innen: Wir müssen uns bewußt machen, wann wir Interaktionen am Arbeitsplatz personalisieren. Der zweite Schritt ist nach außen gerichtet: Wir müssen lernen, in beruflichen Interaktionen unsere Emotionen zu beherrschen.

»Betrachten« lernen

Bei ihrer Arbeit mit Frauen verfolgt Barbara unter anderem das Ziel, ihnen bei der Entpersonalisierung ihrer Reaktionen zu helfen, das heißt, ihre emotionalen Reaktionen vom rationalen Kontext zu trennen. Denn die Probleme am Arbeitsplatz, auf Grund derer sie Barbara aufsuchen, werden oft durch eine Bemerkung oder Situation ausgelöst, die sie persönlich genommen haben. »Meine Aufgabe besteht darin«, erklärt Barbara, »der Klientin zu helfen, auf Distanz zu gehen und die Situation rational einzuschätzen. Ich nenne das ›Emotionen betrachten‹.«

Um das zu erreichen, schlägt Barbara folgendes vor: Wenn Sie zu dem Schluß kommen, Ihre Chefin könne Sie nicht leiden, weil sie Ihnen am Freitag mitteilt, sie hätte den Bericht bereits am Dienstag gebraucht, Sie aber immer noch nicht fertig sind, dann treten Sie einen Schritt zurück, und betrachten Sie Ihre Reaktion von außen. Nehmen Sie für den Augenblick hin, daß die Kritik Ihrer Chefin Sie verletzt hat. Akzeptieren Sie ebenfalls, daß Sie ihre Erwartungen enttäuscht haben. Und dann versuchen Sie, die Situation rational zu betrachten. Besteht *wirklich* ein Zusammen-

hang zwischen Sympathie und rechtzeitiger Arbeitsablieferung? Oder hat Ihre Chefin nur die Tatsache dargelegt, daß sie den Bericht bereits vor Tagen gebraucht hätte, und Sie damit gebeten, Abgabetermine in Zukunft einzuhalten?
Eine Arbeit termingerecht zu erledigen und gemocht zu werden, muß in keinem Zusammenhang stehen. Darum gebeten zu werden, Berichte rechtzeitig abzuliefern, ist eine vernünftige und notwendige Forderung. Eine gesunde Reaktion wäre gewesen, die Gründe für Ihre Verspätung zu nennen und Ihre Arbeit in Zukunft besser zu organisieren. Sie werden erfreut sein über Ihre neue Leistungsfähigkeit, und Ihre Chefin wird keine Veranlassung mehr haben, Sie zu kritisieren. Sie können sich bewußt für Rationalität entscheiden und brauchen emotionalen Reaktionen nicht nachzugeben.

Manche Frauen neigen nicht nur dazu, Kritik und Forderungen überzubewerten, sondern nehmen mitunter Situationen persönlich, die nichts mit ihnen zu tun haben. Wieder weist Barbara darauf hin, wie hilfreich es sein kann, die emotionale Reaktion zu betrachten, um so zu einer rationaleren Sichtweise zu kommen. Sie verwendet Lynns Geschichte zur Verdeutlichung.

Lynn hatte das Gefühl, ihre Firma habe es auf sie persönlich abgesehen. Sie war wütend über eine firmeninterne Regelung, nach der sie die ihr zustehenden Gleittage nicht auf die schulfreien Montage ihrer Kinder legen konnte. Emotional reagierte sie auf diese Einschränkung mit Haß auf die Firma, die sich ihrer Meinung nach nicht um ihre Bedürfnisse kümmerte. Doch eine Kündigung konnte sie sich aus finanziellen Gründen nicht leisten.

Barbara half Lynn zu erkennen, wie sehr ihr Zorn sie davon abhielt, das Gesamtbild wahrzunehmen: Das System selbst war unpersönlich, es versuchte nicht, sie persönlich besonders zu benachteiligen; schließlich hatte die Arbeitszeitregelung ihrer Firma schon vor ihrem Eintreten existiert. Durch

die Betrachtung von außen gelang es Lynn, ihre Reaktion zu entpersonalisieren und die Einschränkung zu akzeptieren. Und dank der rationaleren Einschätzungsweise war Lynn schließlich in der Lage, zu einer für sie und ihre Kinder tragbaren Überstundenregelung zu kommen. »Manchen Frauen fällt es schwer, ihre Emotionen zurückzuhalten«, meint Barbara abschließend. »Doch wenn es ihnen gelingt, erhöht sich ihre Arbeitsfreude und ihre Leistungsfähigkeit.«
Wenn Sie also das nächste Mal am Arbeitsplatz kurz vor einem Gefühlsausbruch stehen, gehen Sie auf Abstand und betrachten Sie Ihre Reaktionen von außen. Versuchen Sie, sich die Situation rational zu erklären und eine Möglichkeit zu finden, das Problem zu beseitigen und zukünftige Mißverständnisse auszuschließen.

Distanzierung

Die Betrachtung von außen gestattet uns, Rationales und Emotionales in die richtige Perspektive zu rücken. Distanzierung gibt uns die Möglichkeit, uns emotional von unseren Projekten oder Ideen zu trennen, um nicht überzureagieren, wenn unsere Arbeit kritisiert oder unsere Vorschläge abgelehnt werden.
Distanzierung bedeutet, Abstand zwischen sich und dem zu schaffen, was man produziert. Wenn Sie sich von Ihrer Arbeit distanzieren, sagen Sie sich: Mein Verkaufsförderungsplan und ich sind zwei getrennte Dinge. Ich kann den Plan dort drüben hinlegen und trotzdem hier sitzen. Ich kann einfach weggehen, ihn liegenlassen und bin trotzdem ganz. Ich kann den Plan objektiv betrachten. Ich kann ihn sogar präsentieren, als hätte ein anderer ihn erarbeitet. Ich kann auf Verbesserungsvorschläge reagieren und lernen, in Zukunft effektiver zu arbeiten.

Savannah, eine Marketing-Projektleiterin, gibt zu, daß es ihr in der Vergangenheit oft schlecht ging, weil sie sich mit der Kritik an ihrer Arbeit identifizierte. Als das zuletzt während einer Konferenz geschah, war sie den Tränen nahe und wie paralysiert.

»Ich war dazu eingeteilt, einer neuen, ausschließlich aus Frauen bestehenden Projektgruppe Ideen für einen Verkaufsförderungsplan vorzustellen«, erzählt sie. »Ich hatte noch keine Beziehung zu diesen Frauen herstellen können, und als sie anfingen, meine Ideen zu kritisieren, begannen meine Hände zu zittern, und mein Gesicht verspannte sich. Ich konnte keinen klaren Gedanken mehr fassen, weil ich jede Frage oder Kritik als persönlichen Angriff verstand. Meine direkte Vorgesetzte war ebenfalls anwesend und sah, was passierte. Sie unterbrach die Besprechung, dankte für die guten Vorschläge und vertagte die Diskussion, bis ich Zeit gehabt hatte, den Plan zu revidieren. Ich war beschämt über mein Verhalten. Ich hätte die Äußerungen nicht an mich heranlassen dürfen, denn dadurch wurde ich noch verletzlicher. Ich hätte mich aus dieser emotionalen Position herausreden müssen. Von dem Moment an beschloß ich, mich stärker von meiner Arbeit zu distanzieren. Wenn ich jetzt einen Plan vorstelle, tue ich so, als wäre ich nur Beraterin und würde die Ideen eines anderen präsentieren. Ich tue so, als sei das nicht mein Ding, und wenn die Sache oder die Methode angegriffen wird, höre ich zu und reagiere rational. Ich bleibe auf Abstand – und ich verliere die Beherrschung nicht. Die Distanzierung funktioniert, und seitdem ich das gelernt habe, klappt es auch mit der Teamarbeit besser.«

Distanzierung gibt uns die Möglichkeit, Situationen zu entpersonalisieren und in kritischen Augenblicken effektiv zu handeln. Darüber hinaus kann sie uns helfen, unser Zögern zu überwinden, wenn es darum geht, Vorschläge zu machen oder Meinungen zu äußern, und wir befürchten, als inkompetent oder »dumm« abgelehnt zu werden. Wenn Sie wissen, daß es nur um Ihre Idee und nicht um Ihre Person geht, wird es Ihnen leichter fallen, sich einzubringen.

Als ich mit Cecile, einer Lehrerin, darüber sprach, wie sich Überpersonalisierung auf das Lehrerkollegium an ihrer Schule auswirke, hob sie besonders hervor, wie schade es sei, daß so viele Ideen und Vorschläge weiblicher Kollegen verloren gehen, weil sie Angst haben, sich einzubringen. Die Frauen, erzählte sie mir, hätten oft hervorragende Ideen für neue Lehrpläne oder wertvolle pädagogische Anregungen. Doch sie habe oft genug beobachten können, daß die männlichen Kollegen ihre Ideen dem Rektor vortrugen, während die Frauen sich nur untereinander austauschten, zu Übereinstimmungen kamen, aber nicht entsprechend handelten. Die Frauen, schloß sie, könnten sich und ihre Ideen nicht voneinander trennen und seien nicht bereit, das Risiko einzugehen, ihre Vorschläge – und sich selbst – der Kritik und möglicherweise auch Ablehnung auszusetzen. Aus Selbstschutz behielten sie die Ideen für sich oder teilten sie nur den anderen Frauen mit. Die Männer, die sich besser von ihren Vorschlägen trennen können, werden gehört und ernten schließlich die entsprechende Anerkennung.

Viele gute Ideen gehen verloren, weil wir nicht wissen, wie wir einander ermutigen sollen, vorzutreten und unsere Gedanken auszusprechen. Aber wir können es lernen.

Genau wie die Distanzierung von unseren Projekten uns helfen kann, eine Präsentation zu entpersonalisieren, kann uns die Distanzierung von unseren Ideen helfen, mögliche Kritik oder Ablehnung richtig einzuordnen. Was passiert, wenn jemand »nein« sagt zu unserer Idee? Damit wird nur die Idee abgelehnt, nicht wir selbst. Im Gegenteil, man wird uns daraufhin eher bemerken und zu schätzen wissen, daß wir zur Klärung oder Lösung eines Problems beigetragen haben. Wenn es uns gelingt, unsere irrationale Furcht vor Ablehnung unter Kontrolle zu bringen, werden wir die ver-

diente Anerkennung auch bekommen. Eine bewußte Differenzierung zwischen uns und unseren Ideen befähigt uns, uns in allen Arbeitsbereichen stärker einzubringen.
Für Peggy Reeves, Kongreßmitglied in Colorado, ist die Distanz zu ihrer Arbeit selbstverständlich. »Würde ich Kritik und Ablehnung persönlich nehmen«, sagt sie, »käme ich nie ans Ziel.« Wenn Peggy mit einer Gesetzesvorlage scheitert, reagiert sie nicht gekränkt, sondern fragt sich: »Welche Argumente hätte ich besser ausarbeiten sollen? Wessen Ansichten muß ich in Betracht ziehen, damit ich die Gesetzesvorlage beim nächsten Mal durchbringe?« Durch diese Art der Fragestellung erreicht Peggy eine Distanz zu ihrer eigenen Person, die es ihr ermöglicht, sich intensiv und effektiv ihrer Arbeit zu widmen. Sie differenziert dabei zwischen den Begriffen »die Gesetzesvorlage« und »ich«, und diese Distanzierung funktioniert.
Eine besondere Stärke berufstätiger Frauen ist die Fähigkeit, sich mit ihrem Beruf und dem, was sie produzieren, verbunden zu fühlen. Wir haben eine emotionale Bindung zu unserer Arbeit, die sich positiv auf unsere Leistungen auswirkt. Übermäßige Identifizierung führt jedoch dazu, daß wir zu stark von den eigentlichen Arbeitsinhalten abgelenkt werden und unsere Effektivität verlieren. Distanzierung kann uns helfen, ein vernünftiges Verhältnis zu finden und beizubehalten.

Selbstgespräche

Auch Selbstgespräche können dazu beitragen, Überpersonalisierung zu vermeiden. Ähnlich wie die distanzierte Betrachtung unserer Emotionen, wird das Selbstgespräch zur Erläuterung und Übersetzung in eine gefühlsmäßig neutrale Sprache.

Wenn also zum Beispiel Ihre Vertriebsleiterin zu Ihnen sagt: »Wanda, Ihre Präsentation muß überarbeitet werden. Ihre Schaubilder sind zu verwirrend. Niemand kann daraus schlau werden, wenn Sie Ihre Fakten und Zahlen derart durcheinanderwerfen«, dann lassen Sie als erstes das »Sie« und »Ihre« weg. »Sie« gibt uns das Gefühl, persönlich angegriffen worden zu sein. Formulieren Sie das Gesagte in einem Selbstgespräch neu, um Abstand zu gewinnen und das Positive herauszustellen. Sagen Sie sich: »Die Vertriebsleiterin möchte die Präsentation verbessern und will mir mit ihren Anregungen helfen. Sie meint, eindeutige Schaubilder würden besser ankommen, und die Präsentation würde mehr Erfolg haben, wenn die Tabellen und Grafiken einfach und leicht verständlich gestaltet werden. Mein Erfolg ist ihr wichtig. Ich werde meine Präsentation überarbeiten.«

Wenn wir uns dabei ertappen, irrationale, personalisierte Vermutungen über Arbeitsplatzsituationen anzustellen, die nicht unseren Vorstellungen entsprechend verlaufen, kann ein positives Selbstgespräch ebenfalls hilfreich sein. Wenn Sie zum Beispiel auf eine Beförderung gehofft und diese nicht bekommen haben, denken Sie nicht: »Die können mich einfach nicht leiden. Ich werde ständig übergangen. Die denken, ich würde nicht hierher passen, und werden mir nie eine Chance geben«, sondern gehen Sie auf Abstand und betrachten Sie die Situation im Selbstgespräch rational und positiv. Sagen Sie sich: »Ich wollte den Abteilungsleiterposten, aber ich habe das nie direkt gesagt. In der Ausschreibung stand, daß man mindestens zwölf Schulungsstunden im Jahr absolviert haben muß. Das ist bei mir nicht der Fall. Ich melde mich morgen für den Grundkurs an und bewerbe mich um die Beförderung, wenn ich alle zwölf Stunden komplett habe.«

Mit Selbstgesprächen und Distanzierung läßt sich das Problem der Überpersonalisierung unter Kontrolle bringen. Wir erweisen nicht nur uns selbst einen Gefallen, sondern leisten auch einen positiven Beitrag für die Zusammenarbeit von Frauen, wenn wir dem Drang widerstehen, »alles persönlich zu nehmen«.

Höflich oder lieber direkt?

Wir können lernen, unsere irrationalen Reaktionen am Arbeitsplatz zu beherrschen. Doch was ist mit den Frauen, die ihre Emotionen an uns ausleben? Was können wir tun, um zu verhindern, daß andere Frauen unsere Bemerkungen und unser Verhalten persönlich nehmen? Wie können wir in der Zusammenarbeit mit Frauen ein ausgewogenes Verhältnis zwischen Empfindsamkeit und Rationalität herstellen? Eine Möglichkeit ist es, den indirekten, höflichen Kommunikationsstil, den wir als Mädchen gelernt haben, weiterhin zu benutzen, ihn aber mit klaren Anweisungen und sachlicher Kritik abzustimmen.

Dieser höfliche, indirekte Kommunikationsstil, den manche Wissenschaftlerinnen als typisch weiblich bezeichnen, läßt sich, zumindest teilweise, auf die weibliche Sensibilität zurückführen. Bei den in letzter Zeit so begeistert aufgenommenen Untersuchungen zur Definition eines männlichen und weiblichen Kommunikationsstils ist ständig von männlicher Direktheit und weiblicher Indirektheit die Rede. Männer, so erfahren wir, sprechen Befehle und Kritik direkt aus, ohne beschönigende oder beschwichtigende Worte und ohne sich Gedanken zu machen, ob sie andere damit brüskieren. Frauen, meinen die Wissenschaftlerinnen, nähern sich anderen auf höflichere Weise, bitten, statt zu verlangen, und hängen ihren Aussagen meist ein »ist das in Ordnung?« oder »nicht wahr?« an, um nicht anmaßend zu wirken.

Einem sprachwissenschaftlichen Argument zufolge resultiert unsere Höflichkeit aus der Tatsache, daß Frauen in unserer Gesellschaft eine untergeordnete Position einnehmen. »Die Sprache der Männer«, schreibt die Linguistikprofessorin Robin Lakoff, »ist die Sprache der Mächtigen. Sie ist direkt, klar und knapp – wie man es von jenen erwartet, die sich nicht davor fürchten müssen, andere zu brüskieren.«

Relative Machtpositionen haben sicherlich Einfluß darauf, welche Sprache wir wählen, um das Gewünschte zu erreichen und unsere Bedürfnisse zu befriedigen. Aber unser Kommunikationsstil wird sicherlich noch von anderen Komponenten als Macht und Ohnmacht beeinflußt. Deborah Tannen bestätigt zwar in *Du kannst mich einfach nicht verstehen*, daß Frauen in unserer Gesellschaft einen niedrigeren Status innehaben als Männer, ist jedoch nicht der Ansicht, daß sich daraus eine Antwort auf die Frage ableiten lasse, warum sie nur ungern direkte Forderungen stellen. Weibliche Indirektheit könne sich genau so gut mit dem Wunsch nach Verbundenheit erklären lassen.

Wenn wir direkt statt höflich sind, riskieren wir, andere vor den Kopf zu stoßen und für eine gewisse Zeit den Bezug zu verlieren. Die emeritierte Professorin Jessie Bernard erklärt in *Toastmaster:* »Traditionell schrieben die kulturellen Normen von Weiblichkeit und Fraulichkeit verständnisvolle, ausführliche Gespräche und Liebkosungen vor, die dazu gedacht waren, den Status der anderen zu erhöhen, Spannungen abzubauen, Übereinstimmung herzustellen, beizupflichten, Verständnis und Akzeptanz zu zeigen.«

Offenbar sind Frauen jedoch in der Lage, zumindest im Berufsleben »umschalten« zu können. Das heißt, sie bedienen sich in manchen Situationen des weiblichen Stils, um sich in anderen mehr dem männlichen anzupassen. Wir benutzen den höflichen Stil, wenn wir uns um Integration bemühen, Mitarbeiterinnen motivieren und Beziehungen stabilisieren wollen. Haben wir es aber mit männlichen und weiblichen Kollegen zu tun, können wir auf den männlichen Stil umschalten und eine direkte, bestimmte Sprache verwenden, um mitzuteilen, welchen Arbeitseinsatz wir erwarten und wie unsere Vorstellungen aussehen. Dieses Umschalten kann sehr nützlich sein, birgt jedoch auch die Gefahr, daß sich Frauen durch den direkten Stil einer Vorgesetzten angegriffen und verletzt fühlen. In diesem Fall kann sich der direkte Stil negativ auf die Beziehungen auswirken, die wir aufzubauen hoffen.

Bei einem Essen mit einer Gruppe von Frauen aus Ednas Rechnungsabteilung erlebte ich, wie eine Bemerkung über Ednas direkten Stil bei allen Anwesenden die gleiche Reaktion hervorrief. Obwohl die Frauen angaben, Ednas Offenheit und Ehrlichkeit zu schätzen, fühlten sie sich doch unwohl, wenn sie Anweisungen gab oder ihre Leistungen kritisierte. Bei Terminproblemen oder Kritik an der Arbeitsqualität ging sie direkt auf die Betreffende zu und sprach sie an. Becky sprach für alle, als sie sagte: »Es gefällt mir, daß sie direkt zu mir kommt und sich nicht hinter meinem Rükken bei anderen über mich beschwert; aber ich wünschte, sie würde mir weniger das Gefühl vermitteln, angegriffen zu werden und unfähig zu sein. Ich werde mit ihr nicht warm, solange sie meine Gefühle zu mißachten scheint. Ich versuche, nicht so empfindlich zu sein, aber ich bin es nun mal. Manchmal brauche ich einen ganzen Tag, um mich von einer ihrer Attacken zu erholen!«

Obwohl Edna Becky und die anderen nicht absichtlich verletzen will, kommt es durch ihre Direktheit dennoch dazu. Die Psychologin Mary Kay Biaggio meint, daß »Männer auf verbale Angriffe mit Wut reagieren, während Frauen sich eher verletzt fühlen«. Wut äußert sich offen. Verletztheit frißt sich ein und kann bei Frauen zu schleichender Leistungsverschlechterung führen, bis, wie Barbara erklärt, »etwas geschieht, ein Kompliment oder ein nettes Wort, das die Selbstachtung und das Selbstwertgefühl wieder aufrichtet«.

Wenn wir uns einer anderen Frau gegenüber für Direktheit entscheiden, müssen wir bedenken, inwieweit sie die Konfrontation personalisieren und emotional reagieren könnte. Um ihr darüber hinwegzuhelfen, sollten wir auf die Wahl unserer Worte achten. Auch sollten wir uns die Zeit nehmen sicherzustellen, daß wir unser Anliegen deutlich vermittelt haben und die andere mit einem positiven Selbstwertgefühl und einem Verständnis dafür zurücklassen, was sie tun muß, um unsere Erwartungen zu erfüllen.

Der Umgang mit übersensiblen Frauen

In einer idealen Welt würden wir und die Frauen, mit denen wir zusammenarbeiten, stets in der Lage sein, unsere Sensibilität zu bewahren, während wir gleichzeitig die Tendenz, selbst auf die unschuldigsten Bemerkungen übertrieben emotional zu reagieren, unter Kontrolle hätten. Doch wir leben nun einmal nicht in einer idealen Welt und müssen daher auf die emotionalen Reaktionen anderer Frauen vorbereitet sein.

Mirellas Geschichte klingt in diesem Zusammenhang nur allzu bekannt. Sie war vor kurzem einer Gruppe zugeteilt worden, die sich gerade in der Planungsphase für ein neues Produkt befand. Aus Frustration über den schleppenden Beginn verhielt sie sich, wie sie selbst zugibt, »nicht gerade sonderlich sensibel«. Sie verfiel in den ihr eigenen Stil, den sie als »direkt, sachlich, freundlich, aber nicht zuckersüß« beschreibt, und verlangte von den Teammitgliedern zu wissen, wer für die Zeitplanung zuständig sei.

Am Nachmittag brachte Bev, die den Zeitplan aufgestellt hatte, die Unterlagen in Mirellas Büro. Der Plan, erklärte sie mit scharfer Stimme, sei Anfang der Woche verteilt worden. »Wenn Sie Ihre Posteingänge durchgesehen hätten«, fuhr sie Mirella an, »hätten Sie ihn gefunden.« Mirella dankte Bev für die Information und entschuldigte sich dafür, daß sie die Mitteilung übersehen hatte. Bev verließ wortlos das Büro und vermied während des restlichen Tages jeden Kontakt mit Mirella.

Am nächsten Morgen versuchte Mirella mit Bev zu reden und ihr zu erklären, warum sie sich so verhalten hatte. Wieder entschuldigte sie sich für ihre Abruptheit und äußerte sich lobend über Bevs Gründlichkeit. Ohne Erfolg. Bev strafte sie weiterhin mit Schweigen, und die Spannung in der Abteilung stieg beträchtlich. »An dem Abend«, gestand Mirella, »stellte ich mich doch tatsächlich hin und buk Plätzchen, um sie ihr am nächsten Morgen auf den Schreibtisch zu legen.«

Bis Mirella und Bev, dank der Vermittlung einer dritten Kollegin, endlich wieder zu einer vernünftigen Zusammenarbeit zurückfanden, hatten sie »drei wertvolle Tage verloren, die damit draufgingen, aufgebrachte Gefühle zu beruhigen und die für alle unangenehmen Spannungen abzubauen«. Die Arbeit wieder in den Mittelpunkt zu rücken und zu akzeptieren, daß sie von den Kenntnissen der anderen abhängig sind, gab für Mirella und Bev schließlich den Ausschlag. Mirellas Bereitschaft, sich zu entschuldigen, und Bevs Bereitschaft, diese Entschuldigung nach einigem Zögern auch anzunehmen, hatten ebenfalls dazu beigetragen, mit den emotionalen Reaktionen fertig zu werden. Doch die Tatsache, daß hier Kritik zu persönlich genommen wurde, hatte das Projekt viel Zeit gekostet, und in der Arbeitswelt bedeutet Zeit Geld.

Sue Phillips, eine erfahrene Führungskraft, findet es bedenklich, wieviel Arbeitszeit sie darauf verwenden muß, Beziehungen zwischen Frauen zu kitten. »Frauen«, sagt sie, »verbringen viel Zeit damit, immer wieder durchzuspielen, was während des Austauschs mit anderen passiert ist. Sie nehmen alles persönlich und kommen zu mir, weil sie das

Bedürfnis haben, über das Geschehene zu reden. Ich nehme mir die Zeit, ihnen zuzuhören und zu helfen, die Dinge ins Lot zu bringen und sich wieder gut zu fühlen. Doch manchmal glaube ich, daß ich mit dem Aufpäppeln von angekratzten Selbstwertgefühlen mindestens soviel Zeit verbringe wie mit der Führung meiner Abteilung.«

Wir können die Frauen, mit denen wir zusammenarbeiten, nicht immer davon abhalten, Dinge zu persönlich zu nehmen. Doch wir müssen unterscheiden lernen, wann eine emotionale Reaktion das Problem der Betroffenen und nicht unser Fehler ist. Wenn wir uns in jede durch verletzte Gefühle hervorgerufene Katastrophe hineinziehen lassen, verlieren wir wertvolle Zeit und schließlich auch die Geduld. Wir können jedoch versuchen, Situationen vorauszusehen, in denen es leicht zu emotionalen Reaktionen kommen kann, und unser Anliegen auf entsprechende Weise vorbringen.

Genau wie wir durch Selbstgespräche, Bemerkungen und Kritik von uns weg und in angemessenerer Form auf unsere Arbeit oder Vorstellungen lenken können, so kann auch die Sprache, die wir anderen Frauen gegenüber verwenden, ihnen helfen, Situationen objektiv zu betrachten. Eine Möglichkeit dazu ist, beispielsweise das anklagende »Sie« oder »Du« wegzulassen. Statt Helen zu sagen: »Sie können sich den Patienten offenbar nicht verständlich machen«, versuchen Sie folgendes: »Helen, es fällt den Patienten leichter, Anweisungen zu befolgen, wenn man ihnen einleuchtende Begründungen dafür gibt.« Damit betonen Sie vor allem, was Helen unternehmen kann, um sich besser durchzusetzen oder ihr Basiswissen zu erweitern. Auf diese Weise wird sie eher bereit sein, Ihre Vorschläge anzunehmen, da sie sich nicht persönlich angegriffen fühlt.

Gespräche über Leistungsbeurteilungen können mit empfindsamen Frauen besonders schwierig sein, wie mir viele Abteilungsleiterinnen und weibliche Führungskräfte bestätigten. Frauen jeden Alters meinen, daß sie für solche Gespräche mit Frauen fast doppelt soviel Zeit benötigen wie mit Männern. Ein Teil der Zeit werde dafür verwendet, höflich zu sein, eine sorgfältig ausgewählte Sprache zu verwenden, um den Eindruck eines persönlichen Angriffs zu vermeiden und die Selbstachtung zu schützen. Der Rest der Zeit werde damit verbracht, sich emotionale Reaktionen anzuhören und die Aufmerksamkeit von der Kritik auf zukünftiges Handeln zu lenken. Denn Handeln ist immer das beste Mittel gegen Kritik. Männer scheinen handlungsorientierter zu sein und demonstrieren angesichts von Kritik eine »In Ordnung, was soll ich also tun?«–Haltung. Frauen brauchen meist mehr Hilfe, um den Übergang von einer personalisierten, emotionalen Reaktion zu einer »Und was soll ich dagegen unternehmen?«–Einstellung zu finden. Erfolgreiche weibliche Führungskräfte sagen, sie würden sich sehr genau auf eine Leistungsbeurteilung vorbereiten, die Kritik oder Verbesserungsvorschläge enthält. Sie legen das Hauptaugenmerk bewußt auf die Arbeit oder bestimmte sachliche Punkte (die Mitarbeit im Team zum Beispiel) und haben einen Aktionsplan im Kopf, der der Angestellten bei der Verbesserung ihrer Leistungen helfen soll. So verläßt sie die Besprechung mit einem Plan, dem sie folgen kann, einer Möglichkeit, aktiv zu werden und ihr Selbstvertrauen und ihre Selbstachtung zu stärken. Vorab zu planen, was Sie sagen und welche Handlungsvorschläge Sie machen wollen, kann dazu beitragen, überpersonalisierte Reaktionen in Schach zu halten. Wenn wir weniger Arbeitszeit dafür opfern müssen, die Gefühle überempfindlicher Frauen zu besänftigen, wirkt sich das für alle Beteiligten positiv aus.

Prämenstruelles Syndrom

»Na toll«, warf eine Freundin ein, als ich dieses Kapitel mit ihr durchsprach. »Du machst uns eine Menge guter Vorschläge, wie wir mit unserem Hang zum Überpersonalisieren fertig werden und anderen Frauen helfen können, ihre emotionalen Reaktionen in den Griff zu bekommen. Aber was ist mit den Tagen, an denen wir, so sehr wir uns auch bemühen, unsere Gefühle nicht unter Kontrolle haben? Was ist mit dem Prämenstruellen Syndrom?«

In den vergangenen zehn Jahren wurden genügend Untersuchungen veröffentlicht, um auch den größten Skeptiker davon zu überzeugen, daß der hormonelle Zyklus die Stimmungen der Frau in Mitleidenschaft zieht. Für diejenigen, die nur in milder Form davon betroffen sind, bedeutet das eventuell eine leichte Niedergeschlagenheit, Neigung zu Tränen oder erhöhte Reizbarkeit. Bei anderen, die unter schweren Symptomen leiden, kann es zu tiefen Depressionen und Wutausbrüchen kommen, wobei schon die harmloseste Bemerkung heftigste Reaktionen auslöst.

Wenn Sie unter dem Prämenstruellen Syndrom (PMS) leiden, sollten Sie aufmerksam den Kalender verfolgen, um nicht von den Stimmungsumschwüngen überrascht zu werden. Steigen Ihnen die Tränen in die Augen oder sind Sie übermäßig gereizt, erinnern Sie sich an den Grund dafür und zählen Sie langsam bis zehn. Dadurch gelingt es Ihnen vielleicht, sich zurückzunehmen und eine ahnungslose Mitarbeiterin vor einem Hagel von Kritik oder einem Schwall düsterer Prognosen zu bewahren.

Es könnte hilfreich sein, die Kolleginnen zu warnen, daß es »wieder einmal soweit ist« – um ihnen und sich selbst den in dieser Zeit nötigen Abstand zu verschaffen. Und Sie können diese Rücksichtnahme erwidern, indem Sie, wenn sich auf Monikas Tisch die Schokobonbons verdächtig häufen, ein paar Tage lang möglichst wenig Druck auf sie ausüben.

Seien Sie sich jedoch des Unterschieds zwischen Erklärungen und Entschuldigungen bewußt. Sie können Ihre Gefühlsausbrüche zwar erklären, doch das muß nicht heißen, daß andere diese Entschuldigung akzeptieren. Unsere Umfrage-Teilnehmerinnen zeigten keine uneingeschränkte Sympathie oder Verständnis für den hormonellen Entschuldigungsgrund. Eine schrieb, sie sei »es leid, daß alles auf das PMS geschoben wird«. Eine andere meinte: »PMS – irgend eine hat es immer oder glaubt, es zu haben.« Und eine dritte hatte keine Schwierigkeiten damit, drei Negativfaktoren für die Zusammenarbeit mit Frauen aufzuzählen. Sie notierte lediglich »Hormone, Hormone, Hormone. Wann werden Frauen endlich lernen, sie für sich zu behalten!«

Realitätspartner

Bei der Zusammenarbeit mit überempfindlichen Frauen können wir uns die Zeit nehmen, Konflikte zu lösen und angeschlagenes Selbstwertgefühl wieder aufzubauen. Wir können auf unsere Sprache achten und Situationen statt Personen in den Vordergrund stellen. Wir können Vorsicht walten lassen, wenn die Zeichen auf Sturm stehen. Und vor allem können wir uns gegenseitig helfen, Gefühl und Verstand im Gleichgewicht zu halten.

Haben wir all das getan, gibt es dennoch eine weitere positive Maßnahme, die wir anwenden können – wir können uns eine »Realitätspartnerin« suchen, die bereit ist, alle Fragen mit uns zu besprechen und uns zu helfen, sie in die richtige Perspektive zu rücken. Sari hat solch eine Partnerin gefunden. Mit einer Kollegin hat sie sich darauf geeinigt, einander für »Realitätschecks« zur Verfügung zu stehen, wenn sie das Gefühl haben, sich durch ihre Emotionen oder die Neigung zur Überpersonalisierung selbst zu behindern.

»Ich gehe zu Joan«, erklärt Sari, »und frage sie, ob ich zuviel in Glens oder Charlottes abrupte Ablehnung meiner Vorschläge hineininterpretiere. Worauf Joan mich daran erinnert, daß Charlotte einen Abgabetermin hat und deswegen ständig Überstunden machen muß. Und ich kann aufhören, mir den Kopf zu zerbrechen, ob sie irgendwas gegen mich hat.

Umgekehrt funktioniert es genauso. Als man Joan eine Aufgabe, die sie gern übernommen hätte, nicht übertrug und sie sich wie eine totale Versagerin vorkam, half ich ihr, die Sache objektiv zu betrachten. Wir gingen ihre Vorbildung durch und sprachen über die Erfahrung, die für die Aufgabe benötigt wurde. Es war völlig logisch, daß man dafür jemanden gewählt hatte, der Erfahrung mit ausländischen Märkten besaß – und genau das fehlte Joan. Jetzt bemüht sie sich darum, sich das ihr fehlende Wissen anzueignen.«

Meine Partnerin Betty fügt an dieser Stelle hinzu, daß sich auch hier das Knüpfen weitverzweigter Beziehungsnetze innerhalb und außerhalb des Arbeitsplatzes als vorteilhaft erweist, weil wir dadurch noch mehr Möglichkeiten haben, »Realitätspartner« zu finden. Als Betty Schwierigkeiten in der Zusammenarbeit mit Shara hatte, beschloß sie, erst eine zweite Meinung einzuholen, bevor sie Sharas Verhalten persönlich nahm. Sie rief eine andere Kursleiterin an, die ebenfalls schon mit Shara gearbeitet hatte, und fragte sie nach ihrer Reaktion auf Sharas Stil. »Du irrst dich nicht«, versicherte Elena ihr. »Shara ist einfach unmöglich, wenn es um Trainingskosten und Rechnungstellung geht.« Elena als Realitätspartnerin zu benutzen, half Betty, sich Shara gegenüber objektiver zu verhalten und die Kostenfrage erfolgreich zu lösen.

Wie Bettys Erfahrung zeigt, sind wir nicht von einer bestimmten »Realitätspartnerin« abhängig. Wir können unsere Kolleginnen und Mitarbeiterinnen ermutigen, uns zu informieren, wenn sie sich durch Gefühle oder Überperso-

nalisierung in ihren Leistungen behindert fühlen. Das tat auch Saris Vorgesetzte, als sie die persönlichen Angriffe der anderen Frauen während Saris Vorstellung eines Werbeplans unterbrach. Sie erkannte, daß die Emotionen aus dem Ruder zu laufen drohten und rief die Frauen zur Ordnung, bevor die Gefühle völlig außer Kontrolle gerieten. Sari war ihr dankbar und die anderen Frauen letztlich auch.
Die Ärztin Eugenia Ortega erzählte uns, wie sich Frauen ihrer Meinung nach verhalten sollten, wenn die Gefühle überborden oder Personalisierung die Produktivität gefährdet. »Gelegentlich bin ich auch schon in solche Situationen geraten. Am besten ist es vermutlich, wenn uns andere Frauen darauf aufmerksam machen, was sich abspielt. Das würde allerdings voraussetzen, daß die an dem Geschehen emotional beteiligten Frauen bereit wären, Anmerkungen und Kritik ihrer Kolleginnen hinzunehmen. Und das könnte sich natürlich als schwierig erweisen, denn Kritik ist das letzte, was sie hören wollen. Aber wenn sie einfühlsam und zu dem Zweck geäußert wird, alle wieder auf die richtige Bahn zu bringen, kann es funktionieren. Die Kontrolle wiederzuerlangen und die Befriedigung zu haben, gute Arbeit zu leisten, sind den Einsatz wert.«

Vorschläge zur Vermeidung von Überpersonalisierung

- Wenn Sie merken, daß Sie auf eine Situation am Arbeitsplatz emotional reagieren, wenden Sie die in diesem Kapitel besprochenen Techniken an: Lernen Sie, Ihre Emotionen von außen zu betrachten; versuchen Sie, sich als Person von Ihrer Arbeit zu distanzieren; suchen Sie sich Realitätspartnerinnen, die Ihnen helfen, Ihre Gefühlsreaktionen in die richtige Perspektive zu rücken. Vielleicht sollten Sie auch eine Liste von Wörtern, Sätzen und Verhaltensweisen aufstellen, die bei Ihnen eine emotionale Reaktion auslösen. Wenn Sie dann merken, daß sich eine solche Reaktion anbahnt, nehmen Sie sich sofort zurück, zählen Sie bis zehn, und schätzen Sie die Situation aus einem rationalen Blickwinkel ein.

- Begrenzen Sie bei emotionalen Überreaktionen einer Kollegin Ihre Bereitschaft, der Betreffenden zu einer rationalen Sichtweise zu verhelfen. Denken Sie daran – es sind die Gefühlsreaktionen der Kollegin, nicht Ihre. Lassen Sie sich nicht in einen ausgedehnten, unproduktiven emotionalen Austausch verwickeln. Konzentrieren Sie sich auf objektive Tatsachen und ein Verhalten, das es Ihnen beiden ermöglicht, Ihre Ziele zu erreichen.
- Entwickeln Sie Strategien, die es anderen Frauen unmöglich machen oder zumindest erschweren, Ihre Bemerkungen zu persönlich zu nehmen. Vermeiden Sie das anklagende »Sie« oder »Du«, und stellen Sie die Situation, nicht die Person, in den Vordergrund. Diese Einstellung hilft uns, unsere Handlungen von der eigenen Person zu trennen.

9
Miteinander auskommen

Kay, eine intelligente und beruflich äußerst erfolgreiche Frau, beschloß völlig überraschend, sich vorzeitig pensionieren zu lassen. Ich fragte sie, warum sie trotz ihres Erfolges den Beruf aufgeben und ihre Firma verlassen wolle. »Sie können mich nicht leiden!« erklärte sie, den Tränen nahe. »Mit den Männern komme ich prima aus; sie bewundern meine Fähigkeiten. Aber die Frauen können mich einfach nicht leiden. Ich habe alles versucht. Einer Kollegin habe ich sogar ein Kleid für eine Präsentation in Boston geliehen. Ich mag ja manchmal hart und fordernd wirken, aber das ist nun mal meine Art. Warum können sie das nicht einfach akzeptieren und mich mögen?«

Kay ist nicht die einzige, die sich eine Arbeitsatmosphäre wünscht, in der Frauen einander mögen. Auch Lenya hatte überlegt, ihre Stellung aufzugeben, aber nicht, weil die anderen Frauen sie nicht mochten. Lenya wollte kündigen, weil sie selbst eine Frau aus ihrer Arbeitsgruppe absolut nicht leiden konnte. »Wenn die Frau den Raum betritt, kann ich mich nicht mehr konzentrieren«, sagt sie. »Ihre Stimme, diese übertriebene Gestik, und wie sie allen vorschreibt, was sie zu tun haben! Ich halte das nicht aus. Ich würde kündigen, wenn ich könnte, und vielleicht mache ich das auch. Ich kann mit dieser Frau nicht arbeiten.«

Im letzten Kapitel haben wir uns damit befaßt, wie Frauen gelegentliche Bemerkungen, die sie verärgern und ihnen das Gefühl von Unfähigkeit geben, durch Betrachtung von außen, Distanzierung und Selbstgespräche entpersonalisieren können. So bekommen wir unsere Gefühle in den Griff, und die Arbeit kann weitergehen. Aber was ist, wenn wir Tag für

Tag mit Frauen zusammenarbeiten müssen, deren Art, Verhalten und Anwesenheit uns über alle Maßen irritiert und uns die Arbeitsstunden vergällt? Genauso wie es Möglichkeiten gibt, die emotionalen Auswirkungen alltäglicher Konfrontationen am Arbeitsplatz zu entpersonalisieren, gibt es auch Möglichkeiten, auf produktive Weise mit Menschen zusammenzuarbeiten, mit denen wir uns nicht verstehen.

Für Frauen ist dies eine besonders schwierige Thematik, denn Frauen wollen gemocht werden – und wir möchten andere Frauen mögen. Im weiblichen System, meint Anne Wilson Schaef, steht die Beziehung im Mittelpunkt. Alles andere werde daran gemessen, darauf bezogen und dadurch definiert. Beziehungen entstehen durch Zuneigung und werden durch sie aufrechterhalten. Besteht jedoch eine Abneigung zwischen Frauen am Arbeitsplatz, wird die Zusammenarbeit anstrengend und die Leistungsfähigkeit beeinträchtigt.

Ohne Verbundenheit und Beziehung zueinander ist es vielen Frauen unmöglich, ihre Arbeit oder den Beruf langfristig als zufriedenstellend zu erleben. Untersuchungen über berufliche Zufriedenheit haben immer wieder gezeigt, daß zwischenmenschliche Beziehungen für Frauen wichtiger sind als für Männer. In einem für *Working Woman* geschriebenen Artikel verweist Julia Kagen auf eine Studie, in der neunundfünfzig Prozent der befragten Frauen angaben, die Zusammenarbeit mit Menschen, die sie mögen, sei ein positiver Aspekt ihrer Arbeit. Hingegen gaben nur dreiundvierzig Prozent der befragten Männer an, daß dieser Aspekt für ihre berufliche Zufriedenheit wichtig sei.

Frauen möchten sich am Arbeitsplatz verbunden und anerkannt fühlen. Laut unserer Umfrage schätzen Frauen vor allem solche Persönlichkeitsfaktoren wie »Verständnis«, »Freundlichkeit«, »Gleichheit« und »Unterstützung«, die uns miteinander auskommen lassen und dazu beitragen, daß wir einander mögen. Männern kommt es vorwiegend darauf an, Status innerhalb einer Gruppe zu erlangen. Und um das zu erreichen, ist es wesentlich wichtiger, die eigenen Fähigkeiten unter Beweis zu stellen und Aufmerksamkeit auf sich zu ziehen, als gemocht zu werden und andere zu mögen.

Die Autoren von *Brain Sex. Der wahre Unterschied zwischen Mann und Frau* haben beobachtet, daß Männer das Arbeitsleben bereits mit einem positiv geprägten Bild von einer aus willkürlichen Regeln bestehenden Welt betreten und Erfahrung in der Zusammenarbeit mit Menschen haben, die sie vielleicht nicht mögen, die ihnen aber nützlich sein könnten. Sie müssen andere nicht mögen, um anzuerkennen, daß sie gute Arbeit leisten. Frauen wiederum, meinen Moir und Jessel, haben sich schon als Mädchen ihre Freundinnen mit größerer Sorgfalt ausgesucht und versuchen, die Menschen, mit denen sie zusammenarbeiten, gern zu haben, ihre Bedürfnisse zu verstehen und die Statusschranken zu durchbrechen.

Barbara bezieht die Fähigkeit und das Bedürfnis von Frauen, Menschen als Ganzes zu sehen, auf die traditionell weibliche Fürsorgerolle. »Frauen«, sagt sie, »betrachten Können und Funktion nur als Teil eines Menschen, der darüber hinaus auch Gefühle, Bedürfnisse und Entwicklungsmöglichkeiten besitzt. Um den ganzen Menschen zu umsorgen, müssen wir ihn auch als Ganzes wahrnehmen. Sich nur darauf zu beschränken, was dieses Kind oder dieses Individuum tun kann oder wie es funktioniert, stellt die Bedeutung der Beziehung in Frage. Wir können keine persönlichen, anteilnehmenden Beziehungen zu Funktionsobjekten unterhalten. Und ohne Beziehungen zu Menschen als Ganzes fühlen sich viele Frauen unvollständig und der Möglichkeit beraubt, ihre volle Persönlichkeit zu entfalten.«

Obwohl viele Frauen es ablehnen, Menschen als Funktionseinheiten zu betrachten, könnten wir uns durch die Übernahme der männlichen Einstellung, persönlichen Stil von Funktion zu trennen, von der Sorge befreien, ob wir am Arbeitsplatz gemocht werden und andere mögen. Doch zunächst gilt es, den Unterschied zwischen Stil und Funktion zu begreifen. Stil bezieht sich auf die Eigendarstellung, zum Beispiel in sozialen Interaktionen, in der Art unserer Kleidung oder in unseren Arbeitsgewohnheiten. Er hat mehr mit der Persönlichkeit zu tun als mit der Fähigkeit, Kalkulationstabellen lesen oder eine Sozialeinrichtung verwalten zu können. Natürlich kann Stil ein Faktor erfolgreicher Funktionsausübung sein, beispielsweise im Verkauf, aber Funktion ist nicht auf einen bestimmten Stil beschränkt. Erfolgreiche Managerinnen, Abteilungsleiterinnen, Ärztinnen, Lehrerinnen und andere bedienen sich jeden nur denkbaren Stils.

Männer neigen dazu, über die Funktion einer Person nicht hinauszusehen, während Frauen Funktion als Möglichkeit betrachten, Verbundenheit herzustellen, und nicht als Selbstzweck. Doch wenn es uns gelingt, die Fähigkeiten und Stärken einer anderen Frau von ihrem persönlichen Stil zu trennen, öffnen sich uns neue Wege, eine ganzheitliche Beziehung zu ihr aufzubauen. Die Beziehung basiert dann auf dem Respekt für ihre beruflichen Leistungen und kann sogar ein gewisses Maß an persönlichen Gefühlen enthalten. Unter dieser Voraussetzung ist es sogar möglich, eine Frau zu mögen, die uns vorher zur Verzweiflung getrieben hat.

Wenn andere Frauen uns nicht mögen

Die meisten Frauen sind nicht in der Lage, einfach zu kündigen, wenn sie das Gefühl haben, von anderen Frauen am Arbeitsplatz nicht gemocht zu werden. Sie können es sich finanziell nicht leisten, wollen gute Stellungen nicht aufgeben oder sich Aufstiegschancen in ihrer Firma nicht verbauen. Doch im Berufsleben geht es anders zu als in der Schule oder in der Nachbarschaft. Wir können nicht einfach beschließen, Leuten aus dem Weg zu gehen, die uns unserer Meinung nach nicht mögen, sondern müssen versuchen, die Situation in den Griff zu bekommen, damit die Zusammenarbeit für alle angenehmer wird.

Wenn wir spüren, daß uns andere am Arbeitsplatz nicht mögen, müssen wir nicht gleich kündigen oder versuchen, uns unsichtbar zu machen. Uns stehen noch andere Verhaltensweisen zur Verfügung. Zunächst müssen wir akzeptieren, daß uns nicht jeder Mensch sympathisch findet. Manche Menschen sind Anführer, andere Mitläufer, und nicht jeder kommt automatisch mit dem anderen aus. Dann müssen wir lernen, uns selbst gegenüber fair zu sein. Wir wissen, wann wir gute Arbeit leisten und unsere Verpflichtungen den Kollegen und der Firma gegenüber erfüllen. Nur weil jemand uns nicht leiden kann, muß das nicht heißen, daß wir auf der ganzen Linie versagt haben. Es bedeutet nur, daß wir über unsere Leistungen hinaus noch andere Dinge bedenken müssen, wenn wir unsere berufliche Zufriedenheit erhöhen und unsere Arbeitsbeziehungen verbessern wollen. Und schließlich müssen wir akzeptieren, daß andere, von unserem eigenen Arbeitsstil abweichende Methoden durchaus ihre Berechtigung haben, und daß ein Arbeitsplatz, an dem unterschiedliche Einstellungen und Vorgehensweisen aufeinandertreffen, vielleicht sogar der produktivste ist.

Natürlich möchten wir alle lieber gemocht als abgelehnt werden, aber wir können lernen zu verstehen, daß unsere Arbeitsleistung im Beruf wichtiger ist als Beliebtheit. Wir können ebenfalls lernen, daß andere unsere Arbeit durchaus zu schätzen wissen, auch wenn sie uns nicht unbedingt sympathisch finden. Um uns über schwierige Momente hinwegzuhelfen, können wir lernen, unsere Reaktionen auf Frauen, die uns offenbar ablehnen, zu entpersonalisieren.

Wir müssen daran denken, daß nicht jede mit unserem Arbeitsstil einverstanden sein muß und daß andere vielleicht unserem Beispiel folgen werden, wenn es uns gelingt, darüber hinwegzusehen. Und wir dürfen nicht vergessen, daß manche, die unsere Leistungen bewundern, ebenfalls unseren Stil mögen.

Eine Möglichkeit, anderen als Beispiel voranzugehen, besteht darin, nicht beleidigt zu reagieren, wenn wir die Irritation der Kolleginnen spüren oder mit unangenehmen Situationen im Arbeitszusammenhang konfrontiert werden. Um nicht aufzubrausen und sich beleidigt abzuwenden, rät der Psychiater und Autor Christian Hageseth, solle man »auf elegante Weise bis zehn zählen. Wenn Sie ein intensives Gefühl erleben, bringen Sie die Disziplin auf, nicht sofort zu reagieren. Ziehen Sie sich statt dessen zurück, und denken Sie über das Gefühl nach. Machen Sie ›einen Spaziergang‹ mit dem Gefühl, und überlegen Sie in Ruhe, welches Reaktionsverhalten angemessen ist.«

Hageseth fügt hinzu, daß diese reflektierende Herangehensweise oft zu Erkenntnissen über uns selbst und andere führt, die wesentlich zur Verbesserung unserer Beziehungen beitragen können. Ganz praktisch gesehen, verhindert diese Einstellung negative Kommunikation. Wir halten die gefühlsbetonten Reaktionen in Schach und sorgen so dafür, daß sich die Atmosphäre entspannt und die zu erledigende Arbeit wieder in den Mittelpunkt gerückt wird.

Ich kann diesen Bereich nicht abschließen, ohne ein warnendes Wort an jene Frauen zu richten, die meinen, das beste Mittel gegen Ablehnung sei eine direkte Konfrontation. Das ist nicht immer der beste Weg! Lassen Sie uns betrachten, was passieren kann.

Eine Frau, die sich wie die am Anfang des Kapitels erwähnte Kay abgelehnt fühlt, könnte eine Konfrontation mit folgenden Worten beginnen: »Emma, ich habe das Gefühl, Sie mögen mich nicht, und ich denke, wir sollten darüber reden.« Das bringt Emma in eine unangenehme Lage. Vielleicht ist sie der Meinung, daß sie ihre Gefühle gut verborgen hat und ist sowohl überrascht als auch beunruhigt, daß Kay sie dennoch wahrgenommen hat. Höchstwahrscheinlich wird sie in die Defensive gehen und, wenn sie Kay tatsächlich nicht mag, nur äußerst ungern über die Gründe dafür sprechen. Wenn sie sich bisher wenig Gedanken darüber gemacht hat, ob sie Kay mag oder nicht, könnte Kays Vermutung sie verärgern.

Frauen, die sich dieser Methode bedient haben, berichten, daß solche Konfrontationen meist emotional werden und keine Lösung bringen. Die Betreffenden fühlten sich angegriffen und bloßgestellt.

Derart offene Konfrontation wirkt sich oft negativ auf die Schaffung eines neutralen Klimas aus, eines Klimas, in dem gegenseitige Anerkennung zu positiven, persönlichen Beziehungen führen kann. Emotional aufgeladene Konfrontationen lassen keine vernünftige Kommunikation zu. Offene, ehrliche Kommunikation dagegen berücksichtigt die Situation und die betroffenen Individuen. Sie verfolgt den Zweck, bestimmte Punkte zu klären und Konflikte zu lösen, nicht aber andere anzugreifen und sie in die Defensive zu treiben.

Es gibt jedoch noch eine weitere Möglichkeit für Frauen, die ihr Unbehagen innerhalb einer Beziehung ansprechen wollen. Wir können uns dabei auf konkrete Verhaltensweisen beschränken. Statt mit der Feststellung »Sie mögen mich nicht«, könnten wir das Gespräch mit der Frage beginnen: »Gibt es irgendwas an mir, meiner Arbeitsweise oder meinem Verhalten, das Sie stört?« Durch diese Art der Gesprächseröffnung können wir unter Umständen hilfreiche Hinweise zur Veränderung unseres Verhaltens bekommen, um so ein positives Arbeitsklima für alle Kolleginnen und Mitarbeiterinnen zu schaffen.

Wenn Sie eine Frau nicht mögen

Den persönlichen Stil einer Frau getrennt von ihrer Arbeitsleistung zu betrachten, hat sich in der Zusammenarbeit mit Kolleginnen, die einen bisher zur Weißglut trieben, als sehr effektiv erwiesen. Wie Jean Baker Miller, Autorin des Klassikers *Die Stärke weiblicher Schwäche*, meint, ist es ganz natürlich, daß Frauen andere Frauen wegen ihres persönlichen Stils, ihrer Ausdrucksweise, ihrer Vorlieben, ihres Humors oder anderer Eigenschaften nicht mögen. Keine Frau muß alle anderen Frauen mögen und sich in ihrer Gegenwart wohlfühlen. Und doch breitet sich heute unter Frauen ein neuer Geist aus, eine Anerkennung ihrer selbst und anderer Frauen, der die Notwendigkeit anerkennt, daß Frauen sich auf unterschiedlichste Art und Weise verwirklichen können und müssen.

Es war Millers »Geist der Anerkennung«, der meiner Partnerin Betty und mir zu Beginn unserer Partnerschaft über eine schwierige Zeit hinweghalf. Ich habe nie Abneigung gegen Betty verspürt, doch in der Anfangszeit unserer Zusammenarbeit mußten wir uns mit ein paar Wesensunterschieden herumschlagen, die uns fast entzweit hätten.

Vom ersten Augenblick unseres Kennenlernens an bewunderte ich Bettys Selbstsicherheit, ihren Sinn für Humor und ihr Selbstbewußtsein. Sie ist ein Mensch, der ganz im Beruf aufgeht und wenig für unproduktive Nebensächlichkeiten übrig hat. Ihre unerschöpfliche Energie verdankt sie einer optimistischen Grundeinstellung, die in jeder Herausforderung eine Chance sieht, Neues zu lernen. Ich bin da ganz anders. Um zu wissen, daß ich gute Arbeit leiste, brauche ich positive Bestärkung. Ich plaudere gern mit Menschen über die nebensächlichsten Dinge, weil ich sie dadurch besser kennenlernen kann, und bin jeder neuen Herausforderung gegenüber mißtrauisch.

Verständlicherweise war Betty frustriert über mein Zögern

bei allen öffentlichen und gesellschaftlichen Ereignissen, an denen wir teilnahmen, auf Leute zuzugehen und offen für unser Unterrichtsangebot zu werben. Sie weiß, wie wichtig gute Kontakte sind und genießt die Herausforderung, »auf Kundenfang« zu gehen. Während mir die Vermarktung zwar ebenfalls wichtig ist, ziehe ich es dennoch vor, Konzepte und neue Methoden zu entwickeln, die den Klienten und dem Geschäft gleichermaßen zugute kommen.

Wenn Betty mir Listen mit Namen von Leuten gab, die ich anrufen sollte, oder mir Vorschläge zum Umgang mit einer neuen Klientin machte, interpretierte ich ihre Anregungen als Kritik. Ich nahm an, daß sie mich für inkompetent hielt, und wehrte mich dagegen, von ihr »kontrolliert« zu werden. Sie machte Vorschläge; ich hörte Befehle und weigerte mich, sie zu befolgen. Wir wurden beide gereizt; und plötzlich wurde unsere Kommunikation, die für eine Partnerschaft so wichtig ist, äußerst vorsichtig, manchmal auch abrupt und dann wieder übermäßig höflich. Kontroversen über unseren persönlichen Stil behinderten unsere Funktionsfähigkeit, und die Arbeit wurde für uns beide mehr zum Streß als zur Befriedigung.

Dann schlossen wir uns, auf Bettys Anregung, einer Schulungsgruppe für Existenzgründer an. Die Beraterin unserer Gruppe riet uns, einen Test zu machen, um unseren jeweiligen Persönlichkeitstyp und unseren Stil herauszufinden. Wir nahmen den Rat an. Der Test, entworfen von Isabel Myers und ihrer Mutter Katherine Briggs, weist sechzehn Merkmale oder Persönlichkeitstypen nach, die auf vier Eigenschaftspaaren basieren. Die Antworten zeigen, auf welche Weise die Testperson bevorzugt Informationen aufnimmt, Entscheidungen trifft, mit der Außenwelt kommuniziert und sich Energiequellen sucht. Es stellte sich heraus, daß unsere Persönlichkeiten so grundverschieden waren wie eine Militärparade und ein einsamer Waldspaziergang. Kein Wunder, daß Bettys Vorlieben eher auf einen Feldmar-

schall zutrafen, während meine eine Person beschrieben, die »introvertiert« ist, empfindlich auf Widersprüche reagiert und »alles bis ins Kleinste analysieren« möchte.
Der Myers-Briggs-Test zwang uns, unsere unterschiedlichen Persönlichkeiten objektiv und konstruktiv zu betrachten. Der Fragebogen entpersonalisierte unsere Konflikte und führte uns auf unsere Funktion zurück: ein gemeinsames Unternehmen aufzubauen. Wir erfuhren, daß unsere Unterschiede sich sogar ergänzten. Dank dieses neuen Verständnisses weiß ich jetzt Bettys Geschäftstüchtigkeit, Listen und die von ihr bei der Leitung eines Workshops ausgestrahlte Energie zu schätzen. Und sie wiederum respektiert meine Vorliebe für das im Einzelgespräch aufgebaute Vertrauen zu einer Klientin und meine Angewohnheit, geschäftliche Neuerungen zunächst einmal mißtrauisch und bis in die kleinste Kleinigkeit analysieren zu wollen.
Die Personalisierung des Konflikts, der durch unsere unterschiedlichen Persönlichkeitsstile entstanden war, hätte unsere Partnerschaft beinahe zerstört; doch durch Trennung zwischen Stil und Funktion gelang es uns, das Unternehmen schließlich zum Erfolg zu führen. Während ich früher Schwierigkeiten mit einer Person hatte, von der ich mich kritisiert und klein gemacht fühlte, mag und schätze ich diese Person jetzt und bewundere ihre Qualitäten.

Was tun, wenn die andere Sie verrückt macht?

Betty und ich hatten nur einen relativ kleinen Zusammenstoß. Aber eines Tages könnte eine Frau in Ihrem Büro oder Institut, Ihrem Krankenhaus oder Geschäft auftauchen, die Sie sofort auf Abwehr gehen läßt. Sie können schon die Art nicht leiden, mit der sie ihre Tasche hinknallt. Und dieses affektierte Zurückwerfen der Haare verursacht Ihnen Übelkeit! Ihre langsame, monotone Sprechweise läßt Ihnen alles vor den Augen verschwimmen und macht Sie unfähig, sich zu konzentrieren. Augenblicklich wissen Sie: »Mit dieser Frau kann ich nicht zusammenarbeiten. Ich kann sie nicht ausstehen. Ich hoffe, ihr teurer Blazer verfängt sich im Aufzug, verursacht einen Kurzschluß und jagt sie in die Luft.« Doch nichts davon geschieht. Sie ist eingestellt worden, und sie bleibt.

Für einen Myers-Briggs-Test oder ein Seminar über den Umgang mit schwierigen Menschen reicht die Zeit nicht. Ihnen muß sofort geholfen werden, bevor Sie ihr an die Kehle gehen oder selbst aus dem Fenster springen. Holen Sie tief Luft, gehen Sie auf Abstand, und studieren Sie ihren Stil. Die Bereitschaft zu entpersonalisieren, das irritierende Verhalten der anderen getrennt von ihrem Können und ihren Fähigkeiten zu betrachten, wird Ihnen helfen, die Situation in den Griff zu bekommen und konstruktiv mit einer Frau zusammenzuarbeiten, die Sie sonst die Wände hochtreiben würde.

Versuchen Sie es mit einer Übung, die schon vielen unserer Workshop-Teilnehmerinnen geholfen hat. Stellen Sie eine Liste derjenigen Eigenschaften zusammen, die Sie am meisten irritieren. Dann gehen Sie die Liste durch und streichen alle Manierismen oder Angewohnheiten, die nichts mit ihren beruflichen Leistungen zu tun haben – oder mit Ihrer gemeinsamen Arbeit. Wenn sie zum Beispiel minderwertige Arbeit liefert oder ihren Mitarbeiterinnen wichtige Informationen vorenthält, liegen spezifische Probleme vor, die Sie ansprechen und deren Änderung Sie verlangen können. Wenn sie jedoch im Fahrstuhl vor sich hinsummt oder zur Betonung ihrer Argumente mit dem Stift auf den Tisch klopft, kann sie als Abteilungsleiterin, Buchhalterin oder Sachbearbeiterin trotzdem gute Arbeit leisten.

Der nächste Schritt in dieser Übung ist eine Analyse der Stärken dieser Frau. Listen Sie auf, welche Dinge sie gut macht, auch wenn Ihnen die Art nicht gefällt. Überlegen Sie, warum sie eingestellt wurde. Ziehen Sie ihr Können und ihre Erfahrung in Betracht. Finden Sie ihr Erfolgsrezept bei der Arbeit und im Umgang mit anderen heraus. Trennen Sie ganz bewußt zwischen den Arbeitsleistungen der anderen und Ihrer eigenen Reaktion auf sie.

Fragen Sie sich schließlich, was diese Frau zur Aufrechterhaltung ihrer Funktionsfähigkeit braucht und welche Wohlfühlbereiche sie haben könnte. Stellen Sie fest, welche Vorteile eine gute Zusammenarbeit für Sie haben könnte: Die erfolgreiche Durchführung eines gemeinsamen Projekts zum Beispiel oder Möglichkeiten einer späteren Beförderung. Stellen Sie fest, welche Vorteile dieser Frau aus einer guten Zusammenarbeit mit Ihnen erwachsen könnten: Sie bekommt die Informationen und Rückmeldungen, die sie braucht; die Abteilung läuft einwandfrei usw.

Denken Sie in Begriffen wie »Job«, »Arbeit«, »Beruf«, »Projekt« – und nicht an die Person. Konzentrieren Sie sich auf das Positive. Akzeptieren Sie, daß die Beziehung mit ihr eine Arbeitsbeziehung ist und daß die Anerkennung ihrer Fähigkeiten ein erster Schritt zu echter Anteilnahme und wirklichem Interesse sein kann. Respekt ist die Grundlage vieler produktiver Arbeitsfreundschaften. Eine Frau, die wir respektieren, können wir eines Tages sogar mögen.

Lyda, eine engagierte Lehrerin, nutzte diese Herangehensweise, um einen Stilkonflikt mit ihrer neuen Rektorin Maureen zu überwinden. Maureen hatte eine beliebte und respektierte Frau abgelöst, die den Mitgliedern des Lehrerkollegiums Mentorin und Freundin war. Es war für Maureen nicht leicht, diese Frau zu ersetzen, und ihre Persönlichkeit, die sich stark von ihrer Vorgängerin unterschied, sorgte für zusätzlichen Zündstoff – und für Widerstand.

Seit Maureens erstem, aufgesetzt munter wirkenden »Guten Morgen« wußte Lyda, daß sie diese Frau nicht mochte. Die übermäßig freundliche Fassade paßte überhaupt nicht zu ihrem herrischen, dominanten Stil, wie sich sehr schnell herausstellte. Die neue Rektorin wollte genau wissen, was in jedem Klassenzimmer, in jeder Unterrichtsstunde geschah. Wo die vorherige Rektorin jederzeit für Ratschläge zur Verfügung gestanden hatte und von der Annahme ausgegangen war, daß alle Lehrkräfte ihre Tätigkeit professionell ausübten, verlangte die Neue schriftliche Berichte über jede Kleinigkeit, von Stundenplänen bis zu Elternkontakten. Lyda fühlte sich angegriffen, erniedrigt und unter ständiger Beobachtung.

Doch es war vor allem die muntere Stimme, bei deren Klang sich Lydas Magen zusammenzog und sie in die Besenkammer trieb, um nicht von Maureen entdeckt zu werden, wenn sie den Flur entlang kam. Selbst in ihrer Freizeit wurde Lyda von düsteren Gedanken an die neue Rektorin geplagt. Die Vorstellung, daß diese Frau sie ständig beobachtete, verfolgte sie regelrecht. Sie verbrachte mehr Zeit damit, sich Trotzreaktionen auszudenken, als den Unterricht vorzubereiten. Selbst beim täglichen Jogging wurde sie Maureens Bild nicht los.

Lyda überlegte, ob sie kündigen sollte. Doch dann wurde ihr klar, daß Kündigung keine Lösung war. Sie liebte ihre Arbeit und wollte sich all das Positive daran nicht durch eine Frau, die sie nicht leiden konnte, verderben lassen. Zum Glück verliefen ihre Gedanken bald in eine produktivere Richtung. Sie überprüfte ihre Möglichkeiten und beschloß, Maureen in gewisser Weise entgegenzukommen. Sie würde sich nicht mehr durch ihr munteres Getue, ihr nervenaufreibendes Wohlwollen ablenken lassen und sich statt dessen darauf konzentrieren, das zu liefern, was diese Frau verlangte. Sie würde ihre Neuerungen dokumentieren und Aufzeichnungen über alle angeforderten und benutzten Unterrichtsmaterialien führen. Statt sich gegen Kritik zu wehren, lud sie Maureen in ihr Klassenzimmer ein und bekam die einsichtigste Beurteilung in ihrer gesamten Laufbahn.

Sie hörte sich an, was Maureen zu Planung, Zielsetzung und Methoden zu sagen hatte, und mußte feststellen, daß ihr die Wertvorstellungen und pädagogischen Ansichten ihrer neuen Rektorin Respekt einflößten.

Lyda hatte sich entschlossen, ihre Achtung vor Maureens Professionalität in den Vordergrund zu stellen, statt zu versuchen, sie zu mögen. Weder erwartete noch wünschte sie, in Maureens wachsenden Kreis aus überfreundlichen Vertrauten aufgenommen zu werden. Doch sie erwartete allerdings, für ihre Arbeit als Lehrerin geschätzt und anerkannt zu werden.

Diese Einstellung hatte Erfolg. Nachdem sie nicht mehr unter dem Druck stand, zu mögen und gemocht zu werden, war Lyda in der Lage, ihre Aufmerksamkeit wieder dem zu widmen, was sie am besten konnte – unterrichten. Maureen erkannte ihre Begabung und behandelte sie mit höflichem, professionellem Respekt. Im Gegenzug profitierte Lyda von Maureens Erfahrung und beruflicher Unterstützung. Der Klang des allzu munteren Morgengrußes läßt Lydas Lächeln immer noch erstarren, doch sie schiebt das als Äußerlichkeit beiseite und konzentriert sich auf das Wesentliche.

Wir können nicht jede Frau mögen, mit der wir zusammenarbeiten, und werden auch nicht von jeder gemocht. Produktiv miteinander zu arbeiten und dabei Befriedigung zu empfinden, hängt von unserer Entschlossenheit ab, den persönlichen Stil einer Person von ihren Fähigkeiten und ihrem Arbeitseinsatz zu trennen. Statt vor einer Frau, die wir nicht leiden können, wegzurennen, sollten wir uns zunächst einmal ihrer Stärken bewußt werden. Wir können ihre Fähigkeiten anerkennen, und aus der Anerkennung ihrer Qualitäten erwächst dann möglicherweise sogar Bewunderung.

Andere zu mögen ist nicht alles, genausowenig wie gemocht zu werden. Die Zusammenarbeit mit einer Frau, die Sie verrückt macht, ist möglich; ja, sie kann letztlich sogar erfreulich werden.

Wenn unterschiedliche Prioritäten aufeinandertreffen

Frauen scheinen im Beruf am besten mit den Frauen auszukommen, die ihnen ähnlich sind und deren Stil und Prioritäten sich mit den ihren vereinbaren lassen. Wir umgeben uns gern mit Frauen, die uns in unserer Art bestärken. Unterschiedliche Einsatzbereitschaft kann zu ernsthaften Problemen in der Zusammenarbeit führen. Deshalb fühlen wir uns Frauen verbunden, deren Einstellung zu Beruf, Familie und Engagement unserer eigenen entspricht, und sind argwöhnisch und mißtrauisch gegenüber Frauen, die andere Prioritäten setzen.

Männer haben damit keine Schwierigkeiten. Für sie ist Arbeit eine Sache und das Privatleben eine andere. Frauen neigen dazu, Arbeit und Privates zu vermischen. Unsere persönliche Verbundenheit verleiht unseren Arbeitsbeziehungen Stärke und Tiefe. Doch wenn Unterschiedlichkeiten uns trennen, geht dieser Vorteil verloren.

Seit Frauen in den 70er Jahren verstärkt auf den Arbeitsmarkt drängten, haben wir bewußt darauf geachtet, wie unser berufliches Engagement und unsere Leistungen in der männlichen Arbeitswelt wahrgenommen werden. Wir haben eine Sensibilität dafür entwickelt, welches Image wir aufgrund unseres Engagements bei Männern haben. Wir haben hart dafür gekämpft, ernst genommen zu werden, und wenn andere Frauen in dieser Hinsicht weniger engagiert scheinen, kann unsere Frustration zu starken Spannungen am Arbeitsplatz führen.

Louise, ehemalige Fachbereichsleiterin an der Sonoma State University, erinnert sich an die Frustration, die sie empfand, als sie Jenny, eine junge Sekretärin, zu ermutigen versuchte, Kurse zu belegen und Möglichkeiten wahrzunehmen, in der Universitätshierarchie aufzusteigen. Jenny gehörte zu den Frauen, die man als »mit sich und der Welt zufrieden« beschreiben könnte. Ihre Arbeitseinstellung stand in krassem Gegensatz zu Louises Ansprüchen an sich selbst und an andere Frauen. »Diese Frau machte mir eindeutig klar«, sagt Louise, »daß sie Sekretärin sein wollte und sonst nichts. Sie ließ mich außerdem wissen, daß meine ständigen Vorschläge, mehr aus sich zu machen, ihr die Arbeit mit mir erschwerten. Es fiel mir sehr schwer, mich damit abzufinden. Schließlich war ich für die Frauenförderung zuständig und glaubte, alle Frauen wären daran interessiert, so weit wie möglich voranzukommen. Es war nicht leicht für mich zu akzeptieren, daß manche Frauen andere Prioritäten und eine andere Berufseinstellung haben.«

In *Women vs Women: The Uncivil Business War* hat auch Tara Roth Madden nicht sehr viel Freundliches darüber zu sagen, wie Frauen auf die abweichenden Prioritäten anderer reagieren. Sie unterscheidet zwischen drei Gruppen von Frauen, die es fertigbringen können, »ganze Büros in feindliche Lager zu spalten«. Sie nennt zunächst die Karrieristinnen, die Geschäftsinteressen über Privatinteressen stellen. Dann die Jongleurinnen, die versuchen, Familie und Beruf zu vereinbaren, und als letztes die Brieftauben, die des Geldes wegen arbeiten und bestrebt sind, so schnell wie möglich nach Hause zurückzukehren. Jede Gruppe hat diverse Untergruppen.

»Frauen«, schreibt Madden weiter, »entwickeln ihre Gegnerschaft generell auf der Basis dieser drei Kategorien. Die Karrieristinnen streiten sich ständig mit den Brieftauben, und beide haben Schwierigkeiten mit den Jongleurinnen, die sich nicht entscheiden können, wo ihre Prioritäten liegen.« Obwohl sich nicht jede Frau einer dieser Gruppen anschließt und nicht jedes Büro zum Aufmarschplatz gegnerischer Heere wird, führen unterschiedliche Prioritäten zu Spannungen in der Zusammenarbeit. Auch ohne daß es zu offener Feindseligkeit kommt, können sich die entstehenden Spannungen negativ auf die Kommunikation auswirken. Alle Faktoren, die zur Spaltung zwischen Frauen führen, schaden uns; besonders, wenn wir beweisen wollen, daß Frauen eine vereinte Streitmacht sind, die sich und ihre guten Leistungen zu schätzen wissen.

Jean und Cara sind gute Beispiele zur Demonstration unterschiedlicher Einsatzbereitschaft, obwohl sie beide die gleiche Position in der Kreditabteilung einer Regionalbank einnehmen. Jean ist ausschließlich karriereorientiert, während Cara sich gleichermaßen für Beruf und Familie engagiert. Jede der beiden Frauen lehnt die Einstellung der anderen ab, obwohl sie ihre Kompetenzen gegenseitig anerkennen. Jean weicht Cara aus, distanziert sich von einer Frau, die ihrer Meinung nach die Aufstiegsmöglichkeiten und -chancen anderer Frauen beeinträchtigt. Sie betrachtet Caras Verbundenheit mit der Familie als Bestätigung für die Ansicht, daß Frauen sich leicht ablenken lassen, unzuverlässig und unfähig sind, sich ganz der Arbeit zu widmen.

Cara findet Jean unweiblich und sogar frauenfeindlich. Sie kann keinen Bezug zu einer Frau herstellen, die sich nicht für Heim und Familie interessiert, dafür aber bereit ist, sechzig Stunden in der Woche zu arbeiten, Managementkurse zu belegen, Überstunden zu machen und Jahresberichte zu studieren. Cara äußert sich abschätzig über Jeans Prioritäten und behauptet, sie habe ihre Erfolge auf »unnatürliche« Weise errungen. Die offene gegenseitige Abneigung zwischen beiden führt zu erhöhten Spannungen unter den anderen Frauen in der Abteilung, da diese sich nicht immer einig sind, welcher Fraktion sie sich anschließen sollen. Und die zwischen Jean und Cara bestehende Gegnerschaft macht es ihnen unmöglich, spontan Ideen auszutauschen, die zur Verbesserung der Kreditabwicklung beitragen und die Bank erfolgreicher machen könnten.

Heute stehen Frauen vor einem neuen Zeitalter. Die Unternehmen beginnen zu akzeptieren, daß zwischen Frauen und Männern Unterschiede bestehen, aber beide zu hervorragenden Leistungen und großem Engagement fähig sind. Um gute Frauen zukünftig nicht mehr zu verlieren, werden Firmen flexibler und gestatten Frauen – und Männern –, ihre beruflichen Prioritäten mit familiären Bedingungen und persönlichen Lebensumständen abzustimmen. Babyjahr und Erziehungsurlaub sind ein wichtiger Schritt in diese Richtung.

Felice Schwartz beschäftigt sich seit dreißig Jahren mit den Fortschritten im Berufsleben von Frauen. In ihrem Buch *Frauenkarrieren: ein Gewinn für Unternehmen* rät sie den Unternehmern, in ihren Zugeständnissen gegenüber begabten Frauen und in der Berücksichtigung unterschiedlichen Engagements flexibler zu werden. Manchen Menschen, vor allem Frauen, werde die Familie immer wichtiger sein als der Beruf, meint sie. In einem solchen Fall – und das sei vielleicht das Entscheidende – sollte die Geschäftsleitung diese Entscheidung anerkennen. Ab einem gewissen Punkt müsse sie ein geringeres berufliches Engagement zulassen und verminderte Leistungen akzeptieren, weil sich die Betreffende dafür entschieden habe. Weder jetzt noch in Zukunft dürfe man den Fehler begehen, sie abzuschreiben, weil es ihnen an Engagement »fehle«, da sie sich in Wirklichkeit der Firma ebenso verbunden fühlen wie anderen Aspekten ihres Lebens.

Auch Frauen sollten sich nicht von jenen Frauen abwenden, die nicht ausschließlich auf Beruf und Karriere fixiert sind. Wir alle müssen dazu beitragen, daß sich flexible Unternehmensstrukturen durchsetzen. Wir müssen unsere Gefühle entpersonalisieren, wenn sich die Einstellung einer anderen Frau von der unseren unterscheidet, und ihr das Gefühl geben, für das von ihr eingebrachte Können und Geschick geschätzt zu werden. Wenn wir ihre Leistungen schätzen und sie nicht aufgrund ihrer Prioritäten beurteilen, wird sie lernen, uns die gleiche Achtung und Unterstützung zukommen zu lassen.

Wenn Jeri geglaubt hätte, die Unterstützung der anderen Frauen zu haben, hätte sie sich wahrscheinlich gleich um eine Teilzeitstelle beworben. Jeri arbeitet in einem von Männern dominierten Unternehmen, das sich offen dazu bekennt, karriereorientierte Frauen zu bevorzugen. Jeris Vorgesetzte Gail ist verheiratet, hat keine Kinder und gibt ihrem Beruf eindeutig Vorrang. Sie ist eine wunderbare Mentorin und ermutigte Jeri, sich um Beförderungen zu bemühen und ihr Können unter Beweis zu stellen. Da die anderen Frauen in Jeris Abteilung ebenfalls auf ihre Karrieren fixiert sind, befürchtete Jeri, Gail und die Kolleginnen zu enttäuschen, wenn sie den Wunsch äußerte, lieber halbtags arbeiten zu wollen, um mehr Zeit für ihre Kinder zu haben.

Als Jeri sich dennoch dazu durchrang, ging sie zu Gail. Zu Jeris Überraschung reagierte Gail auf ihre Bitte überaus positiv. Sie sprach mit Jeri über ihre Arbeit und betonte, wie wertvoll ihr Beitrag für die verschiedenen Projekte sei. Wenn Jeri das Gefühl habe, an diesem Punkt die richtige Entscheidung getroffen zu haben, würde Gail sie unterstützen, weil »wir Sie nicht verlieren möchten«, wie sie sagte. Die anderen Frauen machten sich Gails Einstellung zu eigen und ließen Jeri ebenfalls wissen, wie sehr sie ihre Arbeit schätzten. Wenn Jeri sich entschließen sollte, wieder voll einzusteigen, wird sie jederzeit willkommen sein.

Solche Entscheidungen werden Frauen niemals leicht fallen. Denn laut Schwartz sind Konflikte zwischen Beruf und Familie ein zentrales Problem für Frauen – emotionsbeladen, bedrohlich, angstauslösend und schuldbesetzt. Frauen können dazu beitragen, Bedrohungen und Ängste abzubauen, indem sie die Prioritäten anderer unterstützen und damit eine neue Ära einläuten, in der nur der geleistete Beitrag zählt und die Umstände unwichtig werden.

Gute Arbeitsleistungen, sowohl unsere eigenen als auch die anderer Frauen, müssen im Berufsleben stets an erster Stelle stehen. Doch je mehr wir die Lebensumstände anderer

Frauen kennen- und achten lernen, desto besser werden auch unsere Arbeitsbeziehungen untereinander werden. Wenn wir uns nicht bedroht oder kritisiert fühlen, können wir über unsere Prioritäten reden. Wir können einander bei Entscheidungen helfen und uns an einem flexiblen Arbeitsplatz gegenseitig unterstützen. Egal, ob wir einen Platz in der Führungsetage anstreben oder kaum erwarten können, nach Dienstschluß zu unserer Familie zu kommen – die Zusammenarbeit kann trotzdem für alle befriedigend sein.

Der Umgang mit Kindern

Als ich während eines Seminars eine Gruppe von Versicherungsagentinnen fragte, was sie für den heikelsten Punkt in der Zusammenarbeit von Frauen hielten, erklärten sie fast einstimmig: »Kinder«. Die meisten Frauen können sich während der Arbeitszeit nicht vollständig von ihren Kindern lösen. Ob in Fotos oder Gesprächen, am Telefon oder leibhaftig – die Kinder tauchen am Arbeitsplatz auf. Ihre Anwesenheit kann zu hitzigen Auseinandersetzungen führen, besonders unter Frauen.

Als Frauen sind wir alle von der Kinderfrage betroffen, unabhängig davon, ob wir unser biologisches Potential nützen oder nicht. Jene, die Kinder haben, gehen mehr oder weniger davon aus, daß auch andere Frauen Verständnis für die Anforderungen der Mutterschaft aufbringen. Zwar mögen wir zunehmend Verständnis von jenen Männern erwarten, die Arbeitsanforderungen und Familienpflichten zu vereinbaren suchen, doch würden die meisten von uns nicht daran denken, die Toleranz männlicher Kollegen mit »Kindergeschichten« oder der Bitte, mal eben auf Sammy aufzupassen, während wir zum Kopierer laufen, auf die Probe stellen zu wollen. Doch genau das erwarten wir von anderen

Frauen, und diese Einstellung hat ernsthafte Auswirkungen darauf, wie wir miteinander auskommen.

Manche Frauen sind der Ansicht, Kinder hätten am Arbeitsplatz nichts zu suchen. Andere meinen, die Einbeziehung von Kindern würde die Schranken zwischen Arbeit und Familie abbauen und zu einer Vereinigung der beiden Welten führen. In *Frauen führen anders* stellt Sally Helgesen Nancy Badore vor. Nancy, Leiterin des Zentrums zur Weiterbildung von Führungskräften beim Autokonzern Ford, nimmt während Sitzungen Anrufe ihres Kindermädchens entgegen und bringt ihr Kind mit ins Büro. Sie gehört zu jenen Frauen, die glauben, Kinder in die Arbeit miteinzubeziehen, würde die Botschaft vermitteln, daß für Frauen der Mensch als Ganzes gelte und auch als Teil seiner Familie und nicht nur in bezug auf seine Arbeit gesehen werden müsse. Arbeit und Familie seien beides Teile seiner selbst.

Doch nicht jede Frau ist begeistert davon, wenn eine andere ihre Mutterschaft mit dem Arbeitsalltag vermischt. Frauen ohne Kinder wissen oft nicht, wie sie auf das Kind oder die Mutter reagieren sollen. Sie finden die Anwesenheit von Kindern eher störend als bereichernd. Und nicht jede Mutter möchte während der Zeit, in der sie sich auf die Arbeit zu konzentrieren versucht, mit ihren eigenen oder den Kindern anderer Frauen zu tun haben.

Meine Partnerin Betty zieht es beispielsweise vor, ihr Berufsleben und ihr Leben als Mutter voneinander zu trennen. Sie liebt ihren Mann und ihre Söhne sehr, doch während der Arbeit spricht sie nicht über sie. Sie konzentriert sich auf die Dinge, die sie zu erledigen hat, und erzählt nur in den Pausen von ihrer Familie. Sie akzeptiert es, wenn Männer und Frauen ihre Familie in die Arbeit miteinbringen, aber sie muß keine familiären Einzelheiten wissen, bevor sie die Arbeit mit den Klienten aufnimmt. Diese Einzelheiten oder familiären Belange sind nicht der Motor ihrer Geschäftsbeziehungen, sondern die gemeinsamen Ziele.

Auch unter den Teilnehmerinnen unserer Umfrage befanden sich Frauen, die die Präsenz von Kindern am Arbeitsplatz als problematisch empfanden. Einige bemängelten, daß während der Arbeitszeit schon zuviel über Kinder geredet werde. Andere beschwerten sich darüber, daß Frauen die Bedürfnisse ihrer Kinder über ihre beruflichen Verpflichtungen stellen, früher gehen oder Besprechungen absagen, um einen Arzttermin ihres Kindes wahrzunehmen oder eine Schulaufführung zu besuchen. Eine Frau schrieb: »Mir gehen die Mütter auf die Nerven, die von allen als Märtyrerinnen betrachtet werden wollen, nur weil sie berufstätig sein müssen.« Eine andere meinte: »Warum soll ich mich für Kinder interessieren, die nichts mit meinem Leben zu tun haben? Es ist pure Zeitverschwendung, über Jenny oder Johnny zu reden, wenn wir Berichte abzuschließen haben.«

Das Thema Kinder am Arbeitsplatz anzusprechen, erfordert außerordentliches Taktgefühl. Jede Kritik, wie wir mit unseren Kindern umgehen oder uns im Zusammenhang mit ihnen verhalten, trifft Mütter an ihrer empfindlichsten Stelle. Wenn Felice Schwartz meint, der Konflikt zwischen Beruf und Familie sei für Frauen emotional besetzt, bedrohlich, beängstigend und mit Schuldgefühlen verbunden, benennt sie damit auch den Grund, warum die Präsenz von Kindern am Arbeitsplatz ein so sensibles Thema sein kann.

Schwartz' Beobachtung erklärt, warum sich die soeben erwähnten Versicherungsagentinnen einig waren, daß die Kinderfrage der heikelste Punkt in ihrer Zusammenarbeit mit Frauen sei. Sie reagieren gereizt auf die Kinder anderer Frauen und sind verärgert darüber, wie andere auf ihre Kinder reagieren, aber sie schrecken alle vor einer Konfrontation zurück, weil sie befürchten, Gefühle zu verletzen. Sie beschweren sich zwar untereinander, doch nur in Abwesenheit der betreffenden Kollegin, die sie nie direkt auf ihre Kinder ansprechen würden.

Vor kurzem geriet in unserem Bürogebäude eine Kind-am-Arbeitsplatz-Situation außer Kontrolle, weil alle Beteiligten sich sträubten, in eine emotionale Auseinandersetzung verwickelt zu werden. Shauna, die siebenjährige Tochter von Kayla, einer jungen Finanzberaterin, kam nach der Schule regelmäßig zu ihrer Mutter ins Büro. Kayla hatte Shauna eingeschärft, die Männer auf unserer Etage nicht zu stören. Aber sie nahm an, daß die anderen Frauen Verständnis für ihr Problem, eine Nachmittagsbetreuung für Shauna zu finden, haben und ihre Anwesenheit akzeptieren würden.
Kayla erlaubte Shauna, ganz nach Lust und Laune herumzuwandern, nur nicht in den Büros, in denen Männer arbeiteten. Shauna erschien bei uns, wollte in ihrem Faschingskostüm bewundert werden oder sich eine Schere ausleihen. Da wir nicht kalt und herzlos wirken wollten, tolerierten wir ihr Eindringen und erklärten Shauna so freundlich wie möglich, sie möge anderswo spielen gehen, weil wir beschäftigt seien. Doch es wurde zunehmend irritierender, ständig die Arbeit unterbrechen zu müssen, um Shauna mit einem »jetzt nicht« abzuwimmeln. Wir alle vermieden es, Kayla direkt darauf anzusprechen.
Schließlich forderte unsere Sekretärin, die am meisten unter Shaunas Langeweile zu leiden hatte, das Mädchen auf, die geliehenen Filzstifte zurückzubringen und im Büro ihrer Mutter zu bleiben. Kayla wurde sehr aufbrausend, nahm ihre Tochter in Schutz und wies sie an, »nicht mehr mit diesen Frauen zu reden«. Wir waren alle froh und erleichtert, daß die Sekretärin der Sache ein Ende bereitet hatte, hatten es nun aber mit neuen Spannungen zu tun. Kayla behielt Shauna nach der Schule in ihrem Büro, wechselte aber mit keiner von uns je mehr ein Wort. Noch vor Ablauf ihres Mietvertrages zog sie aus, ohne sich von irgend jemandem zu verabschieden.
Wir hätten das Problem mit Shauna vermeiden können, wenn wir uns alle zusammengesetzt und mit Anteilnahme

und Verständnis darüber geredet hätten, welchen Platz Kinder in unserer Bürogemeinschaft einnehmen sollen. Eine solche Übereinkunft zu treffen oder nachzufragen, ob es sie bereits gibt, bedeutet, die Aufmerksamkeit nicht auf einzelne Personen, sondern auf die entpersonalisierte Situation von »Kindern am Arbeitsplatz« und nicht »Shauna am Arbeitsplatz« zu richten. Die Versicherungsagentinnen einigten sich darauf, sich mit den anderen Frauen ihres Büros zusammenzusetzen und über die Kinderproblematik zu reden. Zweck der Diskussion sollte sein, Richtlinien aufzustellen, die individuelle und gemeinsame Erwartungen in Betracht zogen.

Kein Büro ist wie das andere. Ich kenne eine Gruppe von Verlagsfrauen, die oft bis spät abends arbeiten. Sie haben ein System entwickelt, nach dem die älteren Kinder einiger Kolleginnen die jüngeren in einer Art »riesigem Arbeits- und Spielzimmer«, wie sie es nannten, beaufsichtigen. Ich weiß zudem von einer großen Immobilienfirma, in der die Frauen zu der Übereinkunft gekommen sind, daß sich keine Kinder im Büro aufhalten dürfen, die nicht für ihre Mütter arbeiten. In beiden Fällen hatten die Frauen sich zusammengesetzt und sich gemeinsam auf eine Kinder-am-Arbeitsplatz-Regelung geeinigt.

Manchen Frauen ist eine formelle Regelung vielleicht unangenehm. In diesem Fall kann durch höfliche Rücksichtnahme die Kinderfrage ebenfalls offengelegt und Spannungen abgebaut werden. Wenn wir diejenigen mit Kindern sind, können wir unsere Kolleginnen direkt fragen, ob es sie stört, wenn unsere Kinder nach der Schule anrufen oder uns während der Arbeitszeit besuchen. Dann müssen wir die Antworten entpersonalisieren und begreifen, daß sie sich auf Kinder im allgemeinen beziehen und nicht nur auf unsere Lisa oder unseren Tim, falls eine Kollegin darum bittet, Anrufe oder Besuche auf ein Minimum zu beschränken.

Bettys Kinder rufen sie während der Arbeitszeit nur an,

wenn ein Notfall eintritt. Ich wiederum bin ein Opfer des drei-Uhr-Syndroms. Sobald die Schule aus ist, habe ich das Bedürfnis, Kontakt zu meinen Kindern aufzunehmen. Aber ich versuche, Rücksicht auf Bettys Einstellung zu nehmen. Wir teilen uns ein kleines Büro und haben nur ein gemeinsames Telefon. Statt mich von meinen Kindern anrufen zu lassen und damit unter Umständen Betty zu stören, warte ich auf einen passenden Moment und rufe sie an, wobei ich das Gespräch möglichst knapp halte, aber mein Bedürfnis befriedige, mit meinen Kindern nach der Schule zu sprechen.

Je mehr Frauen ins Erwerbsleben eintreten und Karriere machen, desto größer wird die Bedeutung der Kinderfrage am Arbeitsplatz. Viele Frauen und Männer begrüßen den Effekt, den eine Vermischung von Familie und Beruf auf eine ansonsten rauhe und produktorientierte Umgebung haben kann. Wir müssen jedoch einsehen, daß etwas, das unser Herz erwärmt, auf andere die gegenteilige Wirkung ausüben kann. Als Regelfall gilt, daß im Berufsleben die Arbeit vorgeht. Doch Arbeit muß Kinder nicht unbedingt ausschließen. Wir bringen unser ganzes Selbst, unsere familiären Freuden und Sorgen mit an den Arbeitsplatz. Wenn wir offen über unsere Erwartungen reden und die Toleranzgrenzen unserer Kolleginnen respektieren, können wir ein Gleichgewicht zwischen den Anforderungen des Arbeitsplatzes, unserer Kolleginnen und uns selbst und unseren Kindern herstellen.

Tamlin, eine vierzigjährige, kinderlose Personalsachbearbeiterin, rückt die Kinderfrage in die richtige Perspektive. »Es gefällt mir, wenn Mütter und Väter ihre Kinder mitbringen. Das gibt mir die Möglichkeit, ein erweitertes Bild zu bekommen, ein Gefühl für die ganze Person, die ich sonst nicht sehen kann, da ich ja nur weiß, was sie am Arbeitsplatz tut. Ich kann mir besser vorstellen, welche Sorgen und Freuden ihr Leben erfüllen. Als Nicht-Mutter stelle ich keine Vergleiche an. Ich beurteile nicht. Ich beobachte nur, und das hilft mir, sie besser kennenzulernen. Allerdings möchte ich nicht, daß die Besuche zu einer regelmäßigen Angewohnheit werden. Gelegentlicher Kontakt mit gut erzogenen Kindern macht die Arbeitsatmosphäre freundlicher. Aber alles, was die Erledigung der Arbeit behindert, ist inakzeptabel.«

Tamlins Einschätzung bietet Richtlinien für all diejenigen, deren Leben Beruf und Kinder gleichermaßen umfaßt. Zusammenarbeit mit Frauen bedeutet auch Zusammenarbeit mit ihren Kindern. Konflikte anzugehen, bevor sie zu Problemen werden, erfordert Taktgefühl, kann aber in erheblichem Maße dazu beitragen, Frauen zu stärken, denen ein gutes Auskommen miteinander als positive Grundlage produktiver Arbeitsbeziehungen wichtig ist.

Vorschläge zum miteinander Auskommen

- Akzeptieren Sie, daß es möglich ist, mit einer Frau zusammenzuarbeiten, sie zu schätzen und unter Umständen sogar zu mögen, obwohl ihr Stil und ihre Angewohnheiten im krassen Gegensatz zu Ihren eigenen stehen. Machen Sie die in diesem Kapitel beschriebene Übung, und stellen Sie fest, welche Stärken und Fähigkeiten die andere besitzt. Den Wert unterschiedlicher Stile anzuerkennen, erhöht unsere kollektive Stärke.
- Denken Sie daran, daß nicht alle Frauen die gleichen Prioritäten in ihrem Engagement für Familie, Beruf und Gemeinschaft setzen. Jede von uns hat das Recht auf die ihr entsprechende Gewichtung. Und jeder steht für ihre Entscheidung die gleiche Anerkennung und Unterstützung zu. Ob ich meine gesamte Zeit und Energie auf meine Karriere verwende oder sie gleichmäßig auf Beruf

und Familie verteile –, es zählt nur, wie gut ich die mir übertragenen Aufgaben erledige. Unsere Kompetenz und unser Leistungsengagement, nicht aber unsere persönlichen Prioritäten, sollten das Maß unserer beruflichen Beurteilung sein.

- Wir lieben unsere Kinder, aber nicht allen ist die Anwesenheit von Kindern während der Arbeitszeit willkommen. Aus Respekt vor Ihren eigenen Bedürfnissen und denen Ihrer Kolleginnen sollten Sie die Initiative ergreifen und taktvoll und offen eine Diskussion über Richtlinien zur Bedeutung von Kindern am Arbeitsplatz in Gang setzen. Sprechen Sie über Besuche nach Schulschluß, Möglichkeiten, in Notfällen und bei besonderen Gelegenheiten füreinander einzuspringen, und über Telefongespräche. Die Bedürfnisse, Erwartungen und Toleranzgrenzen der anderen Frauen zu kennen, kann Ihnen bei der Ausarbeitung von Richtlinien helfen, die für alle tragbar und einhaltbar sind.
- Wenn Sie an weiteren Hintergrundinformationen zum Thema »Miteinander auskommen« interessiert sind, schlägt Barbara folgende Lektüre vor: *Wohin mit meiner Wut? Neue Beziehungsmuster für Frauen* von Harriet Goldhorn Lerner.

10
Mütter, Töchter und Mentorinnen

Ihre Vorgesetzte bittet Sie, bei der Kontenüberprüfung sorgfältiger vorzugehen; mit etwas mehr Aufmerksamkeit hätten Sie Ihren Fehler nicht übersehen. Plötzlich fühlen Sie sich herabgesetzt und unfähig. Sie werden defensiv und schnappen zurück: »Wenn Sie mir gleich gesagt hätten, worauf es ankommt, wäre das nicht passiert.« Es ist, als wäre ihre Mutter plötzlich im Büro aufgetaucht, und Sie sind wieder das kleine Mädchen. Sie reagieren emotional auf eine Frau, die keine Ahnung hat, daß sie hier für einen Geist steht.

Dieser »Mutter-Ersatz« hat die Mutterrolle nicht freiwillig übernommen. Sie weiß nicht, daß ihre Bemerkung bei Ihnen eine Mutter-Tochter-Assoziation ausgelöst hat. Viele von uns werden jedoch irgendwann in ihrem Berufsleben entdecken, daß sie sich in einer Mutter-Tochter-Falle befinden. Überraschenderweise sahen nur fünfzehn Teilnehmerinnen unserer Umfrage die Mutter-Tochter-Rolle als ein Problem für Frauen. Doch nachdem ich mit Frauen ausführlicher über diese Thematik gesprochen habe, bin ich zu der Überzeugung gekommen, daß viele von uns bei problematischen Beziehungen überlegen sollten, in welchem Zusammenhang sie mit unserer persönlichen Mutter-Tochter-Auseinandersetzung stehen. Schließlich werden wir durch die Mutter-Tochter-Beziehung grundlegend geformt und lernen durch sie, wie wir uns in der Welt zu verhalten haben. Als Töchter sind wir gefordert, uns von unseren Müttern zu lösen und unsere eigene Identität zu entwickeln. Als Mütter müssen wir lernen, unsere Kinder loszulassen und die Kontrolle abzugeben, die wir über ihr Leben hatten.

Viele unserer als Töchter und Mütter gewonnenen Erfahrungen können uns im Berufsleben nützlich sein. Die von klein an in uns gesetzte Erwartung, fürsorglich und anteilnehmend zu sein, wirkt sich positiv auf unsere Beziehungen mit anderen Frauen aus. Viele von uns kommen aus Familien mit starken Müttern, die uns den Glauben an sich selbst vorgelebt und weitergegeben haben. Aber wenn die Beziehungen in unserer Vergangenheit uns nicht darauf vorbereitet haben, positiv auf unsere Kolleginnen und Mitarbeiterinnen zu reagieren, müssen wir uns bemühen, die negativen Muster aufzubrechen, die uns an altgewohnte Strukturen binden. Mit dem Aufbrechen von destruktiven Mutter-Tochter-Bindungen am Arbeitsplatz können wir unsere eigene Identität entdecken und anderen Frauen die Möglichkeit geben, in positiven und produktiven Arbeitsbeziehungen sie selbst zu sein.

Mit unseren Müttern arbeiten

Die emotionale Bindung an unsere Mutter geht bis ins Mark unseres Frauseins. Frauen haben eine sogenannte Primärbeziehung zu ihren Müttern; die Mutter war die erste, die uns Zuneigung und Verbundenheit bot; sie diente uns als Rollenvorbild; sie hat uns geformt, und wir tragen ihren »Stempel«. Doch während wir einerseits durch Geschlechtszugehörigkeit mit ihr verbunden sind, müssen wir uns andererseits von ihr lösen, um unser eigenes Ich zu finden und wir selbst zu sein. Als Töchter kämpfen wir darum, uns von unseren Müttern zu lösen, während wir gleichzeitig die Verbundenheit schätzen.

Männer haben keine so starke Bindung an ihre Mutter. Infolgedessen können sie auf funktionaler Ebene erfolgreicher mit ihren Kollegen zusammenarbeiten. Bei Frauen hingegen können mit der Mutter assoziierte Konflikte oder Ressentiments die Zusammenarbeit mit einer Frau, die uns an sie erinnert, äußerst unproduktiv machen. Frauen beziehen sich nicht nur als Freundinnen oder Kolleginnen aufeinander, sondern projizieren die ganze Bandbreite der Gefühle aufeinander, die das Vermächtnis der Beziehungen zu ihren Müttern sind, meinen Louise Eichenbaum und Susie Orbach in *Bitter und süß. Frauenfeindschaft und Frauenfreundschaft*. Es kann die Art sein, in der eine Kollegin telefoniert oder Anweisungen gibt, selbst ihr Parfüm kann die Assoziation auslösen. Wie wir reagieren und empfinden, bezieht sich unmittelbar auf unsere Reaktionen und Empfindungen als kleine Mädchen.

In ihren vielen Praxisjahren hat Barbara festgestellt, daß die ursprüngliche Mutter-Tochter-Beziehung einen lebenslangen Einfluß auf die Beziehungen der Tochter zu anderen Frauen hat. Wenn unsere Mutter Frauen mochte und ihnen vertraute, hatte sie aller Wahrscheinlichkeit nach auch Vertrauen zu sich selbst und mochte uns. Von ihr haben wir gelernt, positive Gefühle und Vertrauen von Frauen zu erwarten. Wenn sie jedoch das Gefühl hatte, von anderen Frauen kritisiert zu werden, war sie vermutlich sich selbst, und infolgedessen auch uns gegenüber kritisch und übertrug ihre Unsicherheit auf uns. Frauen mit kritischen Müttern lernen, von anderen Frauen Kritik zu erwarten und jedes Lob anzuzweifeln.

In ihrem Buch *Frau gegen Frau. Rivalinnen im Beruf* bestätigen Jill Barber und Rita Watson, daß Frauen – unabhängig davon, ob sie positive oder negative Rollenvorbilder hatten – durch die Beziehungen zu ihren Müttern lebenslang geprägt werden. Untersuchungen zeigen, so schreiben sie, daß Frauen, die sich von ihren Müttern zornig, aber ohne emotionale Loslösung abgewendet haben, im Berufsleben meist schwer zurechtkommen, weil sie andere Frauen als Mutterfiguren ansehen und sich gegen sie auflehnen. Frauen, die sich gar nicht von ihren Müttern lösen konnten, haben Schwierigkeiten im Berufsleben, weil sie sich zu sehr bemühen, es ihren weiblichen Vorgesetzten recht zu machen, und viel zu abhängig von deren Reaktion sind.

Ohne die möglichen Probleme leugnen zu wollen, habe ich dennoch das Gefühl, daß Barber und Watson das Negative überbetonen. Ich glaube, daß viele von uns durch positive Beziehungen zu ihren Müttern gut auf die Zusammenarbeit mit Frauen vorbereitet sind. Das Wissen, von ihren Müttern unterstützt zu werden, wirkt sich im Berufsleben für viele Frauen und deren Kolleginnen vorteilhaft aus. Wir erwarten positive Beziehungen zu anderen Frauen und finden sie auch. Und wir verurteilen andere nicht gleich, wenn wir Schwierigkeiten mit ihrem Stil haben oder von ihnen kritisiert werden.

Karen Wilken, deren Mutter Ester Peterson 1981 für ihren Einsatz für Verbraucherbelange mit einer hohen Auszeichnung geehrt wurde, wuchs mit einer Frau auf, die ihr starkes berufliches Engagement vorlebte. Ester Peterson war davon überzeugt, daß ihre Tochter sich mit dem gleichen Engagement und der gleichen Kompetenz verwirklichen würde. Als Karen mit Frauen aus der Generation ihrer Mutter zu arbeiten begann, nahm sie an, sie würden sich in Intensität und Leistungserwartungen nicht von ihrer Mutter unterscheiden. Karen betrachtete Kritik als ein Zeichen von Respekt und als Notwendigkeit für die berufliche Entwicklung. Jetzt, fünfundzwanzig Jahre später, geht Karen immer noch von der Erwartung aus, daß ihre Kolleginnen zuverlässig, engagiert und mit dem, was sie einzubringen haben, zufrieden sind. Sie akzeptiert und äußert positive Kritik als konstruktives Mittel, Begabungen zu fördern und andere Frauen wissen zu lassen, daß sie sich ihnen verbunden fühlt.

Karen lernte von ihrer Mutter, anderen Frauen zu vertrauen und ihre Stärken durch positive Bindungen zu entwickeln. Leider haben nicht alle Frauen die gleiche Erfahrung gemacht wie Karen. Manche Mütter übertrugen ihre Unsicherheit und ihr Mißtrauen gegenüber Frauen auf uns; andere waren herrisch und kritisierten uns ständig. Begegnen wir solchen Mutterfiguren am Arbeitsplatz, kann dies destruktive Folgen haben. Barbara arbeitet regelmäßig mit Frauen, die versuchen, tiefgehende Probleme mit ihren Müttern zu bewältigen. Frauen mit Eßstörungen, stellt sie fest, haben zum Beispiel oft Abgrenzungsprobleme zu einer tyrannischen Mutter. Sie haben sich nicht erfolgreich von ihren Müttern und deren Erwartungen an sie lösen können.

Zur Verdeutlichung führt Barbara ihre Arbeit mit Myra an, die plötzlich erneut unter Bulimie litt, einer Krankheit, mit der sie bereits in ihrer Teenagerzeit zu kämpfen hatte. Während einer Therapiesitzung stellte sich heraus, daß in Myras Firma vor drei Monaten eine neue Abteilungsleiterin, eine ältere Frau, eingestellt worden war. Die Neue verlangte exakte Berichte über die Tätigkeit jeder einzelnen Angestellten und führte neue Zeitpläne ein. Sie forderte, daß die Kundenkartei wöchentlich auf den neuesten Stand gebracht wurde, und bombardierte ihre Mitarbeiterinnen mit Vorschlägen zur Effektivitätssteigerung und Verkaufsmaximierung. Myra hatte das Gefühl, unter besonders prüfender Beobachtung zu stehen und herumgestoßen zu werden.

Barbara erkannte die Verbindung zwischen Myras herrischer Mutter und der neuen Vorgesetzten. Als junges Mädchen hatte Myra, als verstecktes Zeichen ihres Unabhängigkeitsdrangs, mit dem Erbrechen begonnen. Ihre Mutter wollte Kontrolle über sie ausüben, doch nur Myra hatte die Kontrolle darüber, was sie aß und erbrach. Als die neue Vorgesetzte mit ihrem übermäßigen Kontrollverhalten auftauchte, löste sie damit alte Assoziationen in Myra aus, worauf sie in der ihr vertrauten Weise reagierte.

Die Zusammenhänge zu erkennen, half Myra bei der Bewältigung der komplexen Loslösungsprobleme von ihrer Mutter. Sie lernte, die Forderungen ihrer Vorgesetzten in beruflichen und nicht in persönlichen Zusammenhängen zu sehen, und das Erbrechen hörte auf, sobald ihr die Abgrenzung gelang. Für Myra führte die Begegnung mit einer Mutterfigur am Arbeitsplatz letztlich sogar zur Lösung alter Probleme und zu Fortschritten in Richtung eines gesunden Erwachsenwerdens.

Manchmal bleiben schmerzliche Kindheitserfahrungen verborgen, bis ein beunruhigendes Zusammentreffen am Arbeitsplatz uns veranlaßt, nach den Ursachen für unsere Reaktionen zu forschen. Etwas Ähnliches passierte auch Jasmin, und sie kam zu Barbara, um ihre Handlungsweise verstehen zu lernen.

Jasmin, Mutter von zwei Kindern und mit einem erfolgreichen Geschäftsmann verheiratet, kehrte an die Universität zurück, um ein Wirtschaftsstudium zu absolvieren. Nach bestandenem Examen wurden ihr diverse Stellen angeboten, doch sie entschied sich für das zweitbeste Angebot, weil sie sonst unter einem weiblichen Chef hätte arbeiten müssen. Dadurch verminderte sich ihr Jahreseinkommen erheblich, was in finanzieller Hinsicht keinen Sinn ergab. In psychologischer Hinsicht jedoch war dieser Schritt durchaus verständlich, wenn man bedenkt, welches Frauenbild Jasmin durch das Beispiel ihrer Mutter hatte.

Jasmin ist Inzestopfer, und ihre Mutter hatte von den Vorgängen gewußt. Statt sie zu beschützen oder Hilfe von außen zu suchen, hatte die Mutter den Mißbrauch zugelassen. Infolgedessen lernte Jasmin, keiner Frau zu trauen. Sie ging davon aus, daß Frauen andere Frauen opferten, um ihre Position zu schützen, genau wie ihre eigene Mutter sie geopfert hatte, um ihren Mann und ihre Ehe zu schützen. Daher war Jasmin unfähig, das Risiko einzugehen, unter einer Chefin zu arbeiten und von ihr einen fairen Umgang zu erwarten.

Durch das Erkennen der Verbindung zwischen ihrer Mutter und ihrer eigenen Unfähigkeit, Frauen zu vertrauen, konnte Jasmin ihre Beziehungen zu Frauen, besonders zu älteren und solchen in Autoritätsstellungen, aus einem anderen Blickwinkel betrachten. Sie entwickelte allmählich Vertrauen und lernte, wichtige Aufgaben zu delegieren, obwohl ihr die Abhängigkeit von anderen Frauen zunächst Schwierigkeiten bereitete. Sie begann, mit Frauen in höheren Positionen zusammenzuarbeiten und bekam Respekt vor ihren Fähigkeiten und ihrer Bereitschaft, Zuwendung und Unterstützung zu geben. Mit Barbaras Hilfe lernte sie, sich mit ihren Kindheitserlebnissen auseinanderzusetzen und ihre Reaktionen auf Frauen bewußt zu überprüfen.

Jasmins Entschluß, mit Barbaras Unterstützung ihre Schwierigkeiten zu bewältigen, war ein wichtiger Schritt. Denn es gibt andere Frauen, die sich in solchen Situationen in sich selbst zurückziehen und offen oder noch öfter heimlich zu Alkohol und Drogen greifen, um ihre Ängste zu beschwichtigen. Laut Barbara rechnen amtliche Stellen damit, daß amerikanische Frauen in diesem Jahr bis zu 30 Milliarden Dollar für Alkohol ausgeben werden, was einen Anstieg von 10 Milliarden Dollar gegenüber 1984 bedeutet. »Auf diese Weise damit fertig werden zu wollen«, sagt Barbara, »kann Auswirkungen auf das Arbeitsverhalten und die beruflichen Leistungen haben und negative Reaktionen bei Kolleginnen hervorrufen, besonders bei denjenigen, die selbst Kinder von Alkoholikern sind.«

Natürlich wird sich nicht jede Frau in Therapie begeben oder zu Alkohol und Drogen greifen, wenn eine andere Frau emotionale Mutter-Tochter-Reaktionen in ihr auslöst. Wenn Sie bei sich solche Reaktionen feststellen, könnte eine Überprüfung und Infragestellung Ihrer Beziehung zu Ihrer Mutter zu gewissen Einsichten führen. Für mich führte die Erkenntnis, daß meine erste Vorgesetzte Assoziationen mit meiner Mutter auslöste, zu einem neuen Verständnis der Beziehung zu meiner Mutter und einer verbesserten Umgehensweise mit den Frauen an meinem Arbeitsplatz. Ich war in der Lage, meine emotionalen Reaktionen von rationalen zu trennen und profitierte daraufhin von der Zusammenarbeit mit einer außergewöhnlichen Frau.

Als ich als junge Lehrerin in der Pennsbury High School in Pennsylvania zu unterrichten begann, kam meine Mentorin Joyce ständig in meinen Unterricht. Joyce war genauso freizügig mit Kritik wie mit Lob und Begeisterung. Sie hatte zu allem etwas anzumerken, angefangen bei meiner Kleidung bis hin zu meiner Interpretation des als Unterrichtsstoff gewählten Buches *Der scharlachrote Buchstabe*.

Ich reagierte nicht sehr positiv auf Joyces Versuche, meine berufliche Entwicklung zu unterstützen, sondern interpretierte ihre Anmerkungen als Ausdruck ihrer Überlegenheit und Kritik an meinem »Nichtwissen«. Kaum betrat sie meine Englischklasse, hatte ich das Gefühl zusammenzuschrumpfen und versuchte, allem aus dem Weg zu gehen, was ich falsch machen konnte. Sobald sie gegangen war, seufzte ich vor Erleichterung und richtete mich wieder zur vollen Größe auf. Augenblicklich und mit Nachdruck zog ich die Jalousie hoch, die sie gerade heruntergelassen hatte. Hatte sie bei meiner Ausführung über eine literarische Gestalt die Stirn gerunzelt, kam ich darauf zurück und vertiefte meine Theorie. War ihr aufgefallen, daß ein Schüler seine Aufgaben nur unvollständig erledigt hatte, fand ich Entschuldigungen für ihn und gab der ganzen Klasse einen weiteren Tag Zeit, ihre Arbeiten abzuliefern.

Als ich mich eines Abends wieder einmal über Joyce beschwerte, schaute mein Mann von seinem Buch auf und fragte: »Redest du über Joyce oder über deine Mutter?« Daraufhin ging mir ein Licht auf. Ich hatte bisher keinen Zusammenhang zwischen den beiden gesehen, da meine Mutter und Joyce körperlich und verhaltensmäßig wenig Ähnlichkeiten aufwiesen. Und doch reagierte ich auf die professionelle Aufmerksamkeit einer anderen Frau genau so, wie ich als Teenager auf die persönliche Kritik meiner Mutter reagiert hatte. Ich fühlte mich von einer Frau erdrückt, deren Intention meiner Meinung nach darauf abzielte, mich zu beherrschen, statt mir als Mentorin zu dienen. Ich erkannte, daß meine unbewußten Assoziationen Konflikte heraufbeschworen, wo nur gute Absichten vorlagen. Wie andere Frauen, die Kolleginnen oder Vorgesetzte mit ihren Müttern assoziieren, machte auch ich eine wohlmeinende Frau für ein Unrecht verantwortlich, an dem sie völlig unschuldig war.

Schon vom nächsten Tag an nahm ich Joyce gegenüber eine andere Haltung ein. Ich akzeptierte ihre Absichten als beruflich motiviert. Ich begrüßte ihre Kritik und nahm jede Gelegenheit wahr, an ihren Seminaren und Workshops teilzunehmen. Ich hatte mich entschieden, Joyce als das zu sehen, was sie war, und sie wurde in meiner weiteren beruflichen Laufbahn als Lehrerin zu einem wichtigen Rollenvorbild für mich.

Die Frau, die Sie an Ihre Mutter erinnert, muß nicht unbedingt dem Alter Ihrer Mutter entsprechen. Jede, die uns das Gefühl gibt, vor unserer Mutter zu stehen, kann diese Rolle ausfüllen. Doch egal, wer und wie alt sie ist, es ist unsere eigene Aufgabe, diese Verbindung aufzulösen. Als erstes müssen wir überprüfen, ob unsere negative Reaktion auf eine Kollegin oder Vorgesetzte damit zusammenhängen könnte, daß sie uns an unsere Mutter erinnert. Tut sie das, müssen wir uns fragen, ob unsere Reaktionen auf sie Ähnlichkeit mit Verhaltensweisen aufweisen, die wir unseren Müttern gegenüber angewandt haben. Wenn wir schließlich feststellen, daß uns diese Verhaltensweisen beruflich oder in der Zusammenarbeit schaden, sollten wir sie einstellen. Wir müssen begreifen, daß die Frau, die wir vor uns haben, nicht unsere Mutter ist. Wir sollten uns daran erinnern, daß wir erwachsen sind und die Frauen, mit denen wir es zu tun haben, ebenfalls. Und wir können uns bemühen, dieser Frau mit einer neuen Haltung und einer positiven, entpersonalisierten Aufnahmebereitschaft entgegenzutreten.

Die in Kapitel 8 beschriebenen Techniken zur Entpersonalisierung können hier ebenfalls angewandt werden. Zu lernen, zwischen den Gefühlen für unsere Mütter und den Reaktionen auf negative »Arbeitsplatz-Mütter« zu unterscheiden, hilft uns, eine emotionale Verbindung aufzulösen und zu produktiver Arbeit zurückzukehren. Dann sind wir frei, unser unabhängiges, erwachsenes Selbst zu entwickeln und es nach unseren eigenen Vorstellungen zu formen. Und die Frauen, die uns an unsere Mütter erinnern, brauchen sich nicht länger mit der frustrierenden Aufgabe herumschlagen, mit Reaktionen fertig werden zu müssen, für die ihnen jedes Verständnis fehlt.

Die folgende Übung hat vielen Frauen geholfen, sich von destruktivem Mutter-Tochter-Verhalten am Arbeitsplatz zu befreien. Wenn Sie merken, daß Sie sich in einer ähnlichen Situation befinden, könnte dieses Vorgehen Ihnen ebenfalls helfen:

Stellen Sie zunächst fest, wodurch Ihre Mutter-Tochter-Reaktionen ausgelöst werden. Ist es die Art, in der diese Frau Ihnen Anweisungen gibt? Ist es die Haltung, die sie anderen Leuten gegenüber einnimmt? Sind es die von ihr benutzten Worte, mit denen sie ihre Leistungen kritisiert oder Verbesserungsvorschläge macht? Ist es die Art und Weise, in der sie versucht, Sie zu beschützen oder zu »bemuttern«?

Versuchen Sie als nächstes, sich daran zu erinnern, wie Sie sich bei einem ähnlichen Verhalten Ihrer Mutter gefühlt haben. Fragen Sie sich, ob Sie bei dieser Frau das gleiche empfinden. Dann überprüfen Sie, ob Sie auf diese Frau am Arbeitsplatz genauso reagieren, wie Sie auf Ihre Mutter reagiert haben (oder es immer noch tun).

Fragen Sie sich nun, ob die Art Ihrer Reaktion positiv, erwachsen und konstruktiv ist. Wenn Sie feststellen sollten, daß Sie immer noch den alten destruktiven Mustern folgen, entscheiden Sie sich, mit diesem Verhalten *aufzuhören* und das Muster zu durchbrechen. *Beschließen* Sie, reifer und produktiver auf die Frau zu reagieren, die Sie an Ihre Mutter erinnert. Sagen Sie laut vor sich hin: »Ich habe beschlossen, mit ______________ zu reagieren, wenn ______________ wieder ______________ tut oder sagt.« Das Gefühl der Kontrolle, daß Sie durch die bewußte Planung Ihrer Reaktion erhalten, wird sowohl belebend als auch befreiend für Sie sein.

Die sensible Problematik der Mutter-Tochter-Beziehungen ist nicht immer leicht auszumachen oder zu lösen. Wenn wir jedoch Abstand nehmen und die Situation mit etwas Humor betrachten, können wir die Beziehung objektivieren und hilfreiche Einsichten gewinnen. Es gibt beispielsweise einige von Frauen gezeichnete Cartoons zu diesem Thema, in denen die Mutter-Tochter-Beziehung mit verständnisvollem Humor behandelt wird. Unsere Ängste und Schwächen auf leichte und doch mitfühlende Weise abgehandelt zu sehen, könnte ein erster Schritt zur Objektivierung der Beziehung und der befreienden Auflösung unseres Mutter-Tochter-Problems sein.

Wenn wir andere bemuttern

Einige Frauen finden ihre »Mütter« am Arbeitsplatz; andere bringen, bewußt oder unbewußt, ihr Bemutterungsbedürfnis mit zur Arbeit und finden dort »Töchter«, an denen sie sich ausleben können. Ihre Absichten mögen positiven, mütterlichen Wertvorstellungen entspringen, doch im Arbeitszusammenhang können ihre Handlungen und Interpretationen die zu Töchtern Ausersehenen frustrieren und sogar verärgern. Diese Frauen neigen zu »Gluckenverhalten«, wollen ihre »Töchter« vor Versagen beschützen oder opfern sich auf, um den Druck auf ihre vorwärtsstrebenden Kolleginnen zu mindern.

Für manche Frauen kann der Übergang von der häuslichen Umgebung in die Arbeitswelt schwierig sein. Frauen, die sich als Mütter aufführen, haben die Tendenz, ihre Kolleginnen überfürsorglich zu behandeln und wirken oft herrisch, überinvolviert und nörglerisch. Während eines unserer Seminare gab eine Frau, die sich als Corinna vorstellte, folgenden Kommentar ab: »Ich bin es gewöhnt, das Sagen zu haben, und nicht, mir etwas sagen zu lassen. Vielleicht haben diejenigen von uns, die Hausfrau und Mutter waren, bevor sie ins Berufsleben einstiegen, zunächst besondere Probleme in der Zusammenarbeit mit anderen.«

Barbara ist ebenfalls der Ansicht, daß das Bedürfnis, andere zu bemuttern, ein Problem für Frauen sein kann, vor allem dann, wenn die Mutterrolle wichtig für ihre Identität ist oder sie nie die Chance hatten, diese Rolle zu übernehmen. »Frauen, die sich primär mit der Mutterrolle identifizieren, können sich im Berufsleben oft nicht davon trennen«, meint Barbara. »Und sie müssen nicht selbst Mutter sein, um ein auf Fürsorglichkeit, Mütterlichkeit und Aufopferungsbereitschaft basierendes Selbstwertgefühl zu haben.« Frauen in einsamen oder verzweifelten Lebenssituationen sehen in ihrem Arbeitsplatz oft den einzigen Ort, an dem sie die mütterliche Verbundenheit herstellen können, die sie brauchen.

Diese »mütterlichen« Frauen können ganze Büros unter ihre Fittiche nehmen, ständig um die Bedürfnisse aller bemüht sein und jederzeit mit Rat und Tat bereitstehen – vom Extra-Arbeitseinsatz in Krisensituationen bis hin zum Verabreichen von Erkältungsmedizin. Sie machen sich unentbehrlich, sorgen für die Kaffeevorräte und haben stets sämtliche Informationen über Kunden, Lieferanten und Verkaufsstellen parat. Sie arbeiten bis zur völligen Erschöpfung, um sich als Retterinnen zu präsentieren, und machen ungefragt Überstunden, wenn andere zu sehr unter Druck geraten.

Mütterliche Frauen leisten mehr als nur ihren Beitrag, und sie sorgen dafür, daß andere ihre Opfer bemerken. Sie brauchen es, gebraucht zu werden, und wollen hören, auch wenn sie es selbst laut aussprechen müssen, daß das Büro diese Sache »ohne sie nie hätte durchziehen können«.

Meist bleibt es einer Einzelnen überlassen, die Bemutternde zu einer Verhaltensänderung zu bewegen und ihr klar zu machen, wie erdrückend sie auf die Kolleginnen wirkt. Denn allzuoft nehmen andere Frauen die übertriebene Aufmerksamkeit einer Büromutter einfach hin, ohne zu berücksichtigen, daß dadurch wenig für sie selbst übrig bleibt, sei es an Kraft oder Selbstachtung. Eine Kollegin oder Vorgesetzte kann eine Büromutter freundlich darauf hinweisen, daß man ihre Arbeit zwar zu schätzen weiß, sie aber die übermäßig vielen Pflichten, die sie sich aufgebürdet hat, mit anderen teilen sollte.

Wenn Sie Vorgesetzte einer solchen Büromutter sind, weisen Sie konkret auf ihre berufsbezogene Rolle hin. Befriedigen Sie ihr Bedürfnis, gebraucht zu werden, indem Sie ihre Arbeit mit den Zielen der Abteilung oder der Firma in Verbindung bringen. Führen Sie ihr vor Augen, daß anderen Frauen am meisten geholfen ist, wenn sie dazu ermutigt werden, Herausforderungen anzunehmen. Vermitteln Sie ihr zur Belohnung dafür, daß sie andere in Ruhe arbeiten läßt und selbst zu einer vernünftigen Zeit nach Hause geht, das, was sie am nötigsten hat: die Gewißheit, daß man sie schätzt. Laden Sie sie zum Mittagessen ein, und bedanken Sie sich bei ihr; und dann zurück an die Arbeit!

Nicht alle Büromütter haben das Bedürfnis, sich aufzuopfern und andere zu bemuttern. Manche betrachten sich auch als eine Art Kontrollinstanz und manipulieren den Arbeitsplatz durch ihre kritische, wertende Haltung oder suchen nach Töchtern, die sie bestrafen können, weil sie von ihren eigenen abgelehnt oder verlassen wurden. Die achtundzwanzigjährige Darla, Teilnehmerin an einem unserer

Workshops, berichtete von folgender Erfahrung: In dem Labor, das Darla leitete, arbeitete auch Hannah, deren Tochter mit neunzehn aus dem Haus gegangen war und jeden Kontakt mit ihrer Mutter ablehnte. Hannah sah in Darla und anderen jüngeren Frauen im Labor undankbare Töchter, die sich ihrer älteren Mutter überlegen fühlten. Machte Darla Veränderungsvorschläge zu Aufzeichnungsmethoden, fand Hannah eine Möglichkeit, die Situation umzukehren und Darla wegen ihres »lausigen« Führungsstils oder der »Unordnung auf den Tischen, die Sie eines Tages in Schwierigkeiten bringen« werde, Vorhaltungen zu machen.

Darla fühlte sich durch Hannah eingeschüchtert, wußte aber, daß sie ihr nicht gestatten durfte, sie oder andere Frauen als Ersatztöchter zu benutzen. Es war möglich, daß sich Hannah, verletzt durch das Verhalten ihrer Tochter und wütend darüber, unter einer Frau in deren Alter arbeiten zu müssen, wertlos und verlassen vorkam. Obwohl Darla nicht damit rechnete, daß Hannahs verletzte Gefühle schnell heilen würden, entschied sie sich, ihre Reaktionen auf Hannahs Kritik zu entpersonalisieren und ihr bei der Stärkung ihres Selbstwertgefühls zu helfen. Darla erkannte, daß Hannah Dinge über Laborfunktionen wußte, die sie noch nicht gelernt hatte. Sie beschloß, Hannah zu bitten, ihr diese Dinge beizubringen, um ihre Fähigkeiten als Laborleiterin auszubauen. Hannah selbst war an dem Leitungsposten nicht interessiert, aber sie hatte schon unter anderen Leiterinnen gearbeitet und war bereit, ihre Erfahrungen weiterzugeben.

Einen Monat später traf ich Darla wieder. Hannahs Bemutterungsbedürfnisse dahingehend umzuleiten, Darla zum Erfolg zu verhelfen, statt sie zu strafen, hatte sich als positiv erwiesen. Hannah kritisierte Darla nicht mehr und schien erfreut, daß eine jüngere Frau ihre Hilfe und ihre Erfahrung zu schätzen wußte. Die anderen Frauen im Labor berichteten, daß Hannah auch ihnen gegenüber weniger kritisch sei und ihnen gelegentlich wertvolle Ratschläge gebe. Hannahs Verhalten objektiv zu betrachten und bewußt konstruktiv auf sie zu reagieren, hat Darla und den anderen Frauen geholfen, unter angenehmeren Bedingungen produktiv mit einer schwierigen Büromutter zusammenzuarbeiten.

Hannah wollte ihre Ersatztöchter bestrafen. Andere Frauen wollen ihre Gruppe und Organisation beherrschen. Nina, eine Frau Mitte vierzig, hat sich die Kontrolle über ihr Entwicklungsteam angeeignet, indem sie sich unentbehrlich machte. Wenn sie nicht im Zentrum steht und alles unter Kontrolle hat, so glaubt sie, würden die anderen ihren Einsatz nicht bemerken und sie für überflüssig halten. Bemuttern heißt für Nina, alles zu wissen und alle Fäden in der Hand zu haben. Sie wartet ständig auf die Gelegenheit, ihre Kolleginnen retten zu können, und stürzt sich voller Eifer darauf, um zu beweisen, daß sie alles in Ordnung bringen und besser machen kann. Sie hortet Informationen und leitet sie nur häppchenweise weiter, je nachdem, wer (nach ihren Maßstäben) brav war oder wer heute ohne Abendbrot ins Bett muß.

Bei einer »Mutter« wie Nina bedarf es strenger Maßnahmen. Die »Töchter« in ihrer Gruppe dürfen sich Ninas Herrschaftsstreben nicht beugen. Sie sollten Nina für ihre Hilfsangebote danken, aber darauf bestehen, sich selbst zu retten, und die benötigten Informationen anfordern, statt darauf zu warten, sie als Belohnung zugeteilt zu bekommen. Und sie müssen sie wissen lassen, daß sie alle zum Erfolg des Teams beitragen. Ninas Kontrollbedürfnis begünstigt Abhängigkeit von einer Zentralfigur, der Mutter, und wirkt sich negativ auf das angestrebte Ziel einer guten Teamarbeit aus. Wenn Nina sich auf die von ihr eingebrachten Fähigkeiten statt auf ihr Kontrollbedürfnis konzentriert, kann die ganze Gruppe erfolgreich sein; und sie werden Nina für ihren Beitrag danken.

Mütter wie Nina sind keine leichte Aufgabe; und es bedarf

gestandener Frauen, sich ihnen entgegenzustellen und zu sagen: »Mit mir nicht!« Wenn wir sie jedoch gewähren lassen und uns nicht zur Wehr setzen, tragen wir selbst die Schuld daran.

Nicht alle Büromütter agieren ihr Fürsorgebedürfnis an einem größeren Kolleginnenkreis aus. Oft sucht sich eine solche Mutter eine ganz bestimmte »Tochter« aus und überhäuft – oder erstickt – sie mit Mütterlichkeit und Protektionismus. Donna arbeitete mit einer solchen Frau zusammen. Mrs. Crandall war alt genug, Donnas Mutter zu sein, und sah in ihr die »Tochter, die sie nie hatte«. Mrs. Crandall sorgte dafür, daß Donna Gelegenheit zu Messebesuchen in anderen Städten bekam und schubste sie voller Stolz in Situationen hinein, für die Donna weder gerüstet war, noch die beruflichen Qualifikationen besaß. Wenn Donna Fehler machte, fand Mrs. Crandall Entschuldigungen und deckte sie. Mrs. Crandall fand Donnas Single-Dasein bedauernswert und lud sie zu Sonntagsessen, Wochenendausflügen und Familiengeburtstagen ein.

Bald erkannte Donna, daß sie dazu verdammt war, sich wie eine Tochter zu verhalten, obwohl sie doch nur einen Beruf erlernen und Karriere machen wollte. Sie versuchte, sich von Mrs. Crandall zurückzuziehen, doch jedes Mal, wenn sie einen Messebesuch oder ein Sonntagspicknick ablehnte, war Mrs. Crandall gekränkt, und Donna bekam Schuldgefühle. Sobald sich die Gelegenheit bot, in eine andere Zweigstelle versetzt zu werden, griff Donna zu. Mrs. Crandall war tief enttäuscht. »Wie kannst du mir das antun?« klagte sie. »Nach allem, was ich für dich getan habe! Niemand wird sich je wieder so um dich kümmern wie ich!«

Donna aber ist fest entschlossen, sich nie wieder auf eine Mutter wie Mrs. Crandall einzulassen. Sie weiß, daß sie ein wertvolles Jahr verloren hat, in dem sie ständig nur beschützt und abgeschirmt wurde, statt Fehler zu machen und daraus zu lernen. Wäre sie bei Mrs. Crandall geblieben, und hätte sie eines Tages mit ihr um eine Führungsposition konkurriert, hätte sie gegen eine Mutter antreten müssen. Denn bewußt oder unbewußt schützen sich Mütter, die Töchter für sich beanspruchen, auch vor der Möglichkeit, daß die Töchter mit ihnen konkurrieren.

Konkurrenz zwischen Frauen kann schwierig genug sein, das Ganze noch durch die zusätzliche emotionale Dimension des Wettstreits zwischen Mutter und Tochter zu belasten, hieße, an die Wurzeln der Mutter-Tochter-Beziehungen zu gehen. Obwohl Töchter faktisch auf allen Ebenen mit ihren Müttern konkurrieren, vom Aussehen über die Beliebtheit bis zu den Berufserfolgen, ist uns diese Tatsache unangenehm. Laura Tracy schreibt in *Secrets Between Us: Women and Competition:* »Einer Tochter, die im Innersten sehr wohl um die Konkurrenz zu ihrer Mutter weiß, wird insgeheim vermittelt, daß es sehr gefährlich sein kann, die eigene Mutter zu übertreffen. Im Gegensatz zu Söhnen, die indirekt oder offen ermutigt werden, ihre Väter herauszufordern und mit ihnen zu konkurrieren, um ganze Männer zu werden, hält man Mädchen von einem solchen Verhalten ihren Müttern gegenüber ab.«

Und es sind, wie Barbara hinzufügt, oft die Mütter selbst, die ihren Töchtern den Mut zur Konkurrenz nehmen. Einerseits wollen wir natürlich, daß unsere Töchter erfolgreich sind. Andererseits hat unsere Mutterrolle uns nicht darauf vorbereitet, von Töchtern übertroffen zu werden. Dieser Konflikt bedroht jede Mutter-Tochter-Beziehung, sowohl im Familien- als auch im Arbeitszusammenhang.

Marilyn, eine Psychologin und Professorin, schlüpfte in die Mutterrolle, als Mary Jo, eine hochbegabte Studentin, an einem ihrer Seminare teilnahm. Sie führten gemeinsame Untersuchungen durch, und Marilyn, die selbst erwachsene Kinder hat, integrierte Mary Jo in ihren Familienkreis. Marilyn behielt zwar auf professionellem Gebiet die Führung, wurde aber immer öfter zur liebevoll-sorgenden Mutter. Sie pflegte Mary Jo, wenn sie krank war, und litt mit ihr, wenn sie Beziehungsprobleme hatte. Als Marilyn pensioniert wurde, bot die Universität Mary Jo die Nachfolge an. Obwohl Marilyn erwartet hätte, sich geehrt zu fühlen, ihre Lieblingsstudentin nun in ihrer eigenen Position zu sehen, mußte sie zu ihrer Überraschung feststellen, daß sie verärgert, ja sogar eifersüchtig war, die »Tochter« bereits jetzt gleichrangig zu sehen und von ihr wahrscheinlich noch überflügelt zu werden.

Als Mary Jo ihr am Telefon aufgeregt von ihrem Erfolg erzählte und vorschlug, ihn gemeinsam zu feiern, rückten die Dinge für Marilyn wieder in die richtige Perspektive. Sie erkannte, daß sie dieser Ersatztochter das gegeben hatte, was jede Mutter geben möchte: Unterstützung und Ermutigung, um ihr zum bestmöglichen Erfolg zu verhelfen. Marilyn erkannte ebenfalls, daß es sie traurig machte, Mary Jo nun nicht mehr als aktive Führerin, als positives Beispiel vorangehen zu können. Sie konnte ihr jedoch weiterhin mit ihrer Erfahrung und ihrem nicht nachlassenden beruflichen Interesse als Ratgeberin zur Verfügung stehen. Und schließlich wurde ihr klar, daß Mary Jos Aufnahme in die Fakultät durchaus ihren Zielvorstellungen für die junge Frau entsprach und daß Mary Jos Erfolg keine Bedrohung für die Beziehung war, sondern ein Kompliment.

Marilyn sprach mit Mary Jo über diesen momentanen Schmerz, der sich in Stolz verwandelt hatte. Sie riet ihr: »Mach deinen Studentinnen Mut. Sei an ihnen interessiert und unterstütze sie, aber verwechsle die berufliche Verbindung nicht mit einer Mutter-Tochter-Beziehung. Die damit verbundenen Gefühle können euch in einer Konkurrenzsituation beeinträchtigen. Ermutige deine Schützlinge statt dessen, ihre Fähigkeiten und ihre Unabhängigkeit zu entwickeln. Und dann freu dich an ihrem Erfolg!«

Ich bin nicht deine Mutter!

Manche Frauen wollen auch im Berufsleben Mütter sein. Viele andere lehnen dies für sich jedoch kategorisch ab. Wenn sie die Arbeitswelt betreten, lassen sie ihre Schürzen und mütterlichen Neigungen zu Hause. Sie erwarten die gleiche Haltung von ihren Kolleginnen und Mitarbeiterinnen und lehnen es ab, die Mutterrolle zu übernehmen, nur weil sie dafür alt genug erscheinen.

Eine Workshopteilnehmerin machte deutlich, was sie dabei empfindet: »Ich bin einundfünfzig«, sagte sie, »und habe hart für meine jetzige Position gekämpft. Mir passiert es oft, daß ich jüngere Frauen und sogar manche Männer daran erinnern muß, daß ich nicht ihre Mutter bin! Sie heulen sich bei mir aus oder wollen, daß ich mich ihrer Probleme annehme. Ich habe nicht die Zeit dazu, Mutter zu spielen, wenn ich eine Abteilung führen soll.«

Die meisten Frauen wollen am Arbeitsplatz nicht als Mütter eingestuft werden. Die mit solchen Beziehungen verbundenen Schwierigkeiten und Probleme bedrohen jede produktive, berufsorientierte Arbeit. Die Tochter stellt die Verbindung oft ohne jedes Zutun der von ihr ausersehenen Mutter her. Sie bringt den ganzen Ballast ihrer Kindheit mit und bürdet ihn der ahnungslosen Frau auf, in der Erwartung, die »Mutter« werde die damit verbundenen Ansprüche und Emotionen schon verstehen.

Wenn wir uns gegen unseren Willen in die Mutterrolle gedrängt fühlen, müssen wir bereit sein, diese Verbindung ein für allemal aufzulösen. Pat, Führungskraft in einem pharmazeutischen Unternehmen, muß immer wieder feststellen, daß man ihr den Mutterpart zuschieben will. Als eine ihrer Untergebenen – jung genug, um Pats Tochter zu sein – zu schmollen begann und sich auch sonst fast wie ein Teenager aufführte, sprach Pat sie direkt auf dieses Verhalten an.

»Ich sagte ihr, daß sie sich aufführe, als wäre ich ihre Mutter und versicherte ihr, daß ich es nicht bin. Ich betonte, daß ich ihre Vorgesetzte sei und wir hier wären, um unsere Arbeit zu tun. Ich erklärte ihr, daß ich von ihr die gleiche Leistungsqualität erwarten würde wie von meinem gesamten Mitarbeiterstab. Wenn ein Bericht überarbeitet werden müsse, hieße das nur, daß der Bericht untauglich sei und nicht sie. Nicht der Altersunterschied zwischen uns sei wichtig, sondern die Verantwortung. Und ich machte ihr klar, daß sie keine Sonderbehandlung zu erwarten habe. Sie weinte und fragte, warum ich so ›gemein‹ zu ihr sei. Ich antwortete ihr, daß ich ihre Fähigkeiten zu schätzen wisse und ihre guten Anlagen erkennen würde. Ich sei nicht gemein – sondern würde ihr nur einen Gefallen damit tun, sie darauf hinzuweisen, daß sie kein Bemuttern zu erwarten habe. Schließlich beruhigte sie sich, und wir haben inzwischen eine vernünftige, angemessene Arbeitsbeziehung.«

Pat erwies sich selbst und der jungen Frau einen Dienst mit ihrer Direktheit und Aufrichtigkeit. Sie löste die Mutter-Bindung und schuf so die Voraussetzung für eine professionellere und produktivere Beziehung.

Von Müttern zu Mentorinnen

»Ich brauche keine zusätzliche Mutter«, erklärte mir Kristen, eine junge Systemanalytikerin. »Ich habe zu Hause eine tolle Mutter, die mich akzeptiert und unterstützt. Am Arbeitsplatz wünsche ich mir vielmehr eine Mentorin.« Kristen weist damit auf einen wichtigen Unterschied hin, den Frauen erkennen müssen – eine gute Mutter umsorgt; eine Mentorin befähigt.

Befähigen bedeutet ermöglichen, autorisieren, ermächtigen. Wenn wir andere Frauen befähigen, versetzen wir sie in die Lage, ihre Erfolge selbst zu erringen. Wir befähigen, indem wir Aufgaben delegieren, Frauen ermutigen, Verantwortung zu übernehmen und zu lernen, unabhängig zu handeln. Anders als die Fürsorglichen, die ihre Schützlinge vor Risiken bewahren wollen, unterstützen Mentorinnen Frauen darin, Risiken einzugehen. Sie glauben daran, daß man an Herausforderungen wächst. Durch Bemutterung bringen wir zum Ausdruck: »Ich will dir helfen, dich vorzubereiten.« Indem wir befähigen, sagen wir: »Du bist bereit; du kannst es.«

Der Bemutterungsdrang entsteht aus dem Bedürfnis, für andere sorgen, sie umhegen und an ihnen teilhaben zu wollen. Die Mutter-Tochter-Bindung mit all ihren emotionalen Komplikationen ist der Selbstfindung und Unabhängigwerdung nicht unbedingt förderlich. Der Wunsch, anderen als Mentorin zu dienen, entspringt dagegen der beruflichen Erfahrung. Mentorinnen setzen sich dafür ein, anderen Frauen zu beruflichem Können und Unabhängigkeit zu verhelfen. Sie geben das, was sie gelernt haben, an diejenigen weiter, die sie ihrer Aufmerksamkeit und Anleitung für wert erachten.

Diese Beziehungen beruhen auf Gegenseitigkeit: Eine Frau, die auf diese Weise angeleitet wird, reagiert im Gegenzug mit Unterstützung ihrer Mentorin. Sie macht sie auf neue Entwicklungen aufmerksam und gibt die Ideen ihrer Mentorin an Untergebene und andere in ihrer Firma weiter. Mentorinnen und die von ihnen Betreuten sind voneinander abhängig, aber auf positive und gesunde Weise.

Mentorinnen sind keine Mütter und keine Freundinnen. Sie sind vielleicht noch nicht einmal Arbeitsfreundinnen. Mentorinnen müssen uns nicht persönlich mögen, um uns zu respektieren und unser Potential zu erkennen. Mentorinnen sind Rollenvorbilder, Frauen, die das Leistungsvermögen meist jüngerer Frauen anerkennen und sich einverstanden erklären, ihnen als Führerin, Beraterin, Betreuerin und Fürsprecherin zur Seite zu stehen. Sie verschaffen uns Informationen, Kritik und Entfaltungsmöglichkeiten. Die Frau, die

Kristen zu finden hofft, wäre ein Beispiel dafür, was Frauen erreichen können. Sie würde ihr Wissen weitergeben und hätte, als Gegengabe, die Sicherheit, daß eine fähige junge Frau in ihre Fußstapfen tritt, die ihre Begabung zum zukünftigen Nutzen der Firma einsetzen wird.

Jacqueline, die sich innerhalb ihrer Organisation als Mentorin betrachtet, beschreibt, warum junge Frauen ihre Anleitung suchen. »Ich werde als Person mit Einfluß und Verantwortung wahrgenommen«, sagt sie. »Meine Erfahrung hat mich gelehrt, daß Frauen für solche Frauen arbeiten wollen, die sie für wichtig und erfolgreich halten. Das gibt ihnen Status – und ein Vorbild. Ich stelle die Art von Frau dar, die sie werden möchten.«

In der Zeitschrift *Savvy* vom Januar 1988 zitierte Anne B. Fisher eine Studie über weibliche Führungskräfte in großen US-amerikanischen Konzernen. Achtundsiebzig Prozent dieser Frauen sagten, sie würden als Mentorinnen dienen und ihren Angestellten aktiv beim Aufstieg helfen. Obwohl viele Frauen beklagen, daß es in ihren Firmen keine offiziellen Förderungsstrukturen dieser Art gibt, bestätigen die meisten, daß inoffizielle Förderung ihnen oder anderen Frauen geholfen hat. Ein offizielles System hat den Vorteil, daß durch offene Anerkennung der Beziehung zwischen Mentorin und Geförderter einige der mit Freundschaft oder Mutter-Tochter-Beziehungen assoziierten Komplikationen und Konflike vermieden werden können. Die Institutionalisierung des Systems würde der Mentorinnenrolle Ansehen und Dauerhaftigkeit verleihen.

»Es ist schwierig, Mentor-Programme zu institutionalisieren, doch es ist schon geschehen«, schreibt Felice Schwartz, Vorsitzende der Consultingfirma Catalyst. »Die Firma Corning und andere Unternehmen haben festgestellt, daß Betreuung durch Mentorinnen sich positiv auf Beförderungsmöglichkeiten und Betriebszugehörigkeit der bei ihnen beschäftigten Frauen auswirkt.« Obwohl Schwartz zugibt, daß auch Männer Frauen durchaus als Mentor dienen können, ist sie doch der Meinung, daß »eine Frau wahrscheinlich immer noch das bessere Rollenvorbild für andere Frauen ist«. Viele Frauen nehmen ihre inoffizielle Rolle als Mentorin ernst und stellen ihre Zeit und Erfahrung großzügig zur Verfügung. Wir interagieren mit Frauen am Arbeitsplatz, in Ausschüssen und Kommissionen, in Berufsgruppen und Organisationen. Wir geben Ideen an Frauen weiter, die sich an uns wenden, weil sie sich an unseren Erfolgen orientieren. Als Unternehmerinnen werden meine Partnerinnen und ich oft von Frauen gefragt, »wie wir das alles gemacht haben«. Wir beantworten ihre Fragen und bitten sie, mit uns in Verbindung zu bleiben, wenn sie ihre eigenen Unternehmen starten. Denn auch wir sind den Frauen dankbar, die uns ihre Zeit und Kenntnisse zur Verfügung stellten, als wir noch ganz am Anfang waren. Und wir glauben, daß wir die Pflicht haben, ihrem Beispiel zu folgen und Frauen zu unterstützen, die von uns lernen können.

Ob institutionalisiert oder inoffiziell, die Mentorinnenfunktion bietet Frauen eine Möglichkeit, andere Frauen, die sie für einsatzfreudig, motiviert und talentiert halten, zu ermutigen und zu fördern. Die Mentorin der Zukunft wird nicht nur als Vorbild und Ratgeberin für innerbetriebliche Fragen dienen, sondern auch für Fragen der Prioritätensetzung innerhalb und außerhalb des Berufslebens. Je flexibler sich die Arbeitssituation entwickelt und je mehr Frauen in der Lage sein werden, ihren Beruf in Übereinstimmung mit Familie, Arbeitsanforderungen und sonstigen Engagements zu gestalten, desto größer wird der Bedarf an Mentorinnen sein, die uns den Weg zeigen. Wir werden uns immer Mentorinnen suchen, die das Leben führen, das auch unseren Vorstellungen entspricht. Die Mentorinnenrolle bietet Frauen eine neue und positive Möglichkeit, Verbundenheit mit anderen Frauen herzustellen und zu demonstrieren, daß sie und unsere gemeinsame Zukunft uns am Herzen liegen.

Vorschläge zum Umgang mit »Mutter-Tochter«-Beziehungen am Arbeitsplatz

- Als berufstätige Frauen müssen wir lernen, die Reaktionen auf unsere Mütter von den Reaktionen auf Frauen am Arbeitsplatz, die uns an unsere Mütter erinnern, zu trennen. Mutter-Tochter-Beziehungen sind sehr komplex und beeinflussen uns nachhaltig. Wenn Sie glauben, ungelöste Probleme mit Ihrer Mutter zu haben, sollten Sie eventuell die Hilfe einer Therapeutin in Anspruch nehmen. (Die Lektüre der nachfolgenden Bücher könnte Ihnen ebenfalls weiterhelfen: *Trotz allem. Wege zur Selbstheilung für sexuell mißbrauchte Frauen* von Ellen Bass; *Mir kann das nicht passieren. Kinder von Alkoholikern als Kinder, Jugendliche und Erwachsene* von Claudia Black; *Vergiftete Kindheit. Elterliche Macht und ihre Folgen* von Susan Forward und *Familienkonstellationen. Ihr Einfluß auf den Menschen* von Walter Toman.)
- Als berufstätige Mütter müssen wir akzeptieren, daß andere Frauen ein Recht auf ihre Unabhängigkeit, ihre Erfolge und Fehlschläge haben. Am Arbeitsplatz müssen wir darauf achten, mit anderen Frauen als Gleichrangige umzugehen. Wir mögen zu Hause Mütter sein, im Büro sind wir Kolleginnen.
- Frauen brauchen Mentorinnen. Wenn Sie gerade ins Berufsleben eingestiegen oder noch mit dem Aufbau Ihrer Karriere beschäftigt sind, suchen Sie die Bekanntschaft von Frauen, die Sie am Arbeitsplatz, in der Gemeinde, in Ausschüssen oder Kommissionen bewundern. Laden Sie sie zum Kaffee ein. Finden Sie heraus, was sie machen und wie sie ihre Erfolge errungen haben. Vergessen Sie nicht, diese Frauen wissen zu lassen, wie dankbar Sie für die Ihnen gewidmete Zeit und die erhaltenen Auskünfte sind. Suchen Sie sich eine bestimmte Frau aus, die für all das steht, was Sie erreichen möchten. Zögern Sie nicht, diese

Frau anzusprechen und sie zu bitten, Ihre Mentorin zu werden. Sie wird Ihre Bitte höchstwahrscheinlich als Kompliment auffassen. Denken Sie jedoch daran, daß eine fortgesetzte Mentorentätigkeit Zeit in Anspruch nimmt, und berücksichtigen Sie, daß die eigene Arbeit und Karriere Vorrang haben. Denken Sie ebenfalls daran, daß eine solche Beziehung auf Gegenseitigkeit beruht. Sie hilft Ihnen, und Sie versorgen Ihre Mentorin dafür mit Informationen und Vernetzungsmöglichkeiten.

- Werden Sie selbst Mentorin. Wenn Ihre Firma ein offizielles Mentoren-Programm unterhält, melden Sie sich freiwillig zur Teilnahme. Wenn Sie andere Frauen kennen, die als Mentorinnen fungiert haben, finden Sie heraus, wie sie ihre Zeit eingeteilt und die Betreuung im einzelnen gestaltet haben. Begegnen Sie einer Frau, die Sie gern als Mentorin betreuen möchten, achten Sie darauf, daß sowohl Sie als auch die Betreute sich über die Art der Beziehung im klaren sind – ausschließlich berufsorientiert, keine Mutter-Tochter-Beziehung und keine Privatfreundschaft (obwohl Sie sich sicher mögen und freundlich miteinander umgehen werden)!

Die Zukunft gehört uns

11
Frauen werden führen

Während der letzten zwanzig Jahre haben Frauen darum gekämpft, ihre Fähigkeiten und ihre Einsatzbereitschaft, ihr Können und ihre Talente im Berufsleben unter Beweis zu stellen. Glücklicherweise waren diese Bemühungen größtenteils von Erfolg gekrönt. Die Geschäftswelt schätzt zunehmend unsere guten Leistungen und hat Respekt vor weiblichen Werten und weiblicher Kultur gewonnen. Jetzt haben Frauen die einmalige Chance, eine für das einundzwanzigste Jahrhundert richtungsweisende Vorbildfunktion hinsichtlich der Ausgewogenheit von Beziehungswerten und beruflicher Produktivität zu übernehmen.
Heute gehen Unternehmensleitungen mehr und mehr dazu über, Arbeitsteams mit Entscheidungen zu beauftragen, die Auswirkungen auf Firmenpolitik und Produktion haben. Diese Teams funktionieren wie soziale Gemeinschaften. Der Teamerfolg hängt davon ab, ob es uns gelingt, produktive Beziehungen herzustellen, in denen wir uns wohlfühlen und als Einzelne zum Nutzen aller beitragen können. Der weibliche Führungsstil wirkt sich im allgemeinen vorteilhaft auf das Gemeinschaftsgefühl aus. Er bemüht sich um Einbeziehung, Informationsaustausch, gemeinsame Verantwortungsübernahme, statt andere auszuschließen und Autorität auf einen ausgewählten Personenkreis zu beschränken.
Juanita Brown, Vorsitzende der Whole Systems Associates, einem internationalen Konsortium, das sich mit strategischen Veränderungen im Management beschäftigt, sieht solche Gemeinschaftsvorstellung auftauchen, wenn es darum geht, Unternehmen der Zukunft zu beschreiben. Im Zuge ihrer Untersuchungen bat sie Führungskräfte und Ange-

stellte in den Vereinigten Staaten und anderen Ländern um ihre Assoziationen zu den Begriffen »Unternehmen« und »Gemeinschaft«. »Durchweg«, schreibt Brown in *New Traditions in Business*, »wird ›Unternehmen‹ mit Autorität, Bürokratie, Konkurrenzkampf, Macht und Profit assoziiert. ›Gemeinschaft‹ dagegen wird überwiegend mit Demokratie, Mannigfaltigkeit, Kooperation, Interdependenz und gegenseitigem Nutzen in Verbindung gebracht.« Die mit Gemeinschaft assoziierten Vorstellungen lassen sich ebenso gut auf die Werte der weiblichen Kultur übertragen, einer Kultur, die bereits damit begonnen hat, die Arbeitswelt zu verändern.

Willis Harman, ein führender Zukunftsforscher, stellt in seinem Essay »21st Century Business: A Background for Dialogue« die Frauenbewegung als fruchtbaren Auslöser für fundamentale und notwendige Veränderungen im amerikanischen Geschäftsleben heraus. »Unter den vielen sozialen Phänomenen, die Ausdruck und Zeichen des Wertewandels sind, hebt sich vor allem die Frauenbewegung hervor. Abgesehen davon, daß sie eine Bewegung von Frauen ist und sich für Frauenrechte einsetzt, betont sie nachdrücklich Vorteile und Bedeutung einer weiblichen Sichtweise für alle Menschen. Wir alle besitzen männliche und weibliche Eigenschaften. Die weibliche Sichtweise beinhaltet die Betonung solcher Werte wie Fürsorglichkeit, Mütterlichkeit, Kooperation und Kreativität. Sie stellt die Wahrnehmung von Beziehungen statt von Dingen, von Ganzheit statt von Teilen und die Authentizität inneren Wissens in den Mittelpunkt. Sie bezieht sich auf die Freisetzung weiblicher Energien sowohl im Mann als auch in der Frau.«

Die Abwendung von männlichen Unternehmenswerten hin zu weiblichen Gemeinschaftswerten in bezug auf die Berufswelt von morgen ist Ausdruck des »Wertewandels«, den Harman in seinem Essay beschreibt. Beim Ablegen der traditionellen Unternehmensmentalität und dem Eintritt in eine neue berufliche Gemeinschaft werden Frauen den Weg weisen.

Frauen sind dafür gerüstet, diesen Übergang anzuführen, weil sie gelernt haben, sich in einer Gemeinschaftskultur zu bewegen. Und wir haben die Möglichkeit, diese Führungsrolle zu übernehmen, weil wir durch unsere Anzahl und unsere beruflichen Positionen seit kurzem die »kritische Masse« erreicht haben. Nach Ansicht der Autoren von *Megatrends: Frauen* sind Spitzenpositionen für Frauen nun endlich in greifbare Nähe gerückt. Längst schon sind die Anwärterinnen auf diese Positionen keine Kopien ihrer männlichen Vorgänger mehr; sie haben einen eigenen Führungsstil entwickelt, der sich bewährt hat. Es ist ein Führungsstil, der auch ausreichend Raum für Familie und Freizeit läßt.

Ausgewogenheit ist das zentrale Konzept für die Zukunft. Wie wir unsere persönlichen Bedürfnisse mit den praktischen Anforderungen einer funktionierenden Arbeitsplatzgemeinschaft und unseren eigenen Berufszielen ins Gleichgewicht bringen, wird unsere Zufriedenheit und unsere Glaubwürdigkeit als Vorbilder für das neue System bestimmen. Der flexible Arbeitsplatz, den Felice Schwartz und andere als wesentliche Voraussetzung dafür sehen, in Zukunft Frauen anzuziehen und zu halten, berücksichtigt, daß Frauen und Männer im Laufe ihres Berufslebens wechselnde Prioritäten haben werden. Innerhalb einer flexiblen Arbeitsplatzstruktur können wir unser berufliches Fortkommen planen und ein Gleichgewicht zwischen persönlichen Bedürfnissen und beruflichem Engagement herstellen.

Um die besten Entscheidungen für uns und unser berufliches Fortkommen treffen zu können, wird man von uns erwarten, daß wir uns selbst kennen und unsere Bedürfnisse als ganzheitliche Menschen respektieren. Und wir werden auch die Menschen, mit denen wir zusammenarbeiten, als ganzheitliche Wesen, die ihre persönlichen Prioritäten mit ihren Berufszielen ins Gleichgewicht bringen, anerkennen und respektieren müssen. Interesse am ganzen Menschen, ein wichtiger Wert in der weiblichen Kultur, spielt in Zukunft auch im Berufsleben eine ausschlaggebende Rolle. Die Anerkennung anderer und gegenseitige Unterstützung und Anteilnahme werden zum neuen Modell für den zukünftigen Arbeitsstil werden.

Mit der Durchsetzung von Gemeinschaftswerten am Arbeitsplatz sind auch andere Veränderungen verbunden. Die Unternehmen der Zukunft werden weniger Arbeitsplätze im mittleren und oberen Management zu bieten haben. Wir werden uns hinsichtlich der Anerkennung unserer Leistungsbemühungen nicht länger auf Gehaltserhöhungen und Titel verlassen können. Vielmehr wird die Qualität unserer Arbeitsplatzbeziehungen unsere berufliche Zufriedenheit entscheidend beeinflussen. Die Anteilnahme und Sensibilität, die wir ins Berufsleben einbringen, wird starke Bindungen schaffen, die unsere Arbeitsplatzgemeinschaften zusammenhalten und uns die Befriedigung geben, die wir verlangen. Wir müssen jedoch lernen, unsere Sensibilität und unser auf Gefühlen basierendes Verhalten mit einem kooperativen Einsatz für Leistung und Produktivität in Einklang zu bringen.

Frauen haben Kooperation immer geschätzt. Wenn wir erkennen, daß wir durch kontrolliertes Verhalten zu einem positiven Arbeitsklima für alle beitragen können, werden wir umso kooperationsbereiter sein. Gegenseitige Anteilnahme wirkt sich zum Nutzen aller aus. Diejenigen, die Zuwendung geben, werden diejenigen sein, die die Führung übernehmen.

Jo Anne Van Etten, eine Systemanalytikerin, seit zwanzig Jahren im Transportwesen beschäftigt, ist überzeugt davon, daß Frauen die Zukunft gehört. »Frauen ist das breitangelegte Schema von Integrität und Ordnung in ihrem Leben wichtig. In Zukunft müssen wir uns darüber im klaren sein, daß wir sowohl im mittleren als auch im oberen Management wirken können, und wir müssen anerkennen, daß wir hervorragende Arbeit leisten. Unser größter Vorteil ist die Tatsache, daß wir wählen können, was wir sein wollen. Ohne ganzheitliche Ziele für uns selbst werden wir während und nach der Berufstätigkeit nur Leere vorfinden.«

Frauen müssen voneinander lernen, wie sie ein befriedigendes Gleichgewicht in ihrem Leben herstellen können. Wir müssen einander weiterhin als Mentorinnen zur Verfügung stehen, auch wenn wir anderen vorleben, was wir bereits über die Arbeit in einer auf Beziehungen basierenden Gemeinschaft gelernt haben. Frauen in Unternehmen, Schulen, Krankenhäusern, Instituten und Verlagen bilden Netzwerke, setzen sich zusammen und reden über ihr Leben. Diese Frauen sind sich ihrer weiblichen Werte und der wichtigen Beiträge, die sie im Berufsleben leisten, bereits bewußt. Bei ihren Zusammenkünften befassen sie sich damit, wie sie Ausgewogenheit in ihrem Leben finden können und welche Wahlmöglichkeiten sie haben. Sie tauschen Informationen über Berufschancen und Arbeitsplatzorganisation aus und reden darüber, wie sich private und berufliche Anforderungen miteinander verbinden lassen. Sie respektieren einander als engagierte, einsatzbereite und kompetente Kolleginnen, und sie lernen voneinander, im Beruf und im Privatleben effektiver zu werden.

Jill Barber und Rita Watson weisen in *Frau gegen Frau. Rivalinnen im Beruf* darauf hin, daß die Frauenbewegung zwar in erster Linie für Berufschancen, Selbstbestimmung und finanzielle Unabhängigkeit gekämpft hat, es ihr aber darüber hinaus um die Bildung tragfähiger Unterstützungsnetzwerke für Frauen ging. Ein wichtiges Ziel für uns alle, meinen die Autorinnen, ist und bleibt weiterhin, ein Alternativmodell zu den Seilschaften der Männer zu schaffen; ein Netzwerk aus auf Unterstützung ausgerichteten Kontakten unter Frauen. Die Seilschaften der Männer funktionieren in unserer Gesellschaft noch immer, besonders in traditionellen Unternehmen, wo der Einfluß des weiblichen Stils noch zu keinen Veränderungen geführt hat. Ob wir uns durch diese Seilschaften beeinträchtigen lassen, hängt davon ab, wie stark wir unser eigenes Netzwerk ausbauen können.

Frauen, die stolz auf sich sind, müssen auf andere Frauen zugehen und weitergeben, was sie über Ausgewogenheit gelernt haben. Wir müssen Mentorinnen für jüngere Frauen werden und uns ältere als Mentorinnen suchen. Und schließlich müssen wir bereit sein, die Verantwortung zu übernehmen, den Arbeitsplatz vom Unternehmen zur Gemeinschaft zu führen. Frauen, die mit Frauen zusammenarbeiten, haben gelernt, gemeinsam ihr Bestes zu geben. Unser Beispiel ist richtungsweisend für die Zukunft.

Bibliographie

Aburdene, Patricia und Naisbitt, John, *Megatrends: Frauen*. Übers. v. Maria Bühler, Düsseldorf 1993.

Barber, Jill u. Watson, Rita, *Frau gegen Frau. Rivalinnen im Beruf*. Übers. v. C. Holfelder-v. d. Tann u. A. Zöfel, Reinbek 1991.

Bass, Ellen u. Davis, Laura, *Trotz allem. Wege zur Selbstheilung für sexuell mißbrauchte Frauen*. Übers. v. Karin Ayche, Berlin 1992.

Bateson, Mary Catherine, *Composing a Life*. Penguin Books 1990.

Bernstein, Paula, *Family Ties, Corporate Bond*. Doubleday 1985.

Black, Claudia, *Mir kann das nicht passieren. Kinder von Alkoholikern als Kinder, Jugendliche und Erwachsene*. Übers. v. Gabi Kuhlewind u. Cornelia Nebb. Wildberg 1988.

Boyett, Joseph H. und Conn, Henry P., *Workplace 2000: The Revolution Reshaping American Business*. Penguin Books 1991.

Bradshaw, John, *Bradshaw on the Family: A Revolutionary Way of Self-Discovery*. Health Communications, Inc., 1988.

Briles, Judith; *The Confidence Factor*. Master Media Limited 1990.

– *Woman to Woman: From Sabotage to Success*. New Horizon Press 1987.

Brinegar, Jerry, *Breaking Free from Domestic Violence*. CompCare Publishers 1992.

Cocola, Nancy Wasserman und Matthews, Arlene Modica, *How to Manage Your Mother: Skills and Strategies to Improve Mother-Daughter Relationship*. Simon & Schuster 1992.

Dowling, Colette, *Perfekte Frauen. Die Flucht in die Selbstdarstellung*. Übers. v. Heidi Fehlhaber, S. Fischer, Frankfurt 1989.

Eichenbaum, Louise und Orbach, Susie, *Bitter und süß. Frauenfeindschaft und Frauenfreundschaft*. Düsseldorf 1991.

– *Was wollen die Frauen*? Übers. v. Sonia Mikich, Düsseldorf 1993.

Epstein, Cynthia Fuchs, *Deceptive Distinctions*. Yale University Press 1990.

Espinosa, Shelley, *Working Solutions from Working Secretaries*. Kendall/Hunt 1987.

Ettore, Elizabeth, *Women and Substance Use*. Rutgers University Press 1992.

Evatt, Cris, *Opposite Sides of the Bed: A Lively Guide to the Differences between Women and Men*. Conari Press 1993.

Faludi, Susan, *Die Männer schlagen zurück*. Übers. v. Maria Buchwald u. Sabine Hübner, Reinbek 1993.

Fierman, Jaclyn, »Do Women Manage Different?«, *Fortune*, 17. Dezember 1990.
Fisher, Anne B., »When Will Women Get to the Top.«, *Fortune*, 21. September 1992.
– »Dirty Little Secrets.«, *Savvy*, Januar 1988.
Forward, Susan, *Betrayal of Innocence: Incest and Its Devastations*. Penguin Books 1979.
– *Vergiftete Kindheit. Elterliche Macht und ihre Folgen* Übers. v. Annette Charpentier, München 1990.
Freeman, Arthur und DeWolf, Rose, *Du mußt nur wollen!* Bergisch Gladbach 1991.
French, Marilyn, *Jenseits der Macht. Frauen, Männer und Moral*. Übers. v. Cornelia Holfelder-v. d. Tann, Reinbek 1995.
Friday, Nancy, *Eifersucht. Die dunkle Seite der Liebe*. Übers. v. Elke Scheidt, Bern/München 1986.
– *Wie meine Mutter*. Übers. v. Ute Seesslen. S. Fischer, Frankfurt 1977.
Gilbert, Denis A., *The Compendium of American Public Opinion*, 1988.
Gilligan, Carol, *Die andere Stimme. Lebenskonflikte und Moral der Frau*. Übers. v. Brigitte Stein. München 1984.
Gueijo, Jon, »Jealousy and Envy: The Demons within Us.« *Bostonia*. Mai/Juni 1988.
Gray, John, *Men, Women and Relationship*. Beyond Words Publishing 1988.
– *Männer sind anders. Frauen auch*. Übers. v. Matthias Schlossig, München 1992.
Hageseth, Christian, *A Laughing Place*. Berwick Publishing Company 1988.
Hardesty, Sarah und Jacobs, Nehama, *Success and Betrayal: The Crisis of Women in Corporate America*. Franklin Watts 1986.
Helgesen, Sally, *Frauen führen anders. Vorteile eines neuen Führungsstils*. Übers. v. Linda Gränz, Frankfurt 1991.
Hochschild, Arlie: *Der 48-Stunden Tag. Wege aus dem Dilemma berufstätiger Eltern*. Übers. v. Andreas Galler, Wien 1990.
Hughes, Linda A., »But That's Not (Really) Mean. Competing in a Cooperative Mode.« *Sex Roles: A Journal of Research*. 19 (11–12) 1988.
Jongeward, Dorothy und Scott, Dru, *Women as Winners*. Addison Wesley Publishing 1983.
Kagan, Julia, »Survey: Work in the 1980's and 1990's.« *Working Woman*, April 1983.
Kanter, Rosabeth Moss, *Men and Women of the Corporation*. Basic Books 1977.
Katherine, Anne, *Where You End and I Begin*. Parkside Publishing 1991.

Kohn, Alfie, *Mit vereinten Kräften. Warum Kooperation der Konkurrenz überlegen ist*. Übers. v. Karl L. Schubel, Weinheim 1989.

Lakoff, Robin Tolmach, *Talking Power: The Politics of Language*. Basic Books 1990.

Lenz, Elinor und Myenhoff, Barbara, *The Feminization of America*. Jeremy P. Tancher 1985.

Lerner, Harriet Goldhorn, *Wohin mit meiner Wut? Neue Beziehungsmuster für Frauen*. Fischer TB Bd. 4735, 1990.

Lewan, Lloyd S., *Women in the Workplace: A Man's Perspective*. Remmington Press 1988.

L'Hommedieu, Elizabeth, »Walking Out on the Boys.« *Time*, 8. Juli 1991.

Loden, Marilyn, *Als Frau im Unternehmen führen. Feminine Leadership*. Übers. v. Erwin Schumacher, Freiburg 1988.

Madden, Tara Roth, *Women vs Women: The Uncivil Business War*, AMACOM 1987.

Marone, Nicky, *Erlernte Hilflosigkeit überwinden*. Übers. v. Michaela Huber. Fischer TB Bd. 11 590, 1994.

Melia, Jinx und Lyttle, Pauline, *Why Jenny Can't Lead*. Operational Politics 1986.

Miller, Jean Baker, *Die Stärke weiblicher Schwäche. Zu einem neuen Verständnis der Frau*. Übers. v. Roland Fleissner. S. Fischer, Frankfurt 1976.

Moir, Anne und Jessel, David, *Brain Sex. Der wahre Unterschied zwischen Mann und Frau*. Übers. v. Joachim Pente, Düsseldorf 1993.

Morrison, Ann M., White, Randall P. und Van Versorand, Ellen, *Breaking the Glass Ceiling*. The Center for Creative Leadership, Addison Wesley Publishing 1987.

Narciso, John und Burkett, David; *Declare Yourself: Discovering the Me in Relationship*. Spectrum Books 1975.

Neltin, Sharon, »Men, Women and Leadership«, *Nation's Business*, Mai 1991.

Peters, Tom, »The Best New Managers Will Listen, Motivate, Support. Isn't That Just Like a Woman.«, *Working Women*, September 1990.

Renesch, John (Hrsg.), »21st-Century Business: A Background for Dialogue.« *New Traditions in Business: Spirit and Leadership in the 21st. Century*. Berrett-Koehler Publishers, San Francisco 1992.

Rosener, Judy, »How Women Lead.«, *Havard Business Review*, November/Dezember 1990.

– und Loden, Marilyn, *Workforce America*. Dow Jones Irwin 1991.

Sargent, Alice G., *The Androgynous Manager*. AMACOM 1983.

Schaef, Anne Wilson, *Weibliche Wirklichkeit. Ein Beitrag zu einer ganzheitlichen Welt*. Übers. v. Ilse Bender. Wildberg 1985.

Scheele, Adele, »You're Jealous. What Career Envy Really Means.« *Working Woman*, September 1991.

– »Learning to Compete With Women.« *Working Woman*, November 1992.

Schwartz, Felice N., *Frauenkarrieren: Ein Gewinn für Unternehmen*. Übers. v. Patricia Künzel, Frankfurt 1993.

Scollard, Jeannette R., *The Self-Empoyed Woman: How to Start Your Own Business and Gain Control of Your Life*. Simon & Schuster 1985.

Shapiro, Joan, *Männer sind wie fremde Länder*. Übers. v. Susanne Aeckerle, W. Krüger, Frankfurt 1992.

Steinem, Gloria, *Was heißt schon emanzipiert? Meine Suche nach einem neuen Feminismus*. Übers. v. Annette Charpentier, Hamburg 1993.

Tannen, Deborah, *Du kannst mich einfach nicht verstehen. Warum Männer und Frauen aneinander vorbeireden*. Übers. v. Maren Klostermann, Hamburg 1991.

– »How to Close the Communication Gap Between Men and Women.« *McCall's*, Mai 1991.

Tavris, Carol, *The Mismeasure of Women*. Simon & Schuster 1992.

Thompson, Ann McKay und Wood, Maricia Donnan, *Management Strategies for Women*. Simon & Schuster 1980.

Toman, Walter, *Familienkonstellationen. Ihr Einfluß auf den Menschen*. München 1980.

Tracy, Laura, *Secrets Between Us: Women and Competition*. Springer Publishing 1992.

Walker, Leonore, *The Battered Woman*. Harper & Row 1979.

Weiss, David Evan, *The Great Divide: How Women and Men Really Differ*. Poseidon Press 1991.